Helga Hirsch
Schweres Gepäck

Helga Hirsch

Schweres Gepäck

Flucht und Vertreibung als Lebensthema

Bibliografische Information Der Deutschen Bibliothek

Die Deutsche Bibliothek verzeichnet diese Publikation
in der Deutschen Nationalbibliografie;
detaillierte bibliografische Daten sind im Internet über
http://dnb.ddb.de abrufbar

© edition Körber-Stiftung, Hamburg 2004
Koordination und Lektorat: Sven Tetzlaff
Projektbetreuung: Susanne Kutz
Fotos: Günter Linke
Umschlag: Groothuis, Lohfert, Consorten | glcons.de
Umschlagfoto: Privatbesitz
Herstellung: Das Herstellungsbüro, Hamburg
Druck und Bindung: Clausen & Bosse, Leck
Printed in Germany
ISBN 3-89684-042-8

www.edition-koerber-stiftung.de

Inhalt

Eine Freske menschlicher Schicksale
Vorwort von Olga Tokarczuk

Die Geschichte mit dem großen »G«, die aus den Geschichtsbüchern, ist immer so unpersönlich wie ein strategisches Com-
puterspiel. Man erfährt viel über Bewegungen an den Kriegs-
fronten, über Verträge und Friedensabkommen, man lernt die
Jahreszahlen von Gesetzen und die Namen von Führern kennen. Über die Menschen aber erfährt man wenig. Ein richtiges
Geschichtsbuch aber, wenn es denn wirklich erzählen wollte,
was uns zugestoßen ist, müsste Millionen Seiten zählen und
als große Anthologie menschlicher Einzelschicksale angelegt
sein. Denn die Geschichte steckt – wie der Teufel – im Detail.
Sie ist eine vielschichtige Saga, ein unaufgeklärter Kriminal-
roman, eine Schreckensgeschichte ohne Katharsis, ein Epos
mit unzählig vielen Helden.

Die Geschichten von Helga Hirsch zeigen Lebensläufe von
mitteleuropäischen Hiobs, Menschen, die in das Getriebe der
»Mühlen Gottes« geraten sind – in seelenlose und mechanische
Prozesse, in denen der Einzelne auf den Begriff der »Bevölkerung« reduziert und als eine Prozentzahl in den Statistiken,
als Farbtupfer auf neu gezeichneten Landkarten oder als Pfeil
und Linie in den Grafiken behandelt wird. Doch mit Begriffen
wie »Aussiedlung« oder »Bevölkerungsaustausch« würden wir
vielleicht eine Geschichtsprüfung in Polen bestehen, aber bestimmt nicht die Prüfung in Menschlichkeit.

Wie sollte man nämlich in diesen Kategorien die Geschichte
einer deutsch-polnischen Familie beschreiben, in der die Eltern
umkommen oder verschollen sind und fünf Kinder sich Jahre
später zu beiden Seiten der Staatsgrenze wieder finden, mit el-

nem völlig unterschiedlichen Gefühl nationaler Zugehörigkeit, mit je anderer Identität und anderer Erinnerung an das, was geschehen ist? In der Geschichte der Familie Klawitter spiegelt sich wie in einem Wassertropfen die Geschichte dieses Teils von Europa. Wir sehen sie von unten, von der Kehrseite, und stellen fest, dass das Geflecht der Zufälle und Umstände ein beunruhigend chaotischer, unvorhersehbarer Prozess ist. Aus dieser Geschichte geht deutlich hervor, dass kein Mensch umhinkann, sich selbst zu definieren und die Rubrik im Fragebogen des Lebens zu beantworten: Wer bin ich? Woher komme ich?

Im Falle von Polen und Deutschen ist diese Entscheidung besonders dramatisch. Seit Jahrhunderten ist das Verhältnis zwischen beiden Ländern von Misstrauen, von Abneigung und Vorurteilen geprägt. Und doch: Mögen die in diesem Buch gesammelten Geschichten auch die Geschichten von Deutschen sein, so wecken sie in mir ein tiefes und bewegendes Gefühl von Gemeinsamkeit.

Ich lebe in einer Region, die Schauplatz und stummer Zeuge ähnlicher Ereignisse war, wie sie in diesem Buch beschrieben werden. Im Laufe weniger Nachkriegsmonate fand in Niederschlesien wie im Sudetenland und in Pommern ein vollständiger Bevölkerungsaustausch statt. Es war eine der größten Völkerwanderungen im neuzeitlichen Europa.

Auch wenn ich nicht zu der Generation gehöre, die das selbst erlebt hat, so könnte die Geschichte meiner Familie eine Ergänzung zu diesem Buch sein. In privaten Erinnerungen, in Familienerzählungen kehrt das Drama mit der Hartnäckigkeit eines Albtraums wieder – zerrissene Familienbande, verschollene Familienmitglieder, verbrannte Dokumente, eine unbestimmte Nostalgie und Sehnsucht nach den Geburtsorten, die Faszination von Gegenständen, die im Chaos dauerhafter zu sein scheinen als die Menschen und die Erinnerung an sie;

das Gefühl der Fremdheit in einer Welt, die man sich erst und immer wieder zu Eigen machen muss, ihre Undurchschaubarkeit, und das Empfinden, Unrecht erlitten zu haben.

Unser Teil Europas hätte ein großes Gemälde verdient, eine Freske, die die Ereignisse vor fünfzig Jahren in einen einheitlichen Rahmen brächte und die erschütternde Wahrheit zeigte: Der Mensch, der seinen Ort verlassen muss, gibt einen wesentlichen Teil seiner selbst auf, er wird Opfer einer brutalen Amputation. Phantomschmerzen werden ihn bis ans Lebensende quälen.

Ich bin voller Bewunderung und Anerkennung für die Leidenschaft und Sensibilität, mit der Helga Hirsch ihre Geschichten sammelt und beschreibt. Das ist weit mehr als die Arbeit einer Chronistin und Schriftstellerin – es sind erste Skizzen für eben jene Freske, für die genau jetzt die Zeit gekommen zu sein scheint. Eine vielschichtige Freske, in der die Pfeile auf den Landkarten Europas – im Falle der Juden und Polen auch des Nahen Ostens und Asiens – sich in Geschichten über menschliche Schicksale verwandeln, eine Freske, in der vereinfachende Teilungen, Spiralen des Unrechts und gegenseitige Vorurteile überwunden werden müssten. Viele Sprachen müsste sie umfassen, viele Wege, Entfernungen, Grenzen, Tode und Tragödien, Zufälle und Schicksalsfügungen.

Die Autorin gehört der zweiten Nachkriegsgeneration an; ich der dritten. Die Erinnerung an die erzwungene Völkerwanderung, die ihre Eltern ebenso traf wie meine Großeltern, wird wie durch ein hartnäckiges, irritierendes Gen vererbt. »Die Flüchtlinge konnten den Sonntag nicht heiligen«, lernte Helga Hirsch von ihrer einheimischen Mutter über ihren vertriebenen Vater. Dieser Satz ist eine einfache Metapher und gibt das dramatische Gefühl der Fremdheit und Andersartigkeit hervorragend wieder. Für Helgas Vater und meinen Großvater wird es nie mehr vertraute Orte geben. Die neue Welt wird fremd und feindselig bleiben, das Vertrauen in sie ist unwiderruflich dahin. Die zweite Generation wird noch versuchen, die Mechanik dessen zu begreifen, was geschehen ist, erst die dritte wird sich in der neuen Welt einzurichten beginnen. Hat sie eine andere Wahl? Alle drei Generationen werden auf rituellen Wallfahrten zueinander finden – die Großeltern zu ihren Geburtsorten, wo sie jedes Mal wieder enttäuscht werden, da die Vergangenheit bereits unfassbar geworden ist und sich der verlorene Raum auf keine Weise wiedergewinnen lässt. Also werden sie ihn in ihrer Erinnerung hegen. Den Kindern und Eltern bleibt nichts anderes, als verstohlen in den Archiven suchen, wenn diese denn überhaupt erhalten geblieben sind, um auf sie gestützt zerrissene Fäden der Familienidentität zu knüpfen.

Es macht mich befangen, dass ich einen Kommentar zu den hier versammelten Geschichten schreiben soll. Ich bin eine Schriftstellerin. Hier aber erscheint die Wirklichkeit in ihrer ganzen Fülle, sie ist noch viel verworrener, komplexer und überraschender als die raffinierteste Fiktion. Mich mit ihr zu messen, fehlt mir sowohl der Mut als auch die Phantasie.

Hätten Helga Hirschs Vater aus Breslau und mein Großvater aus Podolien ahnen können, was sechzig Jahre nach dem Krieg sein würde? Hätten sie voraussehen können, dass wir uns in dem übernationalen Organismus der Europäischen Union wieder finden würden? Wären sie Schriftsteller gewesen, Spezialisten der Fiktion, so wie ich, sie hätten vermutlich eher an eine Invasion vom Mars geglaubt.

Ich weiß nicht, ob mein Großvater den Sonntag hat heiligen können. Jedenfalls hat er oft gesagt, dass nicht die Menschen die Erde besäßen, sondern die Erde die Menschen. Und das halte ich heute für eine schöne, tiefe und reinigende Wahrheit.

Aus dem Polnischen übersetzt von Olaf Kühl

Späte Erfahrung
Ein Thema kehrt zurück

Als ich vor fünfzehn Jahren das Haus meiner Eltern auflöste, fielen mir einige Exemplare des »Strebergartens« in die Hände – Schülerzeitungen aus Gymnasialzeiten, in denen ich der Redaktion angehört hatte. Zu meiner großen Überraschung stieß ich auf einen Artikel aus dem Jahre 1965 unter der Überschrift »Das 20. Jahrhundert – ein Jahrhundert der Flüchtlinge«. Da war von dem Bevölkerungsaustausch zwischen Griechen und Türken in den zwanziger Jahren die Rede, von den Deportationen innerhalb der Sowjetunion, der Rekrutierung von Zwangsarbeitern für das Dritte Reich, den Flüchtlingsströmen zwischen Indien und Pakistan nach 1947 und mittendrin, fast als Marginalie, von der Vertreibung der Deutschen am Ende des Zweiten Weltkriegs. Die Autorin: Helga Hirsch.

Vor jedem Gericht hätte ich geschworen, mich um das Thema Vertreibung in meiner Schulzeit nie gekümmert und als Schülerin nie etwas darüber gelesen zu haben. Vor jedem Gericht hätte ich behauptet, mein Interesse an dem Thema hätte erst knapp drei Jahrzehnte später eingesetzt, Anfang der neunziger Jahre – und da war mein Vater schon tot. Mein Interesse, so hätte ich argumentiert, habe nichts mit meiner Familiengeschichte zu tun.

Jetzt weiß ich, dass all das, was ich mit gutem Gewissen behauptet hätte, nicht der Wahrheit entsprach.

Mein Vater stammte aus Breslau. Er ist weder geflüchtet, noch wurde er vertrieben – denn als der Krieg zu Ende ging, war er in Schleswig-Holstein stationiert –, aber er hat die Heimat verloren. Seine Schwester begab sich Ende Januar 1945 mit fünf Kindern auf die Flucht und gelangte auf abenteuerlichen Wegen bis nach Bayern. Im Juni 1945 zog es sie zurück in die Heimat, doch an der Oder wurde sie abgewiesen – nach Hause kam niemand mehr. So ließ sie sich eine Unterkunft in Mecklenburg zuweisen. Und weil niemand eine Frau mit fünf Kindern wollte, übernachtete sie die erste Zeit auf dem Dachboden eines Schweinestalles unweit von Schwerin. Sie blieb in der DDR, weil sie einen erneuten Aufbruch fürchtete, und starb Mitte der neunziger Jahre im vereinten Deutschland.

Das Wenige, was ich vom Leben meines Vaters bis zum Kriegsende weiß, weiß ich von ihr. Mein Vater hat nichts erzählt. »Mädel, sei still«, hat es immer geheißen. Als einziges Andenken an Breslau trug er ein Schwarz-Weiß-Foto mit gezacktem Bildrand in seiner Brieftasche, das seine Mutter mit einer Zigarette in der Hand und einem unendlich traurigen Ausdruck um die großen, braunen Augen zeigt, während sein Vater, eine Flasche Bier vor sich auf dem Tisch, verschmitzt in die Kamera lächelt. Sonst existierte Breslau nicht.

Was das Leben in dieser Stadt für ihn bedeutet haben mag, erfuhr ich von meiner Tante erst nach seinem Tod. Zu seinen Lebzeiten war mein Vater ein Mann ohne Vergangenheit. Wie aus dem Niemandsland gefallen, ein Fremdkörper in einer niedersächsischen Dorfgemeinschaft, die nur Plattdeutsch sprach und fast ausschließlich von der Landwirtschaft lebte. Er wollte sich nicht anpassen, hielt an seinem Hochdeutsch mit schlesischem Akzent fest und weigerte sich beharrlich, die wortlosen Aufforderungen meiner Großmutter wahrzunehmen, wenn sie die übrigen Familienmitglieder zur Unterstützung beim Kartoffelsammeln, beim Strohbinden oder beim Heuen aufforderte. Und wenn bei Geburtstagsfeiern die Frauen in der einen Stube saßen und sich bei selbst gemachtem Eierlikör über alle Krankheiten, Seitensprünge und Todesfälle im Dorf austauschten und die Männer in der zweiten Stube bei Bier und Dornkaat fast wortlos Skat spielten, dann setzte er sich auf sein Fahrrad, zündete sich eine gute »Zigerre« an, nahm den Hund – und fuhr spazieren. Er hielt Distanz. Er wollte nicht dazugehören. Er war anders.

Was ihm meine Mutter verübelte. Heute weiß ich, dass es ihn gekränkt haben muss, wenn sie noch in der Ehe fast jeden Sonntag mit der Schwester ihres gefallenen Verlobten spazieren ging, während er – welche Schande – in der Garage saß und an einem der vielen Fahrräder oder Mopeds oder an einer der Melkmaschinen bastelte, die ihm an Wochenenden aus dem ganzen Dorf zum Reparieren gebracht wurden. Flüchtlinge, so lautete die Botschaft, die ich damals internalisierte, wissen den Sonntag nicht zu heiligen. Für das Verhalten von Flüchtlingen muss man sich schämen. Schlimm für eine Frau, wenn sie aufgrund des Mangels an Männern nach dem Krieg nur einen Flüchtling abbekommen hat. Schlimm auch für ein Kind, wenn es nur einen Flüchtling zum Vater hat, der nicht weiß, was sich gehört, und die Tochter statt auf der Mittelschule einfach auf dem Gymnasium anmeldet, obwohl sie doch von der Mutter gelernt hat, dass ihr das nicht zusteht.

Kontakt hielten wir nur zu den Verwandten aus dem Dorf. Das waren die Tanten und Cousinen der Mutter. Ein einziges Mal haben wir Vaters Schwester in Mecklenburg besucht, und ein einziges Mal hat seine Schwester eine Besuchserlaubnis zu uns in den Westen beantragt. Als meine Großmutter ihr danach willkürlich einen Diebstahl anlastete, hat mein Vater den Kontakt zur Schwester auf belanglose Grüße zu Festtagen beschränkt. Im Alltag geriet er nicht in Gefahr, zwischen seiner Familie und der seiner Frau wählen zu müssen, denn die innerdeutsche Grenze nahm ihm diese Entscheidung ab. Er hat seine Schwester bis zu seinem Tod nie wieder gesehen.

Es war, als existierte in der Familie ein ungeschriebenes Gesetz, das eine Begegnung mit der Vergangenheit und den wenigen Verwandten des Vaters verbot. Niemand fragte ihn nach seinen Eltern, seiner Kindheit, seinen Lehrjahren, seiner Schwester und den Nichten und Neffen. Und außer an Fahrradtouren auf den Zobten oder ins Riesengebirge wollte auch er sich an nichts erinnern. Er wollte auch nie zurückfahren, nie die Bergstraße noch einmal hinauf- und hinunterlaufen, nie mehr den Ring, den Salzmarkt, das Rathaus sehen: »Mädel, sei still.« Die Fragen danach regten ihn auf.

Schließlich habe ich ihn nicht mehr befragt, nicht mehr zu einer Reise gedrängt und mich selbst an das ungeschriebene Gesetz gehalten. Noch bis Mitte der neunziger Jahre besuchte ich Breslau nur rein dienstlich und möglichst kurz. Als ich dann endlich den Mut fand, auf einer alten deutschen Karte nach der Adresse von Vaters alter Wohnung zu suchen, hatte ich prompt die Hausnummer vergessen. Ich begab mich zwar in die Straße, fühlte mich aber wie ein Eindringling, der in Augenschein nimmt, was ihm verborgen bleiben sollte. Nur nach großer Überwindung warf ich einen Blick in das Treppenhaus eines der dreistöckigen, um die Jahrhundertwende gebauten Mietshäuser – selbst wenn dies nicht sein Haus gewesen sein sollte, überlegte ich, müsste sein Aufgang ähnlich ausgesehen haben, da die ganze Straßenseite einen geschlossenen Block formte – und wusste nicht, ob ich mich über die gusseisernen, schön geformten Treppenabsätze freuen oder ob ich traurig sein sollte über den verwahrlosten Zustand von Stufen und Wänden. Ich war neugierig und kritisierte mich gleichzeitig dafür. Ich hätte gern eine der Zwei-Zimmer-Wohnungen gesehen, fand aber nicht den Mut zu klingeln. Ich hätte gern mit jetzigen Bewohnern gesprochen, um mir von der Situation 1945 berichten zu lassen, als die Hälfte der Häuser weggebombt wurde. Aber die beiden polnischen Frauen, die ich schließlich ansprach, lebten erst seit 1949 hier. Ich verstand mit meinen widerstreitenden Gefühlen nicht umzugehen. Warum mischst du dich ein? Was geht dich das überhaupt an?, meldete sich eine Stimme in mir, als gelte es immer noch, die Regeln des Elternhauses zu respektieren. Ich war erleichtert, als mich das Auto hinter die Bahnlinie in ein anderes Viertel trug.

Dennoch hat es mich bei einem Aufenthalt im Herbst 2003 ins Archiv von Breslau gezogen. Vielleicht waren nicht alle Unterlagen verbrannt. Vielleicht gab es noch Eintragungen über meine Familie im Standesamt oder in den Kirchenbüchern. Vielleicht führten Spuren noch weiter über die Großeltern Heinrich und Helene Hirsch zurück. Und nach Stunden eines erregten Suchens fand ich sie tatsächlich: die Urgroßeltern mütterlicherseits – Karl Rouvel und Ehefrau Maria aus dem Hause Moswik – und die Urgroßeltern väterlicherseits – Heinrich Hirsch und seine Ehefrau Rosina aus dem Hause Czajka.

Fotokopien der halb verkohlten Unterlagen nahm ich mit nach Hause. Nun weiß ich viel mehr, bin aber viel unruhiger geworden. Die Phantasie geht spazieren: Wieso Rouvels – sind das vielleicht irgendwann einmal Hugenotten aus Frankreich gewesen? Wieso Moswiks und Czajkas – könnten das Oberschlesier gewesen sein, die sich irgendwann einmal mit Polen gepaart hatten? Und woher stammt die Familie Hirsch – zumal mein Großvater als »glaubenslos« beerdigt wurde?

Dass mein Interesse an den familiären Wurzeln nicht mehr vereinzelt und die Nachfragen danach nicht mehr verpönt waren, hatte ich in vielen Gesprächen mit Angehörigen derselben Generation längst erfahren.

Eine befreundete Schriftstellerin fuhr mit fünfzig Jahren erstmals ins Sudetenland, um sich anschließend in das Studium der deutsch-tschechischen Beziehungen zu stürzen. Eine etwa gleichaltrige Professorin drehte einen Film über ihre Mutter in deren ostpreußischem Geburtsort, um sich eine verschüttete Familienbiografie zu erschließen. Und ein mir gut bekannter Journalist versuchte mit Mitte vierzig zu verstehen, warum in seiner Familie auch die Fluchtgeschichte der Mutter aus Pommern verdrängt werden musste, damit die Beteiligung seines Großvaters an der Erschießung von Partisanen im Zweiten Weltkrieg nicht zur Sprache kam.

Ja – es mag vor allem unser Problem sein, das Problem der zweiten Generation, die wir die Eltern in den sechziger und siebziger Jahren als Ewiggestrige und Entspannungsfeinde stigmatisierten. Die wir von ihren tragischen Erlebnissen nichts mehr hören wollten, weil wir sofort deren Instrumentalisierung für eine Politik des Revanchismus unterstellten. Mag sein, dass wir etwas wieder gutmachen wollen, weil wir die Älteren ins Schweigen oder in kleine Zirkel trieben, in denen sie sich verschlossen, anstatt sich zu öffnen. Aber es ist auch das Problem der gesamten deutschen Gesellschaft, deren Wissen über die Schicksale jeder fünften Familie unserer Bevölkerung marginal ist und die in ihrer Mehrheit glaubte, die Trauer dieser Menschen über den Verlust ihrer Heimat mit dem Verweis auf die Schuld des NS-Regimes unterdrücken zu müssen. Die Tochter einer Bekannten dürfte keine Ausnahme sein, die, nachdem ich ihr von dem in Breslau geborenen Vater erzählt hatte, in den erstaunten Ausruf ausbrach: »Dann bist du ja eine halbe Polin.«

Vor allem mag es der zeitliche Abstand sein, der einen ruhigeren Blick in die Vergangenheit ermöglicht. Die starken Emotionen sind abgeklungen, und nach jahrelangen Debatten dürfte es nur noch wenige Ewiggestrige geben, die die Geschichte der Vertreibung der Deutschen mit dem Kriegsende beginnen und nicht mit 1933 und 1939: Denn bevor die Deutschen schließlich selbst zu Opfern einer Vertreibungspolitik wurden, sind Millionen von Juden, Polen, Tschechen usw. durch das NS-Regime vertrieben worden. Insofern haben Deutsche den Mechanismus selbst in Gang gesetzt, der grausam auf sie zurückgeschlagen hat.

Wesentlichen Anteil an dem massenhaften Aufbruch zu den Wurzeln hat aber auch der Zusammenbruch des Kommunismus. Der Eiserne Vorhang fiel, und mit ihm die Angst vor Reisen in totalitäre Länder. So machten sich nicht nur Deutsche auf den Weg, sondern beispielsweise auch die Kinder osteuropäischer Juden. Die Schriftstellerin Lily Brett reiste mit ihrem Vater durch seine polnische Heimat, der Bestsellerautor Jonathan Safran Foer folgte den Spuren seiner Großeltern in die Ukraine, und der englische Jude Theo Richmond erkundete seine Familiengeschichte im polnischen Konin. Und nachdem die Zensur gefallen war, suchten auch Schriftsteller in ehemals sozialistischen Ländern nach ihren Wurzeln. Stefan Chwin setzte sich mit seinem Vater aus Wilna auseinander, Pawel Huelle erzählte die Geschichte seiner Großeltern aus Lemberg.

Kollidieren nun die Erfahrungen der einen mit denen der anderen? Kann ein Deutscher, der die Tragödie in der eigenen Familie entdeckt, kein Mitgefühl mehr haben für die Tragödien in den Familien von Polen, Juden, Ukrainern oder Litauern? Zieht die Entdeckung des Schmerzes in der eigenen Familie notwendig die Geringschätzung des Schmerzes der anderen nach sich? Meine Erfahrungen lehrten mich das Gegenteil.

Von meiner Freundin Miri in Tel Aviv wusste ich bis vor kurzem nur, dass ihre Eltern in der Sowjetunion überlebt und sich nach dem Krieg in Schlesien niedergelassen hatten, da ihre ostpolnische Heimat der ukrainischen Sowjetrepublik zugeschlagen worden war. 1957, in der Zeit einer kurzen Liberalisierung, war die Familie von Polen nach Israel ausgereist. Als ich mit Miri dann einige Tage in Breslau verbrachte, stellten wir zu unserer gegenseitigen Verwunderung fest, wie wenig wir trotz stunden- und tagelanger Gespräche über Geschichte und Politik über unsere ganz konkreten Biografien wussten. Ich hatte ihr nicht vom Geburtsort meines Vaters erzählt und sie mir nie von der Villa, in deren Garten sie als Kind den Urlaub zu verbringen pflegte. Plötzlich entdeckten wir Breslau als gemeinsamen Bezugspunkt. Plötzlich stellte sich heraus, dass auch die Jüdin in Breslau – dem polnischen Breslau – nach den Wurzeln der Familienbiografie suchte.

Bis dahin hatte ich mich ihr gegenüber nicht lösen können von meinem inneren Erwartungsdruck, dass ich als Mitglied der schuldigen Nation zu einer besonderen Empathie verpflichtet sei: nicht gegenüber Miri als konkreter Person, sondern gegenüber Miri als der Tochter von Überlebenden. Ihr gegenüber fühlte ich mich nie so frei und unbefangen wie gegenüber deutschen Freunden, und nie konnte ich eine gewisse Distanz überwinden. Nach unserem Breslauer Aufenthalt aber spürte ich verunsichernde Erleichterung und Dankbarkeit. Verunsicherung und Erleichterung, weil ich erkannte, dass außer der Geschichte, die uns trennt, auch eine Geschichte existiert, die uns annähert. Und Dankbarkeit, weil Miri mir die beglückende Erfahrung schenkte, dass ich meine Geschichte erzählen durfte, ohne mich schuldig zu fühlen.

Ich wünschte, die Protagonisten dieses Buches könnten beim Leser auf ein ähnliches Verständnis stoßen. Sie haben ihre Lebenswege offen gelegt, obwohl manchmal noch Bitterkeit in ihnen sitzt, obwohl ihre inneren Auseinandersetzungen mit den Eltern und die Reflexionen über ihre Biografien noch nicht abgeschlossen sind. Aber das Erzählen selbst war und ist schon ein Teil, sich all dem endlich zu stellen und mehr Klarheit darüber zu verschaffen. Vielleicht kann die Offenheit von Antje aus Estland, den Klawitter-Brüdern aus Ost-Brandenburg oder von Dagmar aus Zduńska-Wola auch anderen Anstoß zum Erzählen werden. Damit wir erkennen, wie eng verwoben die Schicksale von Polen, Juden, Tschechen oder Deutschen in dieser Ecke Europas sind. Und damit wir Mitgefühl mit dem anderen entwickeln können, gerade wenn wir ihn auch in seinem Schmerz erleben dürfen.

Vergangenheit lässt sich nicht ungeschehen machen. Aber wir können Wege finden, auf bewusstere Weise mit ihr umzugehen. Dann werden wir uns weniger missverstehen, uns weniger verletzen, wir werden den anderen seltener mit Hilfe unserer Schablonen deuten – und uns so auf eine neue, aufrichtigere, vielschichtigere Weise näher kommen.

Berlin im August 2004

»Meine Mutter hat mich doch geliebt«
Töchter einer entwurzelten Mutter aus Polen

Aus eher banalem Anlass hatte sich Dagmar im Frühjahr 2003 ins Krankenhaus begeben. Eine Vene sollte entfernt werden. Nach zwei Wochen, so hieß es, werde sie wieder arbeitsfähig sein. Doch nach zwei Wochen ging es Dagmar schlechter als zuvor. In Schüben traten starke Nervenschmerzen in der Schulter und im Brustkorb auf, die Medikamente aus dem Krankenhaus schlugen jedoch nicht an. Ein Notarzt, den sie bei einem erneuten akuten Schmerzanfall in die Wohnung rief, stellte zusätzlich eine Nierenkolik fest und verschrieb weitere Medikamente. Doch auch danach klangen die Schmerzen nicht ab. Noch in der Nacht nach dem Arztbesuch wies sich Dagmar selbst in das Humboldt-Krankenhaus ein, wo die Notaufnahme schließlich eine Thrombose diagnostizierte.

Schon Tage zuvor, so wurde endlich erkannt, war ein Blutpfropf in die Lunge geschwemmt worden und hatte eine Embolie verursacht, in deren Folge sich auch noch eine Lungenentzündung und eine Rippenfellentzündung entwickelt hatten. Hätte sich der Pfropf in einer großen Lungenschlagader festgesetzt, wäre Dagmar tot gewesen, bevor sie das Krankenhaus erreicht hätte. Das sei dann, sagt Dagmar, ihre eigene Schuld gewesen. Denn sie habe die Schmerzen zu lange ertragen, ohne auf Klärung zu drängen. Sie habe sich ohne Widerspruch mit verschiedenen Diagnosen zufrieden gegeben, obwohl die Behandlung keine Besserung gebracht hätte. Sie habe wieder einmal nur im allerletzten Augenblick und mit größter Mühe geschafft, was andere schneller, zielstrebiger, leichter gelöst hätten. Und weil sie den Anforderungen nie angemessen nach-

Hätten sie einen Vater gehabt, wäre das Leben der Schwestern völlig anders verlaufen. Christel (u. r.) hätte Klavierspielen gelernt und Ballett getanzt und wäre sicher nicht Diätassistentin geworden. Astrid (o. r.) hätte nicht einen anderen Vater als die beiden Schwestern gehabt, und Dagmar (u. l.) hätte sich weniger für ihre entwurzelte Mutter verantwortlich fuhlen müssen.

komme, bliebe in ihr immer das Gefühl zurück, nicht genug getan, sich nicht genügend eingesetzt, eine Aufgabe nicht wirklich gut gelöst zu haben. So fühlt sich Dagmar nie wirklich zufrieden, nur sehr kurzfristig beglückt und erfüllt – und immer erschöpft.

Vor dem operativen Eingriff, sagt Dagmar, habe sie sich in einer guten seelischen Verfassung befunden. Aber wenige Wochen nach der Thrombose wurde sie depressiv. Sie hatte das Gefühl, wie auf einer durchsichtigen Glasplatte zu laufen, unter der sie nur mühsam gebändigte Konflikte wieder überscharf erkannte. Angst stieg in ihr hoch. Schon einmal, nach der Trennung von ihrem ersten Mann, hatte sie therapeutische Hilfe in Anspruch genommen. Hatte sie damals nicht gelernt, alte Muster zu erkennen und bewusster zu handhaben? Warum fühlte sie sich wieder so ausgeliefert?

Im Traum sah sie sich auf der dicken Eisfläche eines Kanals. Plötzlich begann das Eis zu schmelzen, die Fläche wurde dünn, durchsichtig, rissig. Panik erfasste sie. Würde sie das zehn Meter entfernte Ufer erreichen? Sie begann zu laufen, rutschte aus, raffte sich wieder auf, lief weiter, doch die Eisblöcke unter ihren Füßen barsten mit einem dumpfen Knall auseinander, sie brach ein, versank bis zum Hals im eiskalten Wasser, glaubte zu ertrinken – und spürte auf einmal eine zweite, tiefere Eisschicht unter ihren Füßen, so dass sie sich, mühsam durch die treibenden Eisstücke rudernd, zum Ufer durchschieben konnte. Sie war nicht ertrunken, doch auch nur mit allerletzter Kraft ans Ufer gekommen. Und weil die Anstrengung gurgelnde Laute aus ihr heraustrieb, rüttelte ihr Freund sie wach.

Ein anderes Mal wanderte sie im Traum einen Berg hinauf. Noch bevor sie den Gipfel erreichte, verwandelte sich der harte Boden unter ihren Füßen in Schlamm und drängte wie ein brauner Lavafluss nach unten. Sie quälte sich einige Schritte gegen den Strom bergauf, rutschte jedoch ab, stemmte sich der Materie erneut entgegen, fand wieder keinen Halt und erkannte: Sie würde zwar nicht umkommen, aber auch niemals ankommen. Und wieder gurgelte sie, weil der Traum kein Entkommen bot.

Sie bat den Arzt um Antidepressiva, denn sie wollte auf keinen Fall einbrechen oder abrutschen. Und tatsächlich verfärbte sich die Glasplatte unter ihren Füßen dank der Tabletten langsam milchig-grau und versperrte die Sicht auf den Abgrund darunter. Der Schlamm trocknete aus, ihre Füße fanden wieder Halt. Sie hatte sich wieder im Griff. Sie begann wieder zu funktionieren.

Dagmar ist stolz auf den Überlebenswillen, den Gott ihr in die Wiege gelegt haben muss. Weil sie zu früh zur Welt kam, konnte sie sich vierzehn Tage an das Leben außerhalb des Mutterleibes gewöhnen, bevor sie den Strapazen der Flucht ausgesetzt wurde. In der Mulde eines Kopfkissens, das die Mutter mit vier Bindfäden hinter dem Nacken zusammenband, gelangte sie – zeitweilig im Auto eines deutschen Offiziers, zeitweilig im Zug – von Zduńska Wola bei Lodz bis nach Berlin. Wund und durchgelegen, aber lebend. Da die Mutter keine Milch besaß, ernährte sie das Baby vor allem mit Schnee, den sie in einem Emailletopf mit einer Kerze zum Schmelzen brachte. Erst in Berlin erhielt Dagmar Milch, die sich eine Offiziersfrau für sie abpumpte: Das Bobbele sollte doch leben.

In der Therapie hat Dagmar als Erstes über ihre wunderschöne Kindheit in Niedersachsen berichtet. Sie hatte zwar keinen Vater mehr, denn der war am 15. August 1944 in Ostpreußen gefallen. Es gab auch kein eigenes Haus mehr wie in Zduńska Wola, sondern für eine Pfarrwitwe mit zwei Kindern erst ein Zimmer beim Schuhmachermeister Serling und später anderthalb Zimmer in einem fast abbruchreifen Pfarrhaus bei Wolfsburg. Die Mutter war auch fast nie zu Hause, da sie arbeiten oder auf dem Schwarzmarkt in Berlin Lebensmittel für die Kinder eintauschen musste. Aber wie frei war Dagmar dafür und wie unabhängig in ihrem Alltag!

Sie kam nach Hause, wann sie wollte, denn der Schlüssel war an einem vereinbarten Ort hinterlegt. Sie stromerte in den Wäldern und Wiesen herum, bis die Kirchenglocken um sechs Uhr abends läuteten. Dann wusste sie: Jetzt ist Feierabend, jetzt musst du nach Hause. Sie fürchtete sich nicht, allein in den Wald zu ziehen oder fernab vom Dorf Blumen in den Wiesen zu pflücken. Nur vor der »Roggenmuhme« hatte sie Angst, weil sie die Kinder mittags in den Roggen zieht. Deswegen mied sie reife Getreidefelder, wenn die Sonne im Sommer im Zenit stand. Sonst fühlte sie sich eins mit der Natur und lief vom Frühling bis Herbst barfuß herum. »Schuhe kann Dagi nur unter strengster Aufsicht anbehalten. Meistens nur zehn Minuten«, schrieb ihre Mutter im Juni 1948 auf die Rückseite eines Fotos, das sie einer Bekannten übergab, bei der sich Dagmar vorübergehend aufhalten sollte. Die Vorderseite zeigt ein dreieinhalbjähriges, trotzig selbstbewusstes Kind in kurzem hellem Sommerkleid, das mit nackten Füßen durch den Sand der Dorfstraße fährt.

Als Dagmar etwas älter wurde, unternahm sie lange Fahrradtouren in die Umgebung oder zog sich stundenlang mit einem Buch in die Wiesen zurück, lernte Texte auswendig und rezitierte. Oder tanzte für sich allein – ekstatisch bis zur Erschöpfung. Oder tollte stundenlang im Wasser herum. Es war eben eine wunderschöne Kindheit.

Als sie jedoch intensiver in den Erinnerungen grub, tauchten noch andere Bilder auf. Hatte sie nicht so manches Mal unter dem Rotdornbusch im Hof gesessen und die Mutter, wenn es dunkel wurde, nach »Dagmar, Dagmar« rufen lassen, ohne einen Laut von sich zu geben? »Soll sie doch Angst haben«, hatte sich eine trotzige Stimme in ihr gemeldet. »Soll sie doch denken, ich bin tot. Sie lacht ja doch nur, wenn ich tot bin.« Hatte sie nicht auch vor dem Eingang der Schule gesessen, in der ihre vier Jahre ältere Schwester Christel zum Unterricht ging, und so lange geweint, bis der Lehrer sie hereingeholt und neben die Schwester in die Bank gesetzt hatte? Hatte sie nicht unbewusst auch immer und immer wieder über die Stränge geschlagen, um die Mutter zu einer Strafe zu nötigen?

Als Vierjährige war sie einmal mit einem Nachbarjungen mehrere Kilometer weit bis ins nächste Dorf gelaufen, durch eine Teertonne gekrochen und Kaliberge hinauf- und hinuntergerutscht. Der Nachbarjunge war mit tüchtigen Schlägen bestraft worden, ihre Mutter hingegen hatte nur gemeint: »Das darfst du nicht wieder machen.« Ähnliches wiederholte sich vielleicht sechs Jahre später. Da hatte Dagmar morgens ein paar belegte Brote und eine Decke eingepackt und war mit einer Freundin zu Fuß fünfzehn Kilometer durch Wald und Feld nach Wolfsburg gelaufen. Als sie schließlich in der Siedlung ankamen, in der ein Onkel der Freundin wohnen sollte, konnte sich die Freundin nicht an die Adresse des Onkels erinnern. Unverrichteter Dinge traten sie den Rückweg an – wieder zu Fuß. Dagmars Tante entdeckte die beiden um 22 Uhr auf einem dunklen Waldweg, als sie von der Spätschicht nach Hause radelte. Die Freundin erhielt von ihrem wütenden Vater eine ordentliche Tracht Prügel, Dagmars Mutter aber meinte wieder nur: »Ich freue mich, dass du wieder da bist.« Statt froh zu sein, enttäuschte Dagmar diese Reaktion der Mutter. Brachte die Angst, ihrer Tochter könnte etwas zugestoßen sein, sie nie aus der Fassung? Machte sie sich nie wirklich Sorgen um sie? Konnten auch Erfolg oder Misserfolg der Tochter nie eine

tiefe Anteilnahme auslösen? Einmal hatte Dagmar in der Eng-
lischarbeit eine Fünf geschrieben und traute sich fast nicht
nach Hause. Doch sie erwarteten weder Schelte noch Trost.
Die Mutter mahnte nur freundlich: »Da musst du wohl noch
ein bisschen mehr lernen!«

Dagmar hätte sich gewünscht, dass ihre Mutter sich mehr
um sie kümmerte, sich mehr in sie einfühlte und im schwierigen Alltag schützte. Warum ist sie zum Beispiel nicht selbst in
den Lebensmittelladen von Tante Meta gegangen, um Zucker
zu kaufen? Warum ließ sie die Tochter gehen, die dann vor allen anderen Kunden abgekanzelt wurde und voller Scham aus
dem Laden stürzte: »Sag deiner Mutter, wenn sie die Schulden
bezahlt hat, bekommt sie auch wieder Zucker!« Und warum
tingelte die Mutter nicht selbst von Haus zu Haus, um die von
ihr mit Bast umwickelten Vasen für Blumenfenster anzubie-
ten, sondern schickte die Tochter, die sich wie eine Bettlerin
fühlte?

Damals allerdings hat Dagmar keine Wut auf die Mutter
empfunden. Vielmehr war sie von großer Dankbarkeit und großem Mitleid erfüllt. Opferte sich die Mutter nicht auf, um ihre
Kinder zu ernähren? Verausgabte sie sich nicht immer wieder
und reagierte trotz ständiger Übermüdung und Erschöpfung
dennoch nicht gereizt gegenüber den Kindern? Zwei Tage in
der Woche stand die Mutter im Kiosk von Frau Koschowitz
im Nachbardorf und verkaufte Nicki-Pullover. An den übrigen
Tagen half sie auf dem Markt in Gifhorn. Und abends, wenn
die Kinder im Bett lagen, setzte sie sich unter die Küchenlam-
pe und stickte mit rot geränderten Augen Monogramme in
die Aussteuer junger Mädchen aus dem Dorf, die kurz vor der
Hochzeit standen. Oder sie backte bis in die tiefe Nacht Tor-
ten für ein Bauernfest am nächsten Tag. Für den Pastor stickte
sie Hohlsaum in die neue Altardecke. Statt eines Lohnes er-

hielt sie allerdings nur ein freundliches »Vergelt's Gott«, was Dagmar noch heute verbittert.

In den ersten Jahren nach dem Krieg fuhr die Mutter manchmal auch auf den Puffern der Eisenbahnwaggons über die grüne Grenze in die Sowjetisch Besetzte Zone und tauschte Bettwäsche gegen Lebensmittel. Weil der Funkenflug der Lokomotive leicht ihre Kleider hätte entflammen können, schrieb ein Bekannter besorgt-vorwurfsvoll: »Warum kaufst du nicht wie alle anderen hier im Westen ein? Warum musst du immer über die Grenze fahren?« Doch Dagmar bewunderte die Mutter gerade wegen dieser Risikobereitschaft. Ihre Mutter war eine starke Frau, der keine andere Mutter gleichkam. Wie eine Göttin auf einem Sockel erschien sie ihr – schön und mutig, aber unerreichbar.

Wenn die Tochter ihre Hand auf ihrer Schulter spüren und ihre weiche Stimme hören wollte, dann musste sie sie überreden, von früher zu berichten. Dann lagen Dagmar und ihre Schwester Christel in den Armen der Mutter auf dem Bett und ließen sich erzählen: von dem Großvater, der Schneidermeister gewesen war, in der Werkstatt mehrere Angestellte und im Haus eine Köchin beschäftigt hatte, der mit der Kutsche herumgefahren und auf Jagd gegangen war. Von der Mutter, die Bernsteinschmuck geliebt und für Biersuppe, Piroggen und Mohnstrudel geschwärmt hatte, die sich vom Großvater als Erste im Ort einen Hosenrock für das Fahrrad hatte schneidern lassen und stolz seine neuesten Kostüme auf der Petrikauer Straße in Lodz ausgeführt hatte. Und die sofort Ja gesagt hatte, als der attraktive junge Pastor sie bei einem Fahrradausflug an die Warthe gefragt hatte: »Willst du meine Frau werden?«

Dagmar und Christel ließen sich aber auch erzählen, wie Mutters Familie unmittelbar vor dem Ausbruch des Zweiten Weltkriegs in die Wälder geflohen war, während der polnische

Nachbar das Haus vor der Plünderung durch seine Landsleute bewahrt hatte, wie aber die Lebensmittel im Laden eben dieses Polen nur wenige Tage später von Deutschen mit Petroleum übergossen worden waren, ohne dass Dagmars Großvater dies hätte verhindern können. Und sie hörten vom Jauchefass, in dem der Großvater bei Kriegsende Kleidungsstücke an eine Adresse in Norddeutschland verschickt hatte, das aber, als die Mutter dort Monate später geklingelt hatte, angeblich nicht angekommen war: Dabei war die Frau des Hauses in einem Kleid aus Zduńska Wola in der Tür erschienen.

Bei diesen Erzählungen wurde die Stimme der Mutter ganz weich, und wenn Dagmar und Christel sich fest an sie schmiegten, strich sie ihnen gedankenverloren über den Kopf. Abgesehen von den Ausflügen in die Natur waren dies für Dagmar die schönsten Stunden der Kindheit.

Kurz nach dem Tod der Mutter schlief Christel noch einmal in deren Wohnung. Sie wollte Abschied nehmen. Doch die Nacht wurde zum Albtraum. Christel fand keinen Schlaf, lief unruhig zwischen den zwei Zimmern hin und her, begann in den Kisten von Briefen zu wühlen, die ihre Mutter zeitlebens gesammelt hatte, und fand doch keinen Mut zum Lesen. Die Möbel, Teppiche, Bilder, Blumen, die ihr eine tröstliche Brücke zur Mutter hatten sein sollen, sogen sie plötzlich in die Welt der Verstorbenen, als übernehme sie ihre Rolle. Ein Film Roman Polanskis fiel ihr ein: wo ein Mieter sich mehr und mehr für das Leben des Vormieters zu interessieren beginnt, bis er schließlich vollständig in seine Haut schlüpft – und Selbstmord verübt wie jener. Seit jener Nacht graute Christel vor der Wohnung, obwohl sie mit dem Gedanken gespielt hatte, nach der bevorstehenden Frühberentung dort einzuziehen. Die Wohnung wurde verkauft.

Wie sehr sie sich mit der Mutter identifiziert und für sie verantwortlich gefühlt haben muss, beginnt Christel erst langsam nach deren Tod zu ermessen. Vorher wagte sie darüber nicht einmal ernsthaft nachzudenken. »Ich konnte«, sagt sie, »die Mutter doch nicht ungeschützt, allein, ohne Fürsorge lassen. Ich wollte sie doch nicht enttäuschen.« Da erschien ihr schon die Zeit, in der sie sich fern von ihr zur Diätassistentin ausbilden ließ, als eine unzumutbare Trennung.

Monatelang war sie krank. Zahnfleischentzündungen gingen über in Vereiterungen im Mund, die Vereiterungen im Mund führten zu vereiterten Mandeln, die Vereiterung der Mandeln weitete sich aus in die Gehörgänge, schließlich befiel sie noch eine Arthrose in den Füßen. Sie musste sich einer Kieferoperation unterziehen und die Mandeln entfernen lassen. »Ich halte das alles aus«, dachte sie, denn diese Devise war ihr von zu Hause vertraut. Doch sie war sich selbst ein Rätsel und konnte sich nicht helfen.

Später fand sie weder Zeit noch Energie, eine eigene Familie zu gründen, da sie vollauf damit ausgelastet war, sich neben der eigenen beruflichen Weiterbildung um die Arbeit, die Freizeit, die Gesundheit, die seelische Verfassung ihrer Mutter zu kümmern. Während ihres Anerkennungsjahres als Diätassistentin rief sie die Mutter mindestens zwei Mal in der Woche an; im letzten Lebensjahr, als die Mutter erkennbar schwächer wurde, griff sie sogar drei oder vier Mal täglich zum Telefonhörer. Den Jahresurlaub verbrachte sie über viele, viele Jahre gemeinsam mit der Mutter auf Sylt, und nur einmal, ein einziges Mal, wagte sie ein Nein, als die Mutter sie zusätzlich noch auf einer Reise nach Wien begleiten wollte. Die Mutter wurde daraufhin krank, und Christel plagten Gewissensbisse. Einmal, ein einziges Mal, wagte Christel es auch, dem Weihnachtsfest bei der Mutter fernzubleiben. Ihr Hausbesitzer fragte nach dem Heiligabend erschrocken, ob ihr etwas fehle, da ihr Gesicht völlig verquollen war aufgrund der Weinkrämpfe, die sie in der Einsamkeit in ihrer kleinen Wohnung geschüttelt hatten. Nein, entschied sie danach, sie würde die Mutter nicht mehr allein lassen.

Wenn du noch eine Mutter hast,
So danke Gott und sei zufrieden,
Nicht allen auf dem Erdenrund,
Ist dieses hohe Glück beschieden.

So stand es in Christels Poesiealbum. Das lehrte sie der Pastor, das lehrte sie die Lehrerin, das lehrte sie auch ihre eigene Erfahrung. Sie hatte doch nur noch die Mutter. Wie hätte sie diese Generation von Frauen nicht achten sollen, die sich ohne Männer, mit einer bewundernswerten Ausdauer und Kraft, in Trümmern und in fremden Dörfern eine neue Existenz schufen? Als sie später »Die Stunde der Frauen« von Christian Graf von Krockow las, fühlte sie sich bestätigt.

Christel war fast sechs, als sie mit Mutter und Dagmar in dem niedersächsischen Dorf ankam, das ihnen nach einigen Zwischenstationen für acht Jahre eine neue Heimat werden sollte. Sie kann sich noch gut an den schweren Alltag in den ersten Nachkriegsjahren erinnern, wo auch das Einfache schwierig war und die Hilfe der ältesten Tochter unumgänglich.

Es gab doch nur den einen Herd, auf dem das Essen gekocht und der Kuchen gebacken und die Wäsche gewaschen wurden und der auch das Wasser aufheizte, das jeden Samstag die kleine Zinkwanne füllte, in die Dagmar und Christel – eine nach der anderen – mit angewinkelten Knien hineinkrochen. Für diese Badeprozedur hatte Christel das Wasser vom hundert Meter entfernten Brunnen die Treppe erst hinauf- und dann wieder hinunterzutragen. Auch das Holz wollte hinauf- und die Asche wieder hinuntergetragen werden. Zu Christels Pflichten zählte ebenfalls, im Frühsommer Rüben zu verziehen, im Sommer Kartoffeln und Ähren aufzulesen und im Herbst Pilze und Holz im Wald zu sammeln.

Am liebsten arbeitete Christel beim Bauern Samann, denn Samanns Tochter war ihre Freundin. Gemeinsam wendeten sie das Heu, melkten die Kühe und lagen anschließend im warmen Wiesengras und beobachteten die Wolken. Bei Samanns fühlte sie sich nie als Flüchtlingskind und nie als Bittstellerin, denn die Bäuerin war freundlich und steckte ihr jedes Mal etwas zu – entweder ein Stück Wurst vom Schlachten oder selbst gebackenes Weißbrot oder Zuckerkuchen oder Butter.

Doch wie Christel es hasste, an die Türen der Nachbarn zu klopfen – es gab doch noch keine Klingeln –, den obligatorischen Knicks zu machen und den üblichen Spruch aufzusagen: Ob sie das Geld für die Illustrierten abholen könnte? Wie sie fürchtete, jemand würde die Tür einfach zuschlagen oder frech behaupten, er habe kein Geld für die Zeitung. Wie sie sich sorgte, wenn sie die Mutter dann nicht entlasten konnte, sondern dazu zwang, die Summe erst einmal auszulegen.

Christel hätte gern Klavierunterricht genommen, aber dafür reichte das Geld nicht. Sie hätte auch gern Ballettunterricht genommen. Aber nach einigen Stunden erklärte die Mutter, eine Erkrankung der Schilddrüse lasse weitere Stunden nicht angezeigt erscheinen. Wahrscheinlich, meint Christel heute, habe die Mutter die gesundheitlichen Probleme vorgeschoben, da sie sich schämte, den Geldmangel einzugestehen.

Christel machte der Mutter keine Vorwürfe. Es war doch nicht ihre Schuld, dass sie nur mühsam über die Runden kamen. Es war auch nicht Schuld der Mutter, dass bei Christel ein Schatten auf der Lunge festgestellt und sie mit zehn Jahren zur

Kur auf die Insel Langeoog verschickt wurde, wo alle Kinder in einer langen Reihe sitzen und den Kopf mit geöffnetem Mund hochheben mussten, so dass man ihnen mit einer Kanne Lebertran hineinschütten konnte. Sicher hätte sich auch Christel mehr Zärtlichkeit und Zuwendung von der Mutter gewünscht. Aber das erlaubten die Umstände offensichtlich nicht, die sie zwangen, fast ohne alles wieder von vorn anzufangen, während die anderen, wenn sie ihnen notdürftige Unterkünfte zuwiesen, noch verächtlich fragten: »Hattet ihr schon einen Eimer, oder habt ihr noch über den Balken geschissen?« Die Mutter war doch selbst ein bedauernswertes Geschöpf, als sie sich deklassiert und überfordert nach dem Krieg wieder fand.

Was konnte die Mutter, einst eine angesehene Pfarrersfrau, dafür, dass ihr Mann gefallen war? Dass sie, wie viele Töchter aus besserem Haushalt, keine Ausbildung erhalten hatte und in finanziellen Dingen völlig unerfahren war? Andere Vertriebenenfamilien, das sah Christel an den Häuslebauern im Dorf genauso wie später bei den Eltern ihrer Klassenkameradinnen im Gymnasium, die schafften es. Aber in anderen Vertriebenenfamilien lebten noch die Männer. Cadera aus Schlesien stieg zum Beispiel schnell zum besten Konditor von Wolfsburg auf, und das Ehepaar Rack wurde reich mit seinem Tapetengeschäft.

Wie Christel ihre Mutter bekniete, sie möge den Einladungen dieser Familien folgen! Doch die Mutter weigerte sich beharrlich mit der Begründung, sie könne doch keine Gegeneinladung in ihre bescheidene Zwei-Zimmer-Wohnung aussprechen. Und so zogen sie sich immer mehr auf sich selbst zurück – die Mutter und ihre beiden Töchter: Das Dreimäderlhaus nannten sie sich manchmal scherzhaft selbst.

Christel litt stärker als Dagmar darunter, dass ihr Vater gefallen war. Immerhin hatte sie noch eine dunkle Erinnerung an diesen Mann, den sie im Alter von fast vier Jahren das letzte Mal gesehen hatte. Als ihr nach dem Tod der Mutter aus den vielen Briefkisten eine Postkarte in die Hände fiel, die er 1943 zu ihrem zweiten Geburtstag aus dem Feld geschickt hatte, begann sie hemmungslos zu weinen. Ja, sie hatte jemanden verloren, dessen Liebe sie noch aus dem Kartengruß heraus spürte:

Papi wird an Dich besonders denken und wenn Du mal groß bist, dann wirst Du wohl alles verstehen können und Deinen Soldatenpapi ganz lieb haben. Heute aber grüßt er Dich ganz herzlich und gibt Dir einen innigen Kuß.
Dein lieber Papi.

Hätte sie einen Vater gehabt, wären das Leben der Mutter und damit auch das der Töchter sicher völlig anders verlaufen. Sie hätten dann sicher zu den besseren Leuten im Dorf gehört, die »Frau Pastor« wäre nicht belächelt worden, sie, Christel, hätte Klavier spielen gelernt und Ballett getanzt und wäre ganz sicher nicht Diätassistentin geworden, zu deren Ausbildung nicht einmal Abitur erforderlich war.

Einen Vater wie die Kinder im Dorf hätte sie aber auch nicht haben wollen. Solche Väter verachtete sie sogar. Denn die zwangen ihre Kinder, sich auf das Sofa zu knien oder über die Rückenlehne eines Sessels zu beugen, damit sie sie mit einem Ledergürtel verprügeln konnten. Oder sie betranken sich bei Schützenfesten und Fußballspielen und grölten Lieder, deren Texte Christel seitdem auswendig kennt: »Die Fahnen hoch, die Reihen fest geschlossen, SA marschiert, mit ruhig festem Schritt ...« Oder auch das alte Soldatenlied, das ebenfalls in der Wehrmacht beliebt war: »In einem Polenstädtchen/da lebte einst ein Mädchen/sie war so schön./Sie war das allerschönste Kind/Das man in Polen findt/Aber nein, aber nein, sprach sie/Ich küsse nie.«

Allein Onkel Artur war anders. Er aß mit Dagmar Apfelküchle mit Zimt und Zucker um die Wette, er unterhielt die beiden Schwestern stundenlang mit Spielen, bastelte für Dagmars Babypuppe einen Schaukelsitz und vor allem: Er machte die Mutter froh und glücklich. Christel sah sie wieder lachen, sah sie fröhlich und gelöst. Onkel Artur kam selbst aus einem Vertriebenenhaushalt, seine Mutter lebte im Dorf nur einige Häuser weiter. Doch als er begann, mit Christels Mutter »zu gehen«, erregte sich nicht nur seine Mutter. Wie konnte er sich eine sechs Jahre ältere Frau anlachen, die auch noch zwei Kinder mitbrachte! Regelrecht empört war auch die Familie von Christels Vater. Hatte die Schwiegertochter etwa vor, erneut zu heiraten und den gefallenen Mann zu vergessen?

Onkel Artur war entschlossen, mit dem »Dreimädelhaushalt« nach Amerika auszuwandern. Da er selbst schon Ausreisepapiere besaß, fuhr er vor, Mutter und Töchter sollten möglichst schnell folgen. Jedenfalls entgegnete Christel, als der Volksschullehrer sie aufforderte, sich ein neues Heft anzuschaffen, da das alte voll sei: »Das brauche ich nicht mehr, wir wandern nach Amerika aus.«

Warum dann alles scheiterte? Warum eine Fernheirat nicht zustande kam, obwohl die Mutter sie beantragte? Warum Arturs in Amerika lebender Onkel die Bürgschaft für sie verweigerte? Warum die Mutter nicht versuchte, eine Einreise als Volksdeutsche zu beantragen, da Personen deutscher Abstammung ohne deutsche Staatsbürgerschaft zeitweilig privilegiert von den USA behandelt wurden? Und vor allem: Warum sie Onkel Artur die Trennung leicht machte, als sie ihm nicht sagte, sie würde ein Kind von ihm austragen? Diese Fragen werden wohl immer ungelöst bleiben. Vielleicht lagen die Gründe, die die Mutter schweren Herzens in Deutschland bleiben ließ, gar nicht im Verhältnis zu Onkel Artur und auch nicht in den bürokratischen Hindernissen. Vielleicht – dachte Christel – erschien ihr eine erneute Entwurzelung, eine neue Reise ins Unbekannte, einfach als zu schmerzlich. Zwei Jahre noch tauschte sie regelmäßig Briefe mit Artur aus, dann brach jeder Kontakt ab. Onkel Artur hat eine andere Frau geheiratet. So wuchs auch Christels Schwester Astrid, die im Februar 1952 geboren wurde, ohne Vater auf.

Astrid lebt mit ihrem Mann, von dem sie sich vor Jahren scheiden ließ, inzwischen wieder in einer Berliner Altbauwohnung in einem Tempelhofer Hinterhaus zusammen. Im Küchenfenster stehen bunte Orchideen aus der aufgelösten Wohnung der Mutter. Astrid habe ein Händchen für Blumen, heißt es. Wie ihre Mutter. Die vier Wohnzimmer sind nicht geheizt, Gäste werden in die Küche gebeten, den einzigen warmen Raum, wo sich Astrid mit der schwarzen Katze um den besten Platz streitet: einen Stuhl direkt neben der Heizung. Heute hockt Astrid dort – mit blauer Nasenspitze, kalten Händen, kalten Füßen, die Beine hochgezogen, die Knie fest an die Brust gepresst, die Ellenbogen auf den Heizkörper gestützt. Zusammengekrümmt fast wie ein Embryo. Sie raucht. Jede Zigarette nur zu zwei Dritteln, dann steckt sie den glühenden Rest in den »Kippentöter«, eine spiralförmig gedrehte, silberne Tülle in einem Aschenbecher, wo er ohne Rauch erstickt. Auch dies übernahm sie von der Mutter – mit dem einzigen Unterschied, dass die Mutter täglich zwei Schachteln rauchte, Astrid hingegen angeblich nur eine.

Astrid kann sich an ihre Mutter aus den ersten vier Lebensjahren nicht erinnern. »Es ist«, sagt sie, »als wäre ich ohne Mutter aufgewachsen.« In der Erinnerung blieben nur der Pastor aus der unteren Wohnung des Pfarrhauses und seine Tochter Dorothea, ihre Spielkameradin, die im gleichen Jahr geboren wurde wie sie. Zwar spielte auch der Pastor nicht mit ihr, aber er war doch anwesend und vermittelte ein Gefühl von Sicherheit. Ihre Mutter, Christel und Dagmar hingegen bedeuteten für sie das Versprechen auf eine ewige Bleibe, zu der sie jeden Abend zurückkehren konnte. Davon ging Astrid jedenfalls instinktiv aus, denn das macht Familien doch aus.

Umso größer war der Schock, als sie eines Abends nach einem Besuch bei der Großmutter nach Hause zurücklaufen wollte, doch erfahren musste: Es gibt kein Zuhause mehr. Die Mutter war weg, Christel war weg, Dagmar war weg. Die Familie hatte sich aufgelöst. Astrid verlor den Boden unter den Füßen. Sie schluchzte, sie weinte, sie hoffte, alles würde sich als ein Irrtum, als böser Traum herausstellen. Doch alles hatte seine Richtigkeit. Sie müsse nun bei der Oma bleiben, hieß es. Mutter und Schwestern seien fortgezogen. Die Mutter habe in einem anderen Ort eine Arbeit bei der Post gefunden, Christel mache eine Ausbildung in der Fremde, und Dagmar gehe tagsüber auf das Gymnasium in Wolfsburg. Wer sollte da auf ein vierjähriges Mädchen aufpassen?

Damals muss Astrid völlig versteinert sein. Schon vorher hatte sie nur ein sehr begrenztes Vertrauen zur Welt. Ihre Schwester Christel, sagt sie, habe ihr zwar immer wieder erzählt, was für ein ruhiges, stilles Kind sie gewesen sei. Sie habe den Kinderwagen einfach auf den Hof schieben und spielen gehen können. Astrid habe eben immer geschlafen. Aber Astrid glaubte sich später in der Therapie an einen großen, schwarzen Vogel zu erinnern, der über den Kinderwagen geflogen sei, sie bedroht und eine übermächtige Angst in ihr ausgelöst habe. Damals habe sie geschrien, so laut und aus ganzer Seele, wie ein Kleinkind nur schreien könne. Aber niemand habe sich

ihrer angenommen. Niemand habe sie aus dem Wagen gehoben, sie beruhigt, geschaukelt, getröstet, gewiegt, gestreichelt.
Damals habe sie offensichtlich begonnen, sich abzuschotten
vor einer Welt, die gleichgültig blieb gegenüber ihrer Sehnsucht nach Liebe und Wärme, und habe sich eine harte Schale
zugelegt, damit niemand sie mehr verletzen könne.

Selbst Oma B. nicht, die harte, herrische Mutter ihres Vaters,
die das Enkelkind nicht liebte, das ihr Sohn gegen ihren Willen gezeugt hatte. Sie bürdete ihm Pflichten in Haushalt und
Garten auf und war nie zufrieden, wie sehr Astrid sich auch
bemühte. Immer gab es Grund zur Schelte, oft auch Grund für
Prügel. Weil Astrid das Zimmer nicht richtig sauber gemacht
habe, weil sie die Erbsen nicht sorgfältig genug ausgepult oder
weil sie beim Einkaufen etwas vergessen habe. Mindestens einmal in der Woche fand Oma B. Gründe, um nach dem Tep-
pichklopfer oder einem Ledergürtel zu greifen und zuzuschla-
gen. Einmal – Astrid erinnert sich genau: Im Fernsehen lief
»Schneewittchen« – schlug sie so erbarmungslos auf sie ein,
dass der Opa sagte: »Hör endlich auf, du schlägst sie ja tot!«

Astrid hat nie geweint. Diese Genugtuung wollte sie Oma B.
nicht geben. Doch je mehr sie den Schmerz mit zusammenge-
bissenen Zähnen in sich erstickte, desto wütender schlug die
Oma zu und schrie: »Du bist wie dein Vater, der hat auch nicht
geweint.« Nur so hörte Astrid etwas von Artur – denn Vater hat
sie ihn in ihren Gedanken nie genannt. Er schickte ihr keinen
einzigen Brief aus Amerika, nur einmal zu Weihnachten eine
Puppe. Astrid wusste nicht, wie Artur aussah. In der Wohnung
stand kein Foto von ihm, und die Oma zeigte ihr auch keines.
Das erste und letzte Mal gesehen hat sie ihn am 70. Geburtstag von Oma B. Da war sie selbst bereits dreißig Jahre alt und
hatte eigene Kinder. Doch weil Artur die Vorwürfe der Tochter
fürchtete, ging er ihr aus dem Weg, und nach einem kurzen

Gespräch mit der Tochter schrie seine Frau Astrid hasserfüllt an: »Am liebsten würde ich dich und deine Mutter umbringen!« Als wäre die Liebe ihres Mannes von vor dreißig Jahren noch immer eine Gefahr für sie.

Auch damals hat Astrid nicht geweint. Nicht einmal abends allein und heimlich im Bett. Auch das hatte sie in der Zeit bei Oma geübt. Denn um keinen Preis sollte die Oma das Enkelkind mit Tränen entdecken, wenn es neben ihr im Ehebett lag. Der Opa schlief nämlich in einem anderen Zimmer, weil er, wie sich herausstellte, gar nicht ihr richtiger Opa war. Der richtige Opa war im Krieg gefallen. Und da es sich nicht gehörte, mit dem falschen Opa in einem Ehebett zu schlafen, teilte sich Oma B. das Doppelbett im hinteren Teil der Wohnung mit Astrid, während der falsche Opa im vorderen Teil der Wohnung schlief. Nur die Küche bewirtschaftete das inoffizielle Paar gemeinsam.

Und nur die Küche war warm. Wie heute bei Astrid. Alle übrigen Räume wurden selbst im Winter nicht geheizt. Wie heute bei Astrid. Am schrecklichsten war es im Schlafzimmer unter dem feucht-kalten Plumeau, das selbst ein Körper nicht erwärmen konnte, so dass sich Astrids Atem wie Raureif auf dem Bezug der Bettdecke absetzte. In jener Zeit durchdrang die Kälte sie so tief bis in die feinsten Poren, dass ihr die Unterkühlung als das Normale erschien. Später in der Therapie, als sich all der Hass und die Wut auf die hartherzige Oma entluden, machte es Astrid sich in ihrer eigenen Wohnung für einige Zeit warm. Doch dann erlahmte ihre Kraft, gegen die Gewohnheit zu handeln. Und als über fünfzigjährige Frau sitzt sie wie als siebenjähriges Mädchen in einer ungeheizten Wohnung mit blauer Nase, kalten Füßen und kalten Fingern, mit denen sie heute die Zigaretten umklammert.

Mit dem Rauchen begann Astrid im Alter von vierzehn Jahren, in jenem Jahr, als sie endlich zur Mutter zurückkehren konnte. »Mutter« hat Astrid sie jedoch nur in Briefen genannt, sonst wie eine ältere Schwester immer nur mit Edith angeredet. Astrid wäre gern schon zwei Jahre früher gegangen und hatte sich bereits auf den Umzug vorbereitet. Doch da hieß es plötzlich, Edith sei krank. Sie befände sich zur Entziehungskur im Krankenhaus. Im Unterschied zu ihren Schwestern hat Astrid jedoch kein Mitgefühl mit ihr gespürt, sich vielmehr noch einmal in ihrer Überzeugung bestätigt gefühlt, nicht gewollt, nicht gewünscht zu sein, auf Distanz gehalten zu werden. Wieder schien es, als käme sie ungelegen, als sei sie eine Last. Wenn Ediths Haushalt dennoch das Ziel ihrer Sehnsucht blieb, so lag das daran, dass hier nicht jedes Vergehen mit Prügeln bestraft wurde wie bei der Oma und sie hier keiner unnachsichtigen Kontrolle unterstand.

Als Astrid endlich in die Wohnung der Mutter einzog, hat sie die neuen Freiheiten ausgiebig genutzt. Sie blieb abends lange aus, sie begann zu rauchen – und sie begann zu klauen.

Heute weiß sie, dass sie über die Stränge schlagen wollte, um wenigstens durch eine kriminelle Tat die Aufmerksamkeit der Mutter auf sich zu ziehen. Dass sie erwischt werden wollte, als sie mit sechzehn Jahren ins Kaufhaus ging und eine halbe Stunde lang einen Ring für 2,50 Mark über den Finger streifte, wieder zurücklegte, erneut anprobierte, so dass eine Verkäuferin auf sie aufmerksam wurde. Als Astrid das Diebesgut schließlich in die Tasche gleiten ließ, wurde tatsächlich sofort der hauseigene Detektiv gerufen. Heute glaubt Astrid, dass sie – und sei es durch Schelte – Edith endlich zu einer stärkeren Gefühlsregung provozieren wollte. Doch Edith bedachte sie am Abend der Tat nur mit einem leidend abwesenden Blick und erschien nicht einmal zu der Gerichtsverhandlung, auf der Astrid für den versuchten Diebstahl einer Ware im Wert von 2,50 Mark zu fünfzig Mark Strafe und zwanzig Stunden gemeinnütziger Arbeit im Krankenhaus verurteilt wurde. Edith schickte vielmehr ihre Tochter Dagmar, die junge Studentin, die sich mit einem Kostüm und Hut und hochhackigen Schuhen zu einer Erwachsenen stilisierte. Sie selbst blieb auch für die Tochter in Not unerreichbar.

Erst Mitte der achtziger Jahre spülte unendlich viel Traurigkeit hoch über die Liebe, die Astrid nicht empfangen, und über die Ablehnung, die sie immer gespürt hatte. Bei einem gemeinsamen Winterurlaub, an dem auch die beiden älteren Schwestern teilnahmen, hätte Astrid Edith gern befragt: »Wie war das bei meiner Geburt? Hast du mich wirklich gewollt? Warum hast du mich weggegeben? Warum hast du mich der hartherzigen Oma überlassen?« Doch kaum hatte sie das Gespräch begonnen, hat Christel es unterbunden. »Lass Mutter in Ruhe!«, hat sie die jüngere Schwester angeherrscht, um die Mutter vor der angeblich aggressiven, ungerechten jüngsten Tochter zu schützen, die nie hatte sehen wollen, wie viel die Mutter in ihrem Leben bereits gelitten hatte, und die sich nicht daran hielt, Konflikte zu vermeiden und nach Harmonie zu streben – Verhaltensregeln, die den beiden älteren Schwestern im Umgang mit der Mutter unausgesprochen zur verpflichtenden Norm geworden waren.

Danach hat Astrid nie wieder ein Gespräch gesucht. Und der Mutter nie wieder von sich erzählt, denn »die Mutter«, sagt Astrid, »war nicht einmal, als ich mich scheiden ließ, daran interessiert, wie es mir geht«.

Erst zwei Jahre nach dem Tod der Mutter wagte sie, jene Kiste mit Briefen durchzusehen, in denen sich Arturs Briefe aus dem fernen Amerika befanden. Unter den schwer lesbaren, handgeschriebenen Briefen des Vaters fand sich auch ein maschinengeschriebener Brief der Mutter. Verfasst vier Wo-

chen vor Astrids Geburt über die fehlgeschlagenen Versuche
zu ihrer Abtreibung.

Ich habe gewußt, daß an meinem Zustand von Anfang an
nichts zu ändern war, habe mich aber um meinetwillen,
der Kinder, der Mutter, um Deinetwillen an die geringste
Hoffnung geklammert, habe alles unternommen, um die
Lage zu ändern, und habe bis zum Schluß schon aus reiner
Verzweiflung auch an eine Veränderung geglaubt. Ich habe
längere Zeit in einer Frauenklinik in Danzig gearbeitet, bei
Wöchnerinnen, Schwangeren und Säuglingen, und habe
auch während meiner Arbeit im Warthegau mehrere gründ-
liche Kurse beendet und kannte alle Namen der Diagnosen,
bei denen eine Unterbrechung des Zustandes unmöglich
war, und eine dieser Diagnosen war auf einem der ersten
Behandlungsscheine. Ich rechnete damals noch damit, daß
die neuen Medikamente doch noch einen Ausweg möglich
machen würden, und habe, wie gesagt, bis zum Schluß
daran geglaubt … Habe alles Geld zusammengesucht, das
ich ergattern konnte, auch das Gehalt vom Oktober, bin in
einem PKW still und heimlich nach Hannover gefahren, und
ohne Bericht über meine vorherige Lage hat der Arzt das
Letzte getan. Am nächsten Tag sollte ich wiederkommen.
Aber schon nach zwei Stunden war ich wieder bei ihm, weil
ich es vor Schmerzen nicht aushalten konnte. Der Arzt wur-
de bleich. Ich bekam eine Narkose, und nachher wurde mir
erklärt, daß es mit knapper Not noch gut gegangen wäre.
Wäre ich bis nach Hause gefahren, hätte ich es nicht mehr
geschafft, eine unvermeidliche Einlieferung ins Krankenhaus
hätte alles verraten, und wir wären beide erledigt gewesen,
der Arzt und ich auch.

Doch dieser Brief konnte Astrid nicht mehr aus der Bahn werfen. Mit hochgezogenen Knien hockt sie an der Heizung, drückt die Zigarette in die Tülle, obwohl sie erst zu zwei Dritteln aufgeraucht ist, das Gesicht bleibt unbewegt, die Stimme monoton. All dies hat sie doch gefühlt – lange, bevor sie es gelesen hat. Denn sie hat radikale Methoden in Selbsthilfegruppen ausprobiert, die Christel für dubios hält und aggressiv ablehnt, die ihr allerdings, glaubt sie, einen Weg aus ihrer Versteinerung wiesen. Als sie bei einem Rebirthing-Kurs schnorchelnd durch das warme Wasser getrieben sei, erinnert Astrid, hätte sie plötzlich ein solcher Lebensüberdruss überwältigt, dass sie am liebsten aufgehört hätte zu atmen. Sollte doch Schluss sein, endlich Schluss sein! Doch dann habe sich ebenso plötzlich ein starker Überlebenswille geregt. Sie begann zu strampeln, ruderte überstürzt zurück an den Beckenrand, suchte festen Boden unter den Füßen und sehnte sich nach Leben. Seitdem weiß sie, dass sie vergeblich darauf hoffte, gehalten, getröstet, geliebt zu werden – und fast darüber verzweifelte. Doch seitdem spürt sie auch die eigene Kraft, die sie ihren Weg allein finden lässt. Und sei es in kalten Wohnungen mit blauer Nase, kalten Händen und kalten Füßen.

Als Dagmar 1961 vier Wochen als Schülerin in Schweden verbrachte, weilte die Mutter auf Kur. Sie müsse auf sich aufpassen, schrieb Dagmar da in besorgtem Ton ins Erholungsheim: regelmäßig essen, lange schlafen, damit sie nicht dünn wie ein Strich sei, wenn die Tochter aus Schweden zurückkehre. »Das liest sich so«, sagt Dagmar heute, »als wäre ich die Mutter gewesen und sie die Tochter.«

Das war zu der Zeit, als die Mutter trank. Tagsüber gelang es ihr gerade noch, den Dienst bei der Post zu versehen, danach waren ihre Energien erschöpft. Sie hatte nur noch den

Wunsch, sich in ihr Zimmer zu verziehen und mit dem ersten Glas billigen Rotweins in eine Welt zu gleiten, in der die Realität verschwamm. Sie gab die Verantwortung für die Familie ab. Wenn sie etwas Warmes essen wollte, musste Dagmar selbst kochen. Wenn sie in einer warmen Wohnung leben wollte, musste Dagmar mit einem bei einer Freundin ausgeliehenen Handwagen jeweils zwei Zentner Kohle nach Hause ziehen – für eine größere Bestellung fehlte das Geld. Auf die Mutter war kein Verlass mehr. Doch weil Dagmar die leeren Weinflaschen nicht als Beweismittel der Sucht in einem offenen Kellerverschlag stehen lassen wollte, packte sie sie in einen Sack und entsorgte sie heimlich auf der Müllhalde. »Warum trinkt sie so viel«, empörte sich zwar eine Stimme in ihr. »Wir haben doch kein Geld.« Aber geschimpft hat sie nie mit der Mutter, ihr nicht einmal zu verstehen gegeben, dass sie wusste, dass sie trank. So spielten beide ihre Rollen: Dagmar verbarg, dass sie von der Abhängigkeit wusste, und die Mutter versuchte zu verbergen, dass sie trank. Denn sie trank abends auf ihrem Zimmer, wenn Dagmar Tischtennis übte oder zur Jugendgruppe ging oder Theater spielte. Und wenn Dagmar nach Hause zurückkehrte, lag die Mutter bereits im Bett – eingeschlafen im umnebelten Zustand.

Die Mutter funktionierte nicht mehr. Sie versäumte, rechtzeitig Anträge auf Unterstützung beim Landeskirchenamt einzureichen oder die Krankenkasse zu bezahlen oder den Zuschuss für Dagmars Klassenreise nach England zu beantragen. Immer fehlte Geld, denn die Mutter hatte den Sinn für das Wirtschaften verloren. Wie schon früher in Situationen, in denen sie sich hilflos, überfordert und allein gelassen fühlte, flüchtete sie in verschiedene Krankheiten, entwickelte eine Allergie gegen Terpentin und Penicillin, bekam aufgeschwemmte Arme, Herzflattern, ausgeprägte Hitzewallungen im Klimakterium und starke Schlaf- und Gedächtnisstörungen.

Bis heute weiß Dagmar nicht, woher die Summe stammte, die ihr die Mutter für den Mantel zu der Englandreise gab – und bereits nach fünf Minuten vergessen hatte. Denn als Dagmar vom Einkauf zurückkehrte, stand die Mutter in der Tür, lächelte müde und wiederholte, was sie gerade zwei Stunden zuvor gesagt hatte: »Du musst in die Stadt gehen und dir für die Englandreise noch einen Mantel kaufen!«

Als ihr Vermieter mit Bauarbeiten am Haus begann und jede freie Stunde hämmerte und bohrte, fand die Mutter trotz Alkohol und Tabletten kaum mehr Schlaf. Im Krankenhaus wollte man sie in einen Tiefschlaf versetzen. Doch sie sträubte sich aus Furcht, sie könnte ausplaudern, was sie als tiefes Geheimnis in sich verschlossen hatte: dass sie einen Geliebten hatte, einen Vorgesetzten bei der Post, einen langjährigen Ehemann und Vater von zwei Kindern. Da sie ihn um keinen Preis verraten wollte, diktierte ihr eine innere Stimme, ständig hellwach zu bleiben. Gleichzeitig sehnte sie sich aber danach, endlich alles loszulassen und zur Ruhe zu kommen. Als Edith aus dem Krankenhaus zurückkehrte, war sie aufgedunsen von Tabletten, aufgepäppelt mit Sahne, aber nicht mehr abhängig vom Alkohol. Für das Erste geheilt, aber bedroht vom Rückfall. So wechselten die Zeiten: Mal ging die Mutter arbeiten, mal lag sie im Krankenhaus, mal blieb sie zu Hause, mal weilte sie auf Kur. Dagmars Gedanken kreisten beständig um die Mutter, aber nicht um die Schule.

Dagmars Klassenlehrer begann sich aufgrund eines Leistungsabfalls Sorgen zu machen. Doch als Dagmar sich ihm anvertraute und von der Sucht der Mutter erzählte, rief der Lehrer den Pastor an. Und der Pastor schlug vor, die Mutter entmündigen zu lassen und Dagmar zu sich zu nehmen. Aber da sagte Dagmar ein lautes, klares: »Nein.« Niemand würde sie mit ihrer Mutter entzweien.

1964, als sie Abitur machte, schien es aufwärts zu gehen. Das erste Mal nach vielen Jahren kaufte die Mutter wieder Blumen: für Dagmar, die das beste Abitur des Jahrgangs gemacht hatte, und für Christel, die ihre Ausbildung als Diätassistentin mit Eins abgeschlossen hatte. Doch selbst dieses Geschenk trug für Dagmar einen bitteren Beigeschmack. Denn dass sie stolz war auf ihre Töchter, hat die Mutter den Töchtern nie erzählt – nur Fremden gegenüber hat sie Lobeshymnen gesungen. Und mochte sie auch nicht mehr abhängig sein vom Alkohol, so war sie doch weiter so im Unreinen mit sich selbst, dass sie den Töchtern keinerlei Zuwendung schenken konnte, vielmehr zunehmend Zuwendung von den Töchtern erwartete. Im Herbst 1965, Dagmar studierte im dritten Semester Germanistik und Geschichte in Mainz, kam einer von mehreren Hilferufen:

Meine liebe Dagmar!
Ich kann kaum denken. Werde den Brief abschreiben, den ich an Christel verfaßt habe, damit Du weißt, was geschehen ist. Setz Dich dann in den Zug, komm zu mir, hilf mir, auch dann, wenn dadurch 1 ganzes Semester flöten geht. Wir werden es gemeinsam abfangen – allein – nein, allein schaffe ich es nicht, bestimmt nicht ... Ab heute bin ich nicht mehr beim Postamt. Das heißt, ich bin noch nicht gegangen, muß aber gehen, wenn ich nicht unsere und H.'s Karriere noch mehr in Scherben hauen will, als andere es bereits getan haben.

Der Vermieter hatte das Verhältnis von Dagmars Mutter zu ihrem Vorgesetzten bei der Post denunziert. Er hatte dessen Identität aufgrund der Kennzeichen des Volkswagens entziffert, der ab und zu vor seinem Haus parkte.

Seine Frau hat H. vor die Wahl gestellt: sofortige Trennung
(d. h. eingestandener Ehebruch mit folgendem Gerichts-
und Disziplinarverfahren für ihn als Beamten und mich als
Beamtenwitwe) oder meine sofortige Kündigung bei der
Post. Daß mir im Interesse aller nur der zweite Weg bleibt,
ist klar. Begreifen, fassen, verstehen kann ich noch nichts.
Wie es dazu kam? Nun, für 50 Mark Mietunterschied gibt's
auch heute noch einen Judas ... Komm also bitte für drei
Tage nach Hause, damit wir alles weiter besprechen kön-
nen. Bin zur Zeit krank geschrieben, bis ich anderswo unter-
komme ... Behalte Du, mein Mädel, einen klaren Kopf, ich
schaff's alleine nicht ... Komm bitte zu
Deiner Musch

Dagmar fuhr. Wenn auch mit zwei Tagen Verspätung, weil sie
noch ihre Klausuren schreiben und kein ganzes Semester verlieren wollte.

Später ist Dagmar nicht mehr so selbstverständlich gefahren, um die Mutter zu stützen. Später spürte sie das Bedürfnis,
zunächst mit sich selbst klarkommen zu müssen. Vor allem
nach der Trennung von ihrem ersten Mann. Das war 1979. Lange hatte sie das Zerbrechen der Ehe vor der Mutter verborgen,
weil sie sich als Versagerin fühlte: weil sie als Vorzeigetochter
gescheitert war und ihrer Mutter die Enttäuschung nicht er-
sparen konnte. Als die Mutter von der Trennung erfuhr, reagierte sie tatsächlich mit einem Blutsturz. »Gott sei Dank«, sagt
Dagmar, »floss das Blut durch die Nase ab.« Geschockt hat sie
die starke körperliche Reaktion dennoch. Doch sie ließ sich
nicht erpressen und fuhr zum unmittelbar bevorstehenden
Weihnachtsfest zu Freunden statt zur Mutter. Was Astrid ihr
übel nahm. Warum sollten die beiden anderen Schwestern bei
der Mutter richten, was Dagmar ausgelöst hatte?

Im Unterschied zu Christel hat Dagmar als Erwachsene Groll und Vorbehalte gegenüber der Mutter deutlich gespürt, im Unterschied zu Astrid darüber aber nie offen mit ihr diskutieren wollen. Nur in der Therapie sprach sie aus, dass sie sich missbraucht fühlte, als sie die Ampelvasen im Dorf verkaufen musste, als sie Zucker in einem Laden kaufen sollte, der ihnen keinen Kredit mehr einräumte, oder als sie anstelle der Mutter zur Gerichtsverhandlung von Astrid geschickt wurde. Erst als sie sich trotz der eigenen Verletzung die Situation der Mutter zu vergegenwärtigen verstand und ein neues Verständnis für sie aufbaute, wagte sie ihr darüber zu berichten.

Juni 1982, die Mutter feierte ihren 65. Geburtstag.

Liebe Mama!
Mir geht es so, daß ich in der letzten Zeit – und die umfaßt
die letzten 2–3 Jahre – viel über unser Verhältnis, über
die Beziehung Mutter–Kind nachdenke. Und oft überlege
ich mir, wie es wohl Dir in meinem Alter gegangen sein
mag … Nur Du weißt, welche Rücksichten Du auf uns
genommen hast, als Du Artur kennenlerntest und Dich
entschieden hast, in Deutschland zu bleiben. Was muß es
für Dich bedeutet haben, zwei Mal den Mann zu verlie-
ren und die Kinder zu behalten! Aber Kinder können den
Mann ja nicht ersetzen. Vielleicht hast Du uns sehr oft
als Last empfunden, als Bürde. Ich kann das aussprechen,
ohne traurig zu sein, auch wenn es mich ja betrifft. Und
ich hoffe, daß Du nicht verletzt bist. Ich hoffe, daß Deine
Wünsche und Bedürfnisse in Deinem Leben unseretwegen
nicht immer zu kurz gekommen sind. Und ich hoffe, daß
Du an uns in der Summe mehr Freude als Kummer gehabt
hast. Ich habe meine Kindheit jedenfalls in glücklicher
Erinnerung … Als ich die Therapie machte, habe ich viel

mit Dir gehadert, habe Dir innerlich Vorwürfe gemacht,
so als seiest Du für mein Leben verantwortlich. Aber ein
Kind ist ein eigenes Wesen, und auf der Schwelle zum
Erwachsensein beginnt auch die Eigenverantwortlichkeit.
Ich bin lange nicht erwachsen geworden, nicht bezogen auf
die Verantwortlichkeit auf mich selbst. Jetzt denke ich, bin
ich es endlich, und deswegen kann ich mich auch wieder
mit mehr Distanz, aber auch mit größerer Unbefangenheit
meiner Kindheit zuwenden und mich an viele schöne Dinge
erinnern. Ich glaube, daß das Vertrauen, das du in uns
gesetzt hast, die Lebenszuversicht, den inneren Optimis-
mus und die Freude am Leben in uns hat entstehen lassen,
die ich als die wesentliche Mitgift aus Deiner Erziehung
begreife.

Als die Mutter in hohem Alter zu Dagmar nach Berlin zog, konnte sie der Mutter sogar ein wenig jener Wärme und Zärtlichkeit geben, die sie von ihr vergeblich erwartet hatte. Sie gab ihr einen Kuss bei der Begrüßung und nahm sie beim Abschied in die Arme. Und war von Glück erfüllt, wenn wenigstens ein stilles Lächeln über das Gesicht der Mutter huschte. Denn erwidern konnte sie die Zärtlichkeit nicht.

Wenn Dagmar mehr Distanz zur Mutter gewann als die ältere Schwester Christel, lag das auch an ihrem politischen Engagement. Schon mit fünfzehn, sechzehn nahm sie an den Schweigemärschen im Harz teil, die in ein geteiltes Dorf an der Zonengrenze führten. Deutschland sei, vertraute sie ihrem Tagebuch an, wie die Pappel, die am Wege des Demonstrationszuges stand, bei der zwei Stämme aus einem Stamm sprossen. Im Atlas bestand Deutschland zwar auch noch aus den Gebieten, die »vorläufig unter polnischer Verwaltung«

standen, und die SPD hängte Wahlplakate auf mit »Deutschland dreigeteilt – niemals!«. Doch in Dagmars Phantasie endete das wiedervereinigte Deutschland an der Oder, obwohl ihre verehrte Religionslehrerin aus Königsberg stammte und sie jede Woche zusammen mit der Mutter gebannt den Suchdienst des Deutschen Roten Kreuzes im Radio hörte und sich vorstellte, auch sie würde noch in Pommern oder Ostpreußen gesucht.

Bis zum Abitur standen das eigene Schicksal, die eigenen Erfahrungen, die Erlebnisse der eigenen Familie im Zentrum ihres Interesses. Mit der Aufnahme des Studiums veränderte sich plötzlich alles. Nun ging sie in Berlin gegen den Vietnamkrieg auf die Straße, schloss sich dem Schweigemarsch für den bei einer Demonstration ermordeten Studenten Benno Ohnesorg an, studierte »Das Kapital« von Karl Marx, hörte den Studentenführer Rudi Dutschke im Audimax der Freien Universität, nahm teil an Go-ins im Friedrich-Meinecke-Institut und liebäugelte mit dem angeblich antifaschistischen und egalitären Sozialismus in der DDR, in dem, dachte sie, die Kinder viel größere Bildungschancen besäßen als in der Bundesrepublik und sich die Frauen durch ihre Berufsarbeit wirklich emanzipieren könnten.

Als junge Lehrerin initiierte sie Mitte der achtziger Jahre ihr erstes Projekt zur Auseinandersetzung mit dem Nationalsozialismus: »Jugend in Reinickendorf 1939–1945«. So lernte sie über eine Annonce im »Aufbau«, der jüdischen Zeitung in New York, eine Jüdin aus Reinickendorf kennen, die 1938 mit dem Kindertransport nach England ausgereist war. Eine Ausstellung und ein Seminar über den Holocaust schlossen sich an, Treffen von israelischen und deutschen Lehrern. Und in Yad Vashem fasste sich Dagmar, die gut rezitieren kann, ein Herz und trug, der Macht der Worte vertrauend, die Todesfuge von

Paul Celan vor, obwohl die israelischen Kollegen kein Deutsch verstanden.

> *Schwarze Milch der Frühe wir trinken sie abends*
> *wir trinken sie mittags und morgens*
> > *wir trinken sie nachts*
> *wir trinken und trinken*
> *wir schaufeln ein Grab in den Lüften*
> > *da liegt man nicht eng*
> *Ein Mann wohnt im Haus der spielt mit den Schlangen*
> > *der schreibt*
> *der schreibt wenn es dunkelt nach Deutschland*
> > *dein goldenes Haar Margarete*
> *er schreibt es und tritt vor das Haus und es blitzen*
> > *die Sterne er pfeift seine Rüden herbei*
> *er pfeift seine Juden hervor lässt schaufeln*
> > *ein Grab in der Erde*
> *er befiehlt uns spielt auf nun zum Tanz*

Und die Israelis, die kein Deutsch verstanden, lobten die Musik in der Sprache, und Dagmar weinte nach der Anspannung und dem unerwarteten Lob: Es war doch Deutsch, was ihnen gefallen hatte.

Anschließend wagte Dagmar auch eine Klassenreise in einen Kibbuz im Norden Israels zu deutschen und rumänischen Juden, die noch nie eine deutsche Gruppe empfangen hatten. Am Anfang standen Vorbehalte auf der einen und Befangenheit auf der anderen Seite, doch nach vier Wochen verabschiedeten sich beide Seiten voller Wärme und voller Dankbarkeit, und manche mit Tränen in den Augen.

Auch Dagmar spürte zunächst eine Art von Beklemmung, wenn sie mit Überlebenden des Holocaust sprach. Sie fühlte sich schuldig, auch wenn sie ihre Schuld nicht benennen konnte. Je mehr sie sich jedoch in die Schicksale vertiefte, die Mechanismen erforschte, die Menschen ausgegrenzt und schließlich ausgelöscht hatten, je mehr sie Empathie empfand mit denen, die selbst gelitten oder Angehörige verloren hatten, desto mehr fühlte sie sich verletzt, wenn ihr Mitgefühl zurückgewiesen wurde – weil sie Deutsche war. Da wagte sie die Diskussion: Ich bin nicht schuld an der Vergangenheit. Aber ich fühle mich verantwortlich für die Zukunft. Seitdem ist sie eng mit einigen Jüdinnen und Juden befreundet.

Seitdem Dagmar während einer Rückfahrt von Auschwitz Anfang der neunziger Jahre Station auf dem Jüdischen Friedhof von Breslau machte, wuchs in ihr ein neues Projekt: »Das ist das Beste, was wir je an unserer Schule initiiert haben.« Schon zum elften Mal fuhr sie mit einer Klasse nach Breslau, um von neun bis dreizehn Uhr gemeinsam mit polnischen Schülern auf dem Jüdischen Friedhof zu arbeiten und anschließend Stadtbesichtigungen zu machen oder auf den Zobten zu steigen oder eine Disco zu besuchen. So kam Dagmar über die jüdische zur polnischen Geschichte.

1992 fuhr sie mit ihrer Mutter erstmals zurück nach Zduńska Wola, ihren Geburtsort, die Heimat der Mutter. Im Haus des Großvaters wohnte ein älterer Herr aus Lemberg, ebenfalls ein Vertriebener. Er führte sie durch die Küche, die unverändert war mit dem alten Herd, durch den Garten, in dem noch die alten Obstbäume und die alten Fliederbüsche standen, und auch durch jenes Zimmer im ersten Stock, in dem Dagmar zur Welt gekommen war. Anschließend ließ sich die Tochter die Kirche zeigen, in der ihr Vater ordiniert wurde, das Teilstück der Warthe, wo ihre Mutter gebadet hatte, schließlich auch die Petrikauer Straße in Lodz, auf der ihre Mutter flaniert war. Doch 1992 war Dagmar gefühlsmäßig zu stark auf die Mutter konzentriert. Als sie 1996 noch einmal ohne die Mutter fuhr, reagierte sie viel bewegter. »Es war«, sagt sie, »als wäre die Kindheit meiner Mutter auch meine eigene geworden. Es war, als wäre ich immer dabei gewesen, als Mutter gebadet hat, als sie Kutsche gefahren ist, als sie sich mit meinem Vater verlobte.« Da war ein ganz tiefes, warmes Gefühl der Verbundenheit.

1998 hat Dagmar bei einem Polnischkurs in Masuren das erste Mal den Mut gehabt, öffentlich zu erzählen, dass sie aus der Familie von Vertriebenen stammt. Als über die ehemals deutschen Bewohner Ostpreußens diskutiert wurde und sich ein Kursteilnehmer aus Norddeutschland über jene Eindringlinge aus dem Osten beschwerte, denen seine Eltern nach dem Krieg zwei Zimmer in ihrem Haus hatten abtreten müssen, da brach es aus der sonst immer ruhigen, stets gefassten Dagmar heraus: »Was habt ihr denn schon einstecken müssen! Ihr habt nicht nur euren Hof behalten, ihr habt den Flüchtlingen auch noch das Letzte abgenommen. Bestecke und Tischtücher musste meine Mutter verhökern, damit sie von euch Kartoffeln bekam. Ihr aber konntet die Aussteuer eurer Töchter billig zusammenschachern, nur weil ihr Lebensmittel hattet. Für euch waren wir doch Polacken, die ihr hinter die Elbe zurück gewünscht habt. Und als die Flüchtlinge schließlich den Lastenausgleich bekamen, da habt ihr gelästert, jeder hätte ein Rittergut als Besitz angegeben.«

Manchmal ist sie noch immer neidisch auf jene, die kein Haus verloren haben, keine Heimat, keinen Vater. Die nie verzweifelt waren, nie abgrundtief traurig. Immer öfter aber ist sie stolz auf ihr Schicksal. Hat sie nicht viel mehr vom Leben erfahren als ihr gleichaltriger Freund, der immer zu essen hatte, nie umziehen musste, nie unter Geldnot litt, aber auch immer in die Familienrituale eingezwängt war? Ja, sie musste mit dem Schlüssel um den Hals herumlaufen und bekam längst nicht jeden Abend warmes Essen – aber hat sie dadurch nicht früh Verantwortung übernommen? Ist sie nicht schneller erwachsen geworden als er? Ist sie nicht auch empfindsamer gegenüber fremdem Leid? Kann sie sich nicht eben deshalb so gegenüber Juden und Polen öffnen? Es ist, als hätte sich ein neues Selbstbewusstsein in ihr entwickelt. Als Christel vor kurzem noch Schuldgefühle in sich aufsteigen fühlte, nachdem sie einer Jüdin aus Australien von ihrem Flüchtlingsschicksal erzählt hatte, da hat Dagmar ihr Mut gemacht: »Wofür solltest du dich schämen? Wir mindern doch nicht das Leid von Juden, wenn wir auch an unseres erinnern. Wir müssen unser Schicksal nicht verleugnen.«

Als Dagmar all diese Erinnerungen noch einmal in sich aufrief, hatte sie einen Traum. Auf einer schmalen, von Bäumen gesäumten Landstraße voller Schlaglöcher stehen zwei Frauen – eine jüngere und eine ältere. Doch obwohl die hoch aufgerichtete Gestalt der Älteren nur wenige Meter entfernt ist, scheint sie die Jüngere überhaupt nicht zu bemerken. Da krabbelt plötzlich ein Baby zielstrebig, entschlossen und voller Erwartung an der jungen Frau vorbei auf die ältere zu, kriecht durch die mit Wasser gefüllten Schlaglöcher, schlürft einige Schluck, krabbelt weiter, und siehe da: Als es anlangt, hebt die ältere Frau das Kind hoch und hält es behutsam auf dem Arm. Hoffentlich, betet die Jüngere da nur noch, merkt sie auch, dass das Baby durchnässt ist. Es braucht dringend trockene Kleidung, sonst wird es sich erkälten.

»Für mich ist das ein tröstliches Bild«, sagt Dagmar. »Meine Mutter hat mich doch geliebt, auch wenn sie meine Bedürfnisse nicht immer erkannte.«

»Mit mir nicht!«

Günters Suche nach Heimat

Das Papier ist vergilbt, der Durchschlag fast vierzig Jahre alt. Die Büroklammer, die die zwölf Seiten zusammenhält, hat Rost angesetzt. »16. August 1964. Schon seit dem Vortag habe ich Urlaub. Die klare Morgensonne verspricht einen schönen Tag, das Datum zeigt den Beginn einer abenteuerlichen Ferienreise. Mit dem Motorrad durch Polen – ein langgehegter Wunsch wird Wirklichkeit. Ich will, ich werde Polen gründlich kennenlernen.«

Günter Linke war, als er zur Reise aufbrach, zwanzig Jahre und acht Monate alt. Seit kurzem arbeitete er in der Redaktion der »Neuen Zeit« direkt an der Mauer. Umgang mit Sprache faszinierte ihn. Er wollte Journalist werden. Und er wollte, wie er es in der Schule gelernt hatte, eine »humanistische Zukunft«, in der die »schmutzigen Ziele einiger Revanchekriegspolitiker und Unverbesserlicher« keine Chance haben würden. Polen übte einen eigenartigen Sog auf ihn aus. Einerseits konfrontierte es ihn mit dem Unmaß deutscher Verbrechen, »wenn man in Auschwitz vor Riesenbergen von Menschenhaar, Augengläsern, Zahn- und Beinprothesen, Koffern und Kinderspielzeug steht, vor den Steh- und Erstickungszellen des Blockes 11, wo sich wahnsinnig gewordene Menschen gegenseitig aufgefressen hatten; Menschen, deren Schuld darin bestand, polnische oder jüdische Eltern zu haben oder aber zur Intelligenz zu gehören. In dieser Bestialität ist der Mensch mit keinem Tier vergleichbar. Oh Mensch, Gott zum Ebenbild erschaffen, beschenkt mit geistigen Potenzen und ethischem Empfinden, existierst Du überhaupt noch? Wo bist Du?«

»Meine Geburts-
stadt ist Lodz. Seit
Generationen lebte
unsere Familie dort
glücklich. Diese Vor-
stellung vom Glück
in Lodz spiegelt sich
in wundersamen
Vergangenheits-
erinnerungen wider.
Für mich, den Spät-
geborenen, erwächst
in der Gedanken-
welt eine Traum-
vorstellung – die
Heimat.«

Andererseits erinnerte ihn Polen aber auch an das eigene Leid. Seine Geburtsstadt war Lodz. Vor vielen Generationen hatte sich die Familie dort niedergelassen und glücklich gefühlt. »Die Vorstellung vom Glück in Lodz spiegelt sich in wundersamen Vergangenheitserinnerungen wider. Für mich, den Spätgeborenen, erwächst in der Gedankenwelt eine Traumvorstellung – die Heimat. Die Stätten, die den Eltern Arbeit und in dieser Arbeit Befriedigung, den Geschwistern eine glückliche Jugend gaben – das sind für mich Lodz und Polen.«

Zwei Jahre zuvor war Günter schon einmal in Polen gewesen – mit Klassenkameraden in Krakau und Zakopane. Doch damals beschäftigten sie sich mehr miteinander als mit dem fremden Land und den fremden Menschen. So existierte sie weiter in ihm, jene unbegreifliche Sehnsucht, die sich seit frühesten Kindheitstagen in ihm eingenistet hatte. Veranstaltungen von Landsmannschaften waren ja verboten in der DDR; so hatten sich die Lodzer privat getroffen, und Günter hatte beim ebenfalls aus Lodz vertriebenen Leipziger Bauunternehmer Mielsch auf dem Boden gesessen und gespielt, während an einer großen Tafel reichlich Alkohol geflossen war und deutsche und polnische Lieder gesungen worden waren. Auf dem Nachhauseweg hatte sich Günter geniert, weil Vater und Mutter angeheitert waren. Doch das waren Momente, in denen er sie glücklich und entspannt sah.

Was war das Leben in Portitz bei Leipzig denn anderes als ein Abklatsch der verflossenen, goldenen Zeit? Wie in Lodz redete die Mutter weiter im Lodzer Deutsch, sprach von Pomidoren statt von Tomaten, von einer Tetschke statt von einer Aktentasche und von einer Walise statt von einem Koffer. Der Vater rezitierte weiter russische Gedichte, die er als Schüler noch unter zaristischer Herrschaft gelernt hatte. Sogar die Haushälterin Frau Kiebler stammte aus Lodz, und an den Wochenenden hing der Geruch von Żurek in der Luft, jener weißen Sauerteigsuppe, die zum Grundbestand der polnischen Küche gehört.

Günter wurde der Geschichten seiner Eltern nie überdrüssig, lachte immer wieder an denselben Stellen, obwohl er die Pointen dutzendfach gehört hatte, und ließ sich gern forttragen in eine vergangene Welt, die ihn offenbar mehr prägte, als er sich lange bewußt war: »Papa, wie war das während der Revolution von 1905?« »Da standen die Barrikaden genau vor unserem Haus, und russische Soldaten durchsuchten polnische Jugendliche auf den Straßen nach Waffen. Wenn sie etwas fanden, machten sie kurzen Prozeß und hängten sie einfach auf, im Stadtwald. Das waren Hunderte.« »Mama, wie war das, als Du Vater kennenlerntest?« »Das war auf dem Geburtstag seines Vaters. Da hat dein Papa das erste Mal mit mir getanzt, wie immer Blödsinn gemacht und Kikeriki gekräht. Ich ging doch noch zum Konfirmandenunterricht.«

Das waren für ihn glückliche Augenblicke seiner Kindheit. Wenn an Sommerabenden der Duft des Heus herüberwehte, das sie rings um ihr Haus gemäht und gewendet hatten, und wenn der Vater, die Hosenträger lässig über das Hemd gestreift, auf der Bank neben der Eingangstür saß und auf der Mandoline deutsche und polnische Lieder spielte. Dann folgte er ihm in Gedanken in eine Welt, die das Schicksal ihm, Günter, vorenthalten hatte. Denn war er nicht betrogen worden um diese bunte, vielschichtige Stadt, in der sich auf den Straßen ganz selbstverständlich Deutsch und Polnisch und Jiddisch gemischt hatten? In der Fleiß mit Wohlstand und Aufstieg belohnt worden war und sein Vater es zu etwas gebracht hatte? In der man nach der Arbeit aber auch zu feiern verstand und sein Vater nach dem Standschießen im Schützenverein zur Polonaise getanzt hatte?

Ja, Günter hatte eine Sehnsucht nach dieser Stadt, in der im Unterschied zum eher gleichförmigen Leben von Portitz das Pendel zum Guten wie zum Bösen weiter ausgeschlagen war. Er wollte den Friedhof sehen, auf dem sich der Großvater das Leben genommen hatte, nachdem er am grünen Star erblindet war und nicht mehr hatte arbeiten können. Er wollte die Plätze besuchen, wo die Mutter in ihrer Jugend Rollschuh gelaufen war, wollte die Kirche anschauen, in der Onkel Arthur bei der Hochzeit der Eltern das Ave-Maria auf der Violine gespielt hatte. Er war begierig auf jede Einzelheit, auf jede noch so kleine Begebenheit, als könne er damit ein wenig von jener Fülle und Farbigkeit einfangen, die ihm nicht vergönnt waren. »Ich will das alles kennenlernen«, vertraute er dem Bericht 1964 an, »will begreifen, wie alles war, und will verstehen, warum wir nicht mehr dort leben, warum das Glück zerstört ist.« Und da man damals nicht frei ins sozialistische Bruderland reisen konnte, bat er auf der Leipziger Messe eine fremde Polin um eine Einladung, dankte ihr mit den Nylonhemden, die ihm seine Schwester aus ihrer Boutique in Westdeutschland geschickt hatte – und fuhr los.

»Immer näher komme ich der Grenze. Noch eine Rechtskurve, da ist sie. Die Neiße. Auf der anderen Seite des Flusses die gleiche Stadt mit äußerlich gleichem Charakter – aber heute ein anderes Land. Görlitz verlasse ich jetzt. Ich fahre über eine Brücke und bin in Zgorzelec.«

Günter Linke war aufgeregt. War er dabei, seine Vision von einer heilen Welt zu zerstören? Von einer zufriedenen Familie mit einem erfolgreichen Vater? Er kannte zwar alles: das einfache, aber schon wegen seiner Größe beeindruckende Wohnhaus der Großeltern in der Reiterstraße, das 53 Mieter beherbergt hatte. Die Fabrikräume für Strickmaschinen, die der Vater schon Anfang der zwanziger Jahre mit dem Anbau von drei Wänden an die Rückwand des Hofes geschaffen hatte. Das stattliche Jugendstilhaus in der Straße der 8. Armee, in das die Familie 1940 umgezogen war und in dem er zur Welt gekommen war. Er hatte ein Bild von seinem Treppenhausgeländer, vom Spiel der Sonnenstrahlen auf den ausgetretenen Stufen, vom Hinterhof, er kannte alles – aber nur aus den Erzählungen der Eltern.

Denn er war erst ein halbes Jahr alt, als die Mutter mit ihm und der vierzehnjährigen Schwester im August 1944 nach Niederschlesien aufgebrochen war. Im Rahmen der Kinderlandverschickung, wie es geheißen hatte. Dabei hatte es sich um eine Evakuierung gehandelt, da Lodz, das damals Litzmannstadt hieß und zum »Reichsgau Wartheland« gehörte, im Zuge des russischen Vormarsches erstmals bombardiert worden war. Nur einige Wochen, höchstens einige Monate würde die Trennung von Lodz nach Meinung der Eltern dauern. Doch zwanzig Jahre sollten verstreichen, bevor Günter Linke wieder in seine Geburtsstadt zurückkehrte. Und obwohl er über keine eigenen Erinnerungen verfügte, schien es ihm, als kehre er heim.

Zunächst suchte er nach der Reiterstraße, die heute ul. Urzednicza heißt. Die Großeltern hatten im ersten Stock der Nummer neun gewohnt. Sein Großvater war Kartenschläger gewesen und hatte Jacquard-Karten entworfen: so benannt nach einem französischen Ingenieur, der Schablonen für Muster entwickelt hatte, mit denen Textilien bedruckt wurden. Mit seinem flachen Dach wirkte das Haus jedoch nur wenig repräsentativ, und Günter fürchtete bereits, seine Phantasievorstellungen würden der Wirklichkeit nicht entsprechen. Doch dann fand er sein Geburtshaus.

Die Eltern hatten ihm nicht sagen können, wie die Straße der 8. Armee nach dem Krieg umbenannt worden war – und umbenannt mußte sie sein, denn sie hatte an die Einheit von

General Litzmann erinnert, jenem Infanterie-General aus dem Ersten Weltkrieg, nach dem Lodz unter deutscher Besatzung 1939–1945 benannt worden war. Als Günter das Haus schließlich in der ul. 22. lipca fand und in das Treppenhaus trat, bemächtigte sich seiner eine unerklärliche Erregtheit. Er fühlte eine Welle des Glücks. Es war, sagt er, als habe er sich einem Heiligtum genähert. Es war, sagt er und lacht verlegen, als sei seine Seele mit der erinnerungsgetränkten Umwelt verschmolzen. Und er sah nicht, was er real vorfand; er sah, was an Bildern aus den Erzählungen in ihm abrufbar war. Sah weniger den abbröckelnden Putz als vielmehr die einst reiche Jugendstilfassade. Achtete im Treppenhaus nicht auf die zerkratzten Wände und den abgenutzten Treppenlauf, sondern sah frisch geputzte, mit Ornamenten verzierte, farbige Fenster im Sezessionsstil, durch die das Sonnenlicht fiel. Übersah die ausgetretenen, verschmutzten Stufen, aber stellte sich vor, wie das polnische Dienstmädchen Marysia in weißer, gestärkter Schürze leichtfüßig mit den Einkäufen für die Großmutter den herrschaftlichen Aufgang hinaufeilte und der Vater in einem maßgeschneiderten Zweireiher mit Hut zum Sonntagsspaziergang hinunterschritt.

Dann fand er auch noch den Klingelknopf mit dem Namen Effort. Auf Herrn Effort, hatte der Vater immer erzählt, habe er sich hundertprozentig verlassen können. Und Herrn Efforts Frau Stasia sei seine rechte Hand im Büro gewesen. Lange waren die beiden nach dem Krieg von ihren polnischen Landsleuten der Kollaboration bezichtigt worden. Denn die Efforts hatten zu ihrem Arbeitgeber auch unter deutscher Okkupation gehalten und dachten selbst nach seiner Vertreibung voller Bewunderung und Verehrung an ihn. »Der Begrüßungskuß ließ vergessen«, hielt Günter im Reisebericht fest, »daß unsere Bekanntschaft noch aus ›Babyzeiten‹ stammt. Ich fühlte mich fast wie zu Hause, war eingehüllt in Herzenswärme und bedingungslosem Geben« ... und umgeben von den Möbeln, die das Ehepaar Effort aus der elterlichen Wohnung übernommen hatte. Wie benommen schritt Günter durch die Räume, deren Inventar ihm von Fotoalben vertraut war. Strich über das Konzertklavier, auf dem seine Schwester sieben Jahre lang von einer Polin unterrichtet worden war, verharrte vor der Anrichte aus Mahagoniholz, auf der wie früher die kleine Beethoven-Figur stand, und betrachtete die elegante Standuhr mit den Ziffern im Jugendstil und einem großen goldenen Pendel.

Im Reisebericht findet sich darüber allerdings kein Wort. Offensichtlich wollte der Zwanzigjährige das schlechte Gewissen nicht wahrnehmen, das seine Gastgeber empfunden haben müssen. Denn ein Jahr darauf, als er die Efforts wieder besuchte, war alles verschwunden: die Standuhr, die Anrichte, das Klavier. Es war, als hätte ein Traum Günter sein altes Zuhause nur vorgespiegelt. Aber Günter wollte sich damals nicht um die dunklen Seiten der polnischen Seele kümmern, sondern sie als die Opfer deutscher Aggression großherzig in sein Herz schließen. »Hände und Herzen der Polen sind freundschaftlich geöffnet! Ihre Herzlichkeit kennt kaum Grenzen«, begeisterte er sich. Und: »Vergessen können die Polen nie, doch sie können verzeihen. Dieses Verzeihen wirkt wie ein Appell an die Deutschen in Ost und West, diese Chancen wahrzunehmen und abzulassen von jeglichen Revanchegelüsten.«

Günter war tatsächlich nicht gekommen, um die Gegenstände möglicher Regressansprüche zu inspizieren. Er suchte etwas ganz anderes. Seinem Vater wollte er begegnen, als er noch voller Tatendrang, voller Lebenslust, als er noch anerkannt und erfolgreich war. Wollte sich von ehemaligen Angestellten erzählen lassen, wie humorvoll, wie gerecht, wie fachkundig der Herr Direktor gewesen war. Wollte an Herrn Efforts bewunderndem Blick die Größe seines Fabrikantenvaters ablesen. Vielleicht würde er dann etwas mehr von der Seele des Mannes verstehen, von dem er sich nie genug geliebt fühlte und der ihm nie jene tiefe Zuneigung entgegenbrachte wie seiner Schwester, dem vierzehn Jahre älteren »Puppelchen«.

Günter wurde einen Monat nach dem Fall von Stalingrad gezeugt. In der Nacht nach seiner Geburtstagsfeier war der Vater berauscht vom Alkohol. So passierte »es«. Er wurde gezeugt, ohne gewollt zu sein. Denn wer wünschte sich in dieser unsicheren Zeit ein Kind? Wer wollte sich mit 47 Jahren noch einmal um ein Baby kümmern? Und wenn »es« schon geschehen war, dann sollte es wenigstens eine Hannelore werden. Noch ein »Puppelchen«. So wie seine Schwester. Die ersten Lebensjahre lief Günter mit einer sorgfältig geformten Haartolle wie ein Mädchen herum. Und zur Schule wurde er in einem leinenen Hosenanzug geschickt, der extra für ihn genäht worden war. Die kurze Hose mochte noch durchgehen, aber wegen des weich fallenden Oberteils mit den großen Knöpfen und der bunten Borte genierte er sich. Es bedrückte ihn, vom Vater nicht so geliebt zu werden wie seine Schwester. Warum konnte sich der Vater nicht mehr in den Sohn einfühlen? Er hätte sich ihn stärker, selbstbewußter, tatkräftiger und jünger gewünscht – so wie in Lodz.

Dort hatte er seine Fabrik aufgrund wachsender Aufträge fünfmal erweitert, die Grundfläche vergrößert, ein Stockwerk draufgesetzt und den Keller ausgebaut. Er hatte im ersten Stock einen Glaskasten als Büro zwischen zwei Stockwerken eingerichtet, so daß er die Arbeiter auf beiden Ebenen im Blick hatte, und hatte einen Kran angeschafft, der der Firma nicht nur Modernität, sondern vor allem Effektivität garantierte. »Der Betrieb ist gewachsen wie aus Hefe«, hat er später mit dem ihm eigenen Humor oftmals wiederholt. Er besuchte die

Messe in Leipzig, um sich in Deutschland Ideen für weitere Verbesserungen zu holen, und stellte seinerseits auf der Messe von Posen aus, da er der einzige Hersteller von Strickmaschinen in Polen war. An einer Rundstrickmaschine fertigte er sogar Söckchen, in deren Bund Hirsche und Rehe liefen. Zur Erholung kaufte er für die Familie ein Landhaus im Dorf Rosanów, wo Frau und Kinder mit zwei Dienstmädchen regelmäßig den Sommer verbrachten. Und selbstverständlich gingen der ältere Sohn Georg und die Tochter Erika auf das deutsche Gymnasium, auch wenn für jedes Kind im Monat ein hohes Schulgeld zu zahlen war. »In Lodz«, sagt seine Tochter Erika noch immer bewundernd, »war der Papa ein Fabrikant und eine Persönlichkeit.«

Doch wegen der Flucht hatte er seinen Besitz und seine Ausstrahlungskraft verloren. Zwar hatte er in der DDR ein Grundstück mit einem Haus erworben: Das hat er mit Geld bezahlt, das er aus Lodz zu retten vermochte. Doch die Arbeit war hart und das Leben bescheiden. Vier Strickmaschinen drängten sich in zwei kleinen Zimmern. Die Spulerei befand sich im linken Teil eines Nebengebäudes, in dessen rechtem Teil die Hühner hausten. Die Familie hatte kein Bad und kein fließendes Wasser. Sie pumpte das Wasser aus dem Brunnen und ging zum Plumpsklo über den Hof. Wenn Günter vor dem Einschlafen spannende Abenteuergeschichten gelesen hatte, fürchtete er sich, hinaus in die dunkle Nacht auf die Toilette zu laufen.

Da der Vater das System nicht wahrhaben wollte und auch in der Sowjetisch Besetzten Zone und der DDR auf Privatinitiative setzte, erhielt er als »Kapitalist« keine Lebensmittelkarten und kein Material für die Arbeit. »Doch immerhin, er wußte sich zu helfen«, sagt Günter anerkennend. Die Familie pflanzte Futtermais an, hielt sich zwei Ziegen und drei Schafe und züchtete aus Eiern, die aus Amerika geschickt worden waren, Dutzende von New-Hampshire-Fleischhühnern, die in Ermangelung von Schweine- oder Rindfleisch sonntags regelmäßig die Grundlage für eine Hiiehnerbriehe mit Nudeln lieferten. Einmal, da war Günter noch klein, brachte sein Vater Fleisch aus jenem »Russenladen« mit, in dem er nach der Flucht dank seiner russischen Sprachkenntnisse die erste Anstellung erhalten hatte. Rundherum herrschte Hunger und Not, aber bei den Linkes stand ein Festtagsschmaus auf dem Tisch. Um den Braten vor den Nachbarn zu verheimlichen, sprachen die Eltern nur von »mois« – offensichtlich in Anlehnung an das polnische *mięso* – so daß der zweijährige Günter unschuldig auf der Straße plappern konnte, er habe »mois« gegessen, und damit keinen Neid hervorrief, sondern nur Befremden: Was die Flüchtlinge bloß wieder essen!

Die Familie war arm. Sein erstes Fahrrad erhielt Günter mit elf – es war aus verschiedenen Teilen zusammengesetzt und zog immer nach links, so daß er es nur mit großer Mühe lenken konnte. Er besaß auch nie einen Tretroller und nahm es dem Nachbarssohn übel, daß er ihm seinen nicht hinterließ, als sich die Familie in den Westen absetzte. Auch heute noch hält Günter die goldene Taschenuhr des Großvaters hoch in Ehren, die unzählige Male ins Leihhaus am Hugo-Haase-Platz in Leipzig getragen wurde, damit die Arbeiterinnen bezahlt werden konnten. Geschämt hat Günter sich wegen der Armut allerdings nie. So manchen Einheimischen ging es ähnlich – und im Unterschied zu ihnen konnte er auf einen Vater verweisen, den die Vertreibung zwar schwer getroffen, dem sie aber nicht das Geschick und den Erfindergeist hatte rauben können.

Während Mitschüler in den ersten Jahren meist barfuß oder in roten Kunststoffschuhen aus Igelit herumliefen, in denen man zwar gut schlittern konnte, die Füße aus Luftmangel jedoch schwitzten und stanken, trug Günter Stoffschuhe mit Holzsohlen, die so angesägt waren, daß der Fuß beim Gehen wie auf einem Scharnier abrollte. »Mein Vater«, sagt Günter, »hatte eben goldene Hände.« Aus Teilen, die er aus den Trümmern der alten Strickwarenfabrik in Leipzigs Berliner Straße ausgrub und reinigte, setzte er funktionstüchtige Strickmaschinen zusammen. Und als der Staat ihm Woll-Zuteilungen für die Maschinen verweigerte, rüstete er sie auf Nähgarn um, denn Nähgarn war auf dem freien Markt erhältlich. Dafür zollt ihm Günter noch heute Respekt.

Er bewunderte den Vater, er liebte ihn. Doch immer fehlte ihm etwas. Warum spielte sein Vater nicht mit ihm Fußball, so wie andere Väter es mit ihren Söhnen taten? Warum fuhr er nicht mit ihm in Urlaub? Warum gingen sie nicht zusammen schwimmen? Warum interessierte sich der Vater kaum für das, was Günter betraf, nahm aber umgekehrt wie selbstverständlich die Hilfe des Sohnes in Anspruch? Schon als Acht-, Neun-, Zehnjähriger zog Günter los, um die entsprechenden Mengen Nähgarn bei der Genossenschaft in der Hainstraße 2 und bei Herrn Kusserow zu besorgen, der später wegen Schwarzhandels acht Jahre in den Knast kam. Er zog auch los, um fertige Waren an die Kunden zu liefern und Geld bei ihnen »zu lösen«. Dadurch, sagt er, sei er früh selbständig geworden. Sogar in der Grundschule hat er sich selbst angemeldet. Daran erinnerte ihn vor kurzem seine Lehrerin bei einem Klassentreffen: wie ein Sechsjähriger im Sekretariat erschienen sei und verkündet habe, er wolle sich anmelden. Das hatte es in der Schule noch nicht gegeben.

Sie hätten doch keine Zeit, rechtfertigte Günter damals die mangelnde Fürsorge der Eltern. Und fühlte sich selbst schuldig, weil er ihnen nicht ausreichend helfen konnte. Weil er mit ansehen mußte, wie sein Vater, dieser starke, stolze Mann, zu einem Schatten seiner selbst wurde. Wie seine Kraft, seine Phantasie, sein Humor und seine Lebensfreude abnahmen und er immer mehr einem gestutzten Vogel glich, der keine Erwartungen mehr ans Leben stellte. Als Günters Schwester, die in den Westen gegangen war, die Familie 1950 anläßlich der Leipziger Messe besuchte, war sie so erschrocken über den Vater, der sich nur noch am Stock vorwärts bewegte, daß sie sich spontan zu bleiben entschied und den »Außendienst« der Firma übernahm. Das war zu der Zeit, als Dr. med. Karl Weihrauch schriftlich bescheinigte, Alex Linke käme »für irgendwelche körperliche Arbeit, die auch nur mit mäßiger Anstrengung verbunden ist, nicht in Frage«. Denn er leide an Angina pectoris: »Anfälle von Herzrasen mit Schmerzen in der Herzgegend und dem linken Arm mit heftigem Angstgefühl«.

Ein wenig verbessert hat sich die Lage des Vaters erst zehn Jahre nach dem Krieg, nach Stalins Tod. Da verkündete er eines Tages stolz, er habe wieder 10 000 Mark auf der Sparkasse. Er habe wieder Kapital! Vielleicht war es ihm vor allem darum gegangen: zu beweisen, daß »sie« ihn nicht unterkriegen würden. Einen Neuanfang im Westen hätte er schon nicht mehr gewagt. »Ich hab scho ka koich nischt«, pflegte er auf jiddisch zu sagen. Er hatte schon keine Kraft mehr. Deswegen hat er sich, als 1959 die Produktionsgenossenschaften des Handwerks eingeführt wurden, auch dem Druck gebeugt, ihnen seinen Maschinenpark überlassen und ist Angestellter der Genossenschaft geworden. Wozu sich mit 63 noch wehren? Da war ihm schon alles egal.

Was die Sache für Günter nicht leichter machte. Bis zu seinem vierzehnten, fünfzehnten Lebensjahr hatte er den Vater vorbehaltlos bewundert und verehrt, obwohl er ihn auch als schwach und mutlos erlebte. Damals prägten sich ihm die für ihn bedeutungsvollsten Sätze des Vaters ein. Etwa die Worte seines Lieblingsliedes »Üb' immer Treu' und Redlichkeit« oder die Reaktion auf Günters Wunsch, Lotto zu spielen: »Eh, Ginterle, nur durch Arbeit wirst du reich« – erst spät verstand er allerdings, daß mit diesem Reichtum nicht nur Geld gemeint war.

Vom Vater lernte Günter auch, daß Auslandsdeutsche sich jeweils loyal gegenüber dem Staat zu verhalten hätten, dessen Bürger sie seien: »Man muß die Gesetze des Staates achten, in dem man lebt.« Es war für ihn nur folgerichtig, als er im Ersten Weltkrieg nach dem Einmarsch der Deutschen in deutsche Zivilgefangenschaft geriet – weil er doch russischer Staatsbürger war. Es war genauso folgerichtig, daß er – nach Gründung des polnischen Staates – polnischer Unteroffizier wurde und – 1939 nach Einmarsch der Deutschen – der Besatzungsmacht diente. Was ihn keineswegs hinderte, in seine Reden weiter jüdische Begriffe einzustreuen und weiter von seinen Polnischkenntnissen Gebrauch zu machen. So stieß Günter auf eine Liste für die NS-Kreishandwerkskammer, auf der sein Vater im November 1944 in einem Deutsch nach polnischer Rechtschreibung aufgeführt hatte, was er auslagern wollte: *1 ręczna bormaszynka (Marke Wittfang)* – eine Handbohrmaschine der Marke Wittfang, *5 sztuk winkle (Hexel und Wittfang)* – 5 Stück Winkel, *1 szwejs oporat* – einen Schweißapparat. Nach dem Krieg, als Alex Linke schon kein Auslandsdeutscher mehr war, verteidigte er seine Loyalität gegenüber der DDR mit der verflachten Devise: »Ginterle, du mußt dich anpassen.« Mit diesem Spruch mußte er sich offensichtlich vor allem selbst überzeugen. Denn er konnte die Kommunisten nicht ausstehen.

Bis zur Pubertät übernahm Günter die Weltsicht, die er in einigen Büchern im Elternhaus vorfand. Er las Martin Niemöllers Erinnerungen an seine Tätigkeit als U-Boot Offizier im Ersten Weltkrieg, für die er mit dem Eisernen Kreuz Erster Klasse ausgezeichnet worden war. Er las mit glühenden Ohren von

den Stuka-Einsätzen, den Junkers Ju-87-Sturzkampfflugzeu-
gen, die im Zweiten Weltkrieg über England und der Ostfront
eingesetzt worden waren. Er las Artur Dinters »Die Sünde wider das Blut«, einen antisemitischen Erfolgsroman über den
»gemischt-rassischen Verkehr« zwischen einem Juden und einer blonden Deutschen, auf den sich Hitler später berief. Noch
als Vierzehnjähriger behauptete er gegenüber seinen Mitschülern, was er zu Hause gehört hatte: Das ganze Gerede über die
Massenvernichtung der Juden in den Konzentrationslagern sei
Feindeslüge – erstunken und erlogen. Und wundert sich noch
heute, warum er nicht von der Schule flog.

Doch als er dann zur Primärliteratur griff und sich mit
siebzehn Jahren in Hitlers »Mein Kampf« vertiefte, bekam er
Magenschmerzen. Da trat ihm eine aggressive Ideologie gegenüber, mit der sich seine Eltern allerdings auch im Nachhinein
nie auseinandergesetzt hatten. Und er fragte sich: »Waren die
Eltern zu arglos oder einfach schlecht informiert gewesen?
Oder hatte die Angst sie beherrscht?« Und er begann sie anzu-
klagen, obwohl sie nun bereits ins Alter gekommen waren.

Ob er in der NSDAP gewesen sei, wollte er vom Vater wissen.
Und als nichts weiter als die Mitgliedschaft im Nationalsozialistischen Kraftfahrzeugkorps herauskam, wechselte er über auf
das ideologische Feld: »Wie kannst du behaupten, alle Juden
seien Betrüger gewesen? Warum hast du die Arbeit in deinem
Betrieb unterbrechen lassen, wenn Reden des Führers gesen-
det wurden? Wie viele polnische Arbeiter hast du beschäftigt,
und wie bist du mit ihnen umgegangen? Was hast du von der
Vernichtung der Juden gewußt?«

Plötzlich erschien alles in einem anderen Licht. Ein Schatten
war auf die Eltern gefallen. Wenn der Vater im Februar 1940 das
Haus in der Reiterstraße hatte räumen müssen, weil das Gebiet
dem künftigen Ghetto zugeschlagen werden sollte, dann muß-

te er sich doch auch fragen, wem das wunderbare Haus gehört
hatte, das der Familie als Ersatz angeboten wurde? Wenn er als
Obermeister der Schlosser-Innung vom Regierungsbezirk Litzmannstadt Aufträge auch an Betriebe im Ghetto vergeben und
das Ghetto mehrfach besucht hatte, dann mußte er die dorti-
gen Zustände doch gekannt und das Elend gesehen haben! Und
wenn er, statt Strickmaschinen zu bauen, in einer erweiterten
Firma mit 250 Angestellten Granaten hatte drehen lassen und
Lauschgeräte für die Flugabwehr produziert hatte, dann war
doch auch er, obwohl vom Kriegsdienst befreit, in Hitlers Feldzug verwickelt gewesen! Wie konnten Mutter und Schwester
auf diese Leistungen, für die er das Kriegsverdienstkreuz erhalten hatte, auch noch stolz sein!

Wie ihm das damals plötzlich in den Ohren hallte, wenn die
Mutter erzählte, wie sie 1937 – Gott sei Dank – die Geschäfts-
beziehungen mit den Juden hätten abbrechen können, da sie
genügend andere Aufträge gehabt hätten. Wenn sie, wie ein
junges Mädchen, noch dreißig Jahre nach dem Krieg erzählte:
»Die Juden haben nämlich viel, viel betrogen. Aber hast du sie
zur Tür rausgeschmissen, kamen sie zum Fenster wieder rein.
Die haben nie mit Kassa, d. h. bar bezahlt, sondern immer nur
mit einem Wechsel. Und den Wechsel haben sie immer zum
Protest gehen lassen – d. h., sie haben die Zahlung verweigert.
Wir haben uns manchmal schon so gefreut: Es war Donnerstag, wir hatten das Geld zur Löhnung zusammen – butz, kam
am Freitag noch ein Protest rein, da mußte ich wieder laufen
zur Inkasso, dem Büro, das die Geldforderungen einzog.«

Wie Günter sie nun des Rassismus zieh, wenn sie sich ab-
grenzte: »Hätten sich die Juden wenigstens richtig angezo-
gen! Aber sie waren so frech, und die Bengels von fünfzehn,
sechzehn Jahren liefen mit einem Kappl herum, unter dem
die Pejses hervorkamen – die Schläfenlocken. Unausstehlich

arrogant haben sie sich verhalten, auch gegenüber dem Papa: Der Jude is a Mensch, Papa is nur a Goj. Da hat Papa gesagt: Die können einem ja leid tun, daß die so verhaßt sind auf der Welt. Ist das ihre Arroganz oder was?« Wie Günter nun die Achtung vor der Mutter verlor, wenn sie noch viele Jahre nach dem Kriege der Ansicht war: »Das waren die kleinen Hitlers, die sich die Übergriffe erlaubt haben. Der große Hitler war gar nicht mal so schlimm. Hätte Hitler das gewußt, hätte es keine Konzentrationslager gegeben.« Dann war er fassungslos.

Den Vater beschimpfte er pubertär: Er sei ein Opportunist, ein »Prä-Faschist«, ein Rassist, ein Antisemit, der den Verbrechen Vorschub geleistet habe. Und er glaubte, ihn für seinen Opportunismus, für sein Duckmäusertum verachten zu müssen: »Um Gottes willen, Papa, du konntest doch nicht so die Augen verschließen!« Doch als Antwort erhielt er nur ein resigniertes: »Eeeh, Ginterle, geh mir weg mit Politik. Laß uns ein bissel in die Ecke setzen und reden über nischt.«

Das war der klassische Spruch. Dann redete Alex Linke über Alltägliches von früher, oder er begann zu musizieren. Er selbst spielte Geige, Günters Schwester saß am Klavier, und Günter mußte singen – Mozart: »Schlafe mein Prinzchen, schlaf ein.« Später schaltete Alex Linke einfach den Fernseher ein, seine Frau neben ihm nickte ein – laßt uns bloß in Ruhe, lautete die Botschaft. In der nur mühsam gebändigten Welt sollte es ein Stück bürgerlichen Friedens geben. Als Günter das Elternhaus nach dem Abitur verließ, um erst eine Buchhändlerlehre in Leipzig und dann ein Volontariat bei der »Neuen Zeit« gleich neben der Berliner Mauer am Checkpoint Charlie zu absolvieren, fühlte er sich deshalb erleichtert. Aber sehr schnell begann er das Elternhaus auch zu vermissen, und seine Anklagen taten ihm zunehmend leid.

Das war 1964, als er zu seiner Motorradreise nach Lodz aufbrach: »Mit zwiespältigen Gefühlen besuchte ich das ehemalige Ghetto in Lodz. Meine Eltern wohnten damals auf diesem Gebiet und mußten bei der Errichtung des Ghettos im Jahre 1940 ausziehen. Ich war in Radegast, einem Lodzer Arbeitslager, wo in der gleichen Stunde, als mein Vater die Heimat verlassen mußte, 3200 Häftlinge bei lebendigem Leib verbrannt wurden.«

Günter wollte sich der besonderen Verantwortung stellen, die für ihn aus den Verbrechen der Deutschen gegenüber Polen und Juden erwuchs: »Nun gilt es für uns, bedingungslos mit der Vergangenheit abzurechnen und jegliche Ursachen solchen Leids aus der Welt zu schaffen. Sicherheit verleiht die Existenz der DDR. Für mich war es beglückend, als Angehöriger meines Staates in der freundschaftlichen Begegnung mit den Menschen des schwer geprüften Landes über die humanistischen Ziele der DDR sprechen zu können.«

»Es gibt Haltungen von damals«, sagt Günter, »die mir heute peinlich sind.« Dazu zählt vor allem sein Flirt mit dem DDR-Sozialismus. Aber offensichtlich war ihm dessen offizieller Antifaschismus eine Krücke zur Auseinandersetzung mit dem elterlichen Wertekanon. Über die Ungereimtheiten des Systems versuchte er sich wie so viele andere damit hinwegzutrösten, daß es sich um einzelne Fehler, um Auswüchse und das Wirken schlechter Kader in einem an sich doch guten Sozialismus handele.

Es war die Zeit des ersten Passierscheinabkommens. Auch Westberliner durften nach dem Mauerbau über Weihnachten/Neujahr 1963/64 wieder einen Tag ihre Verwandten und Bekannten im Ostteil der Stadt besuchen. Und Günter erhielt bei der »Neuen Zeit« den Auftrag, fiktive Leserbriefe zu schreiben – im Namen von Rentnern, die aus dem Westen zurückgekehrt und glücklich seien, wieder in der sozialistischen Heimat leben zu dürfen. Günter reagierte so ungläubig und verwirrt, daß er von dieser Aufgabe entbunden wurde. So also sah die Erfolgspropaganda des Sozialismus aus? Was hatte diese Wirklichkeit noch mit dem Anspruch zu tun? Bis er den eigenen Weg fand, vergingen aber noch gut vier Jahre.

Gerade war er begeistert und hoffnungsfroh im August 1968 von einer Reise aus Prag zurückgekommen – da forderte man ihn auf, für seine Personalakte eine handschriftliche Loyalitätserklärung abzugeben, in der er seiner Freude darüber zum Ausdruck bringen sollte, daß »unsere sowjetischen Genossen dem Spuk in der ČSSR ein Ende bereitet haben«. Das war der Tropfen, der das Faß zum Überlaufen brachte. Er kündigte bei der »Neuen Zeit« und schlug sich fortan freiberuflich als Fotograf durch den Sozialismus. Erst ab dieser Zeit, meint Günter Linke mit etwas schuldbewußtem Lächeln, habe er wohl angefangen, selbständig zu denken.

»Ich will vertreten, was ich denke!« betont er seitdem trotzig. »Und mich nicht verbiegen, sondern sein, wie ich bin.« Denn was geschieht, wenn man sich nicht wehrt, war ihm angesichts des Schicksals seines Vaters Warnung genug.

Weil er es als sein gutes Recht erachtete, sich überall zu informieren, ließ er sich, obwohl verboten, den »Spiegel« und andere Westzeitungen von »drüben« mitbringen und las Literatur, die auf dem Index stand. »Für Günter Linke sei es unverständlich, warum man in der DDR Menschen für so unmündig halte und Literatur als verboten erkläre«, hielt Oberleutnant Heimann von der Hauptabteilung XX/7 der Stasi im September 1974 nach einem erfolglosen Anwerbungsgespräch fest. »Es käme darauf an, Menschen zu bilden und nicht zu erziehen im Sinne von Gängelei, denn das erzeuge Heuchlertum, wie er es in seiner Schulzeit an einer Leipziger EOS (Erweiterte Oberschule) ständig erlebt habe.«

Nun war es auch amtlich: Linke, Günter, geb. 8.12.1943, Geburtsort Lodz, freischaffender Fotograf, ließ sich nicht vom System erpressen, nicht für seine Ziele einspannen und auch nicht zum inoffiziellen Erfüllungsgehilfen degradieren. »Am 21.9.1976 wurde uns inoffiziell bekannt«, hält eine weitere Notiz der Stasi fest, »daß die o.g. Person beabsichtigt, an der Wahl am 17.10.1976 nicht teilzunehmen. L. bezeichnet die Wahlen zur Volkskammer und zu den Bezirks- und Kreistagen als Volksverdummung.«

Man muß sich nicht allem beugen, wußte Günter Linke aus eigener Erfahrung. Und zwischen einem Helden und einem Mitläufer existieren viele Variationsmöglichkeiten. »Warum hat der Vater dem Nationalsozialismus nicht wenigstens geistig widerstanden?« fragte er sich damals immer und immer wieder. »Warum waren ihm Aufstieg, Anerkennung, Verdienst, bürgerliches Leben wichtiger, als geradlinig zu bleiben, sich selbst ins Gesicht sehen zu können? Warum hat er bestimmte Dinge gar nicht erst an sich herangelassen? Warum konnte er das eigene Handeln und Denken nicht in Frage stellen?«

Doch weil er nicht ungerecht sein und die Vergangenheit nicht mit den Maßstäben der Gegenwart messen wollte, versuchte er sich die Zeitumstände zu vergegenwärtigen, die seinen Vater geprägt hatten.

Ja, des Vaters Erfahrung war zwar gewesen: Die Juden betrügen. Hat er damit aber schon die Vernichtung der Juden in den Konzentrationslagern gutgeheißen? Haben die Eltern es nicht als schreckliche Tragödie empfunden, als ihr jüdischer Hausarzt Gabiński abgeholt wurde? In der Regel wollten die Eltern zwar mit Juden nichts zu tun haben. Aber haben in der damaligen Zwischenkriegszeit nicht alle Minderheiten in Polen *nebeneinander* gelebt und die Fremdheit des anderen manchmal ertragen und manchmal abgewehrt?

Ja, die Eltern haben den Einmarsch der Wehrmacht 1939 als eine Befreiung erlebt, weil in den Wochen zuvor in Lodz und Umgebung mehrere Anschläge auf Deutsche verübt und angeblich auch drei Gymnasiallehrer ermordet worden waren. Aber waren sie damit bereits Vollstrecker der nationalsozialistischen Ideologie? Haben sie etwa die Kontakte zu Polen abgebrochen, weil sie nun verboten waren? Haben sie nicht umgekehrt auf jene Reichsdeutschen geschimpft, die die Polen als Untermenschen mieden? Hat sich die Mutter nicht sogar auf dem Arbeitsamt für polnische Arbeiter verwandt, um sie vor der Zwangsarbeit im Reich zu schützen?

Ja, der Vater hatte im Dritten Reich expandiert und mit zwei weiteren Fabrikanten die »Vereinigte Maschinenbau«-Firma gegründet, wo er in die Kriegsproduktion eingebunden war. Aber war das ganz freiwillig erfolgt? Oder hat er sich damit vielleicht auch freigekauft vom Einsatz an der Ostfront? Denn mit einer »Tätigkeit im öffentlichen Interesse« wurde er doch uk, also unabkömmlich gestellt.

Die Klärung des Verhältnisses zu seinem Vater treibt Günter Linke bis heute um. Und bis heute nimmt er dem Schicksal übel, daß es seinen Vater in Situationen stellte, denen er offensichtlich nicht gewachsen war.

»15.10.2003: Wie ich mich mit mir geeinigt habe, meinen Vater heute zu sehen – Teil I.

Mein Vater gehörte zu einer Generation, die nicht die gleichen historischen Erfahrungen hat haben können wie die unsrige, die der Nachgeborenen. Über ihn und seine Generation rollte etwas bis dahin noch nie Gekanntes hinweg, beginnend mit der Urkatastrophe des Ersten Weltkriegs. Sie waren mit ihrem Überleben beschäftigt und nicht gewohnt, sich einzumischen. Sie kannten andere Autoritäten – wie Kaiser, König und Gott. Es gab ein naives Vertrauen darein.«

Und weil sie sich so vertrauensselig den Systemen anvertraut und untergeordnet hätten, seien sie – glaubt Günter Linke – irgendwie auch schuldhaft verstrickt, ohne wirklich Schuld zu haben. Als er nach einem langen Prozeß zu dieser Beurteilung gelangte und seinem Vater verständnisvoller hätte begegnen wollen, war jener für ihn nicht mehr erreichbar. Er war ausgereist zur Tochter in den Westen. Eine Schmalfilmkamera hat jenen Moment festgehalten, in dem der Vater die Haustür in Portitz das letzte Mal schließt und lächelnd in die Kamera blickt: als handele es sich um einen Sonntagsausflug und nicht um einen Abschied für immer.

Vom Verstand her hat Günter die Ausreise gebilligt. In der DDR erhielten die Eltern gerade einmal 150 Mark Rente und mußten noch im hohen Alter im Wald nach Holz für den Winter suchen und die Kohle zentnerweise auf dem Schlitten nach Hause ziehen. Das war ein unwürdiges Leben. In der Seele aber hat Günter die Ausreise nie überwunden. Erst war die Schwester in den Westen abgehauen, dann war ihr der ältere Bruder gefolgt, nun waren auch seine Eltern fort. Günter fühlte sich im Stich gelassen – wie eine Waise. Denn als er sich entschied, wegen seiner Frau in der DDR zu bleiben, riß der enge Kontakt zu den Eltern ab. Nur einmal, 1974, durfte er zu ihrer Goldenen Hochzeit nach Westdeutschland fahren, und als sie ihn ein Jahr später in seinem Ostberliner Haus besuchten – da ist der Vater gestorben. In seinem, Günters, Haus. Am Tag vor dem Tod hat Günter noch mit seiner Frau, seinen Geschwistern und Neffen an einem Tisch gesessen und sich wie früher Geschichten aus Lodz erzählen lassen.

Aber Abbitte hat er seinem Vater an jenem Tag nicht mehr leisten können. Das belastet ihn bis heute. Denn er hätte gern versöhnt von ihm Abschied genommen und ihm gesagt: »Du warst kein Faschist, du warst kein Rassist, du warst kein Antisemit. Du trägst keine Schuld für dein Schicksal. Ich habe dir mit meinen Vorwürfen unrecht getan.« Nun tröstet er sich mit der Hoffnung, daß der Vater sicher weise genug war, um auch so zu wissen: »Mit Ginterle, das wird schon wieder.«

Aber was wäre wieder geworden? Der Sohn billigt dem Vater zwar zu, kaum Chancen für ein anderes Verhalten gehabt zu haben. Er macht für ihn auch mildernde Umstände geltend, die im Auslandsdeutschtum und den Zeitumständen begründet sind: daß die Geschichte übermächtig war und ihn als Spielball, als Geisel, als Objekt herumgestoßen hat. Doch tief in Günters Seele hat sich auch eine Enttäuschung eingenistet. Und so führt der Sohn jene Kämpfe der Auflehnung, der Verweigerung, der Renitenz, zu denen der Vater nicht imstande war. Bloß nicht ins Räderwerk der Geschichte kommen! Bloß nicht ohnmächtig ausgeliefert sein, immer Herr seines eigenen Schicksals bleiben!

»Mit mir nicht!« reagiert Günter Linke bis heute übersensibel, sobald er für irgendwen oder für irgendwas vereinnahmt werden soll. »Mir könnt ihr nichts vormachen!« höhnte er auch, als Junge Pioniere, FDJ, SED oder Stasi ihn zu ködern versuchten. Er mochte nirgendwo Mitglied sein und niemandem Zugeständnisse machen. Er bestand auf dem eigenen Urteil und hat sich die Wärme des Dazugehörens niemals mit dem Ausschalten seines gesunden Menschenverstandes erkauft.

Und so wurde er zum Einzelgänger schon in der DDR. Von dem Lastenausgleich, den seine Eltern nach ihrer Ausreise in Westdeutschland erhielten, bekam er einen Anteil von 20 000 West-Mark. Das war ungeheuer viel in Ostberlin. Allein von den Zinsen hat er sich im Westen eine gute Fotoausrüstung kaufen lassen. Mit diesem Handwerkszeug ist er für die Zeitschrift »Filmspiegel« auf die Festivals nach Karlsbad und Moskau gereist und hat auch in der DDR viele in- und ausländische Schauspieler bei Premieren oder Dreharbeiten fotografiert.

Damit ihm nicht passiert, was dem Vater passiert ist, hat Günter seit der Kindheit auch ein fast manisches Interesse an Geschichte entwickelt. Er belegt noch heute Kurse an der Freien und der Humboldt-Universität, besucht Seminare und gräbt in Geschichtsbüchern nach Erklärungen für seine Fragen. Auf keinen Fall will er so naiv und unpolitisch bleiben wie sein Vater. Auf keinen Fall will er in eine Katastrophe hineingerissen werden, nur weil er nicht gewußt hat. Inzwischen ist ihm klar, wie unmöglich das war, doch damals war er überzeugt: Hätte sein Vater gewußt, daß die östlichen Reichsgebiete verloren gehen würden, dann hätte er seine Produktionsmittel nicht nach Pommern und Schlesien ausgelagert und alles verloren. Dann hätte er vielleicht etwas nach Sachsen oder Thüringen retten und im Westen noch einmal neu anfangen können. Dann wäre sein Selbstvertrauen nicht so beschädigt und sein Leben nicht so verpfuscht gewesen …

»Wie ich mich mit mir geeinigt habe, meinen Vater heute zu sehen – Teil II.

Die Frage des Nachgeborenen lautet: Vater, was hast du getan, welche Schuld hast du auf dich geladen, daß du so bestraft worden bist, daß du vertrieben wurdest aus deinem Paradies, von dem du immer so warm erzähltest? Heute weiß ich, daß dich keine Schuld trifft. Du hattest diese Strafe nicht verdient. Nicht dafür, daß du dich opportunistisch verhalten hast.

Heute protestiere ich im Namen meines Vaters, wenn irgendwer versucht, die Vertreibung der Deutschen aus dem deutschen Osten zu rechtfertigen. Wer kann Vertreibung überhaupt rechtfertigen? Kann es eine gerechte Vertreibung ganzer Ethnien geben? Ist die Rechtfertigung einer Vertreibung nicht schon die Voraussetzung für die nächste?

Daß ich diese Einsichten meinem Vater vor seinem Tode nicht mehr sagen konnte, daß ich ihm einst als ›dummer Junge‹ die Schuld für sein Schicksal gab und ihm zumutete, daß er zu Recht bestraft worden sei, und ihm damit ganz bestimmt sehr weh tat, das ist wohl das eigentliche Trauma, an dem ich leide.«

Und so treibt es ihn um: das Schicksal des Vaters, das Schicksal der Schwester und das Schicksal des Bruders. »Das Ginterle«, sagt sein Bruder Georg zwar, »der weiß ja nichts. Der hat doch eine schöne Kindheit gehabt! Wenn der sich beklagt, dann ist das ungerecht.« Denn das Ginterle war doch erst dreizehn Monate alt, als die Mutter mit ihm aus Schlesien flüchtete und im böhmischen Tetschen ins Krankenhaus ging, weil Günter an einer schweren Mittelohrentzündung litt. »Der kann sich doch an gar nichts erinnern!«

Doch so paradox es auch scheint: Das Ginterle, das selbst bewußt nichts erlebt hat, trägt in sich die ungelebten Gefühle der anderen. Er fühlt Bitterkeit, wenn fast niemand vom Leid der Vertriebenen hören will. Er könnte in seiner Ohnmacht schreien, wenn die Trauer der Betroffenen als unberechtigt erklärt wird, weil die Vertreibung ja der gerechte Preis für die Verbrechen in der NS-Zeit gewesen sei. »Denn warum«, fragt Günter kampfeslustig, »sollen denn ausgerechnet die Pommern, Schlesier oder Auslandsdeutschen einen so hohen Preis wie den Heimatverlust für die Verbrechen im deutschen Namen bezahlen – obwohl doch alle Deutschen diese Verantwortung tragen?«

Nachts hat er oft Albträume, erlebt sich als nicht dazugehörig, alleingelassen, entwurzelt. Dann steht er auf und nimmt zur Beruhigung Magentropfen. Dann hadert er mit der Welt, denn eigentlich, verdammt noch mal, ist die Familie doch hart bestraft worden, selbst wenn niemand umkam. Und verdammt viel würde er darum geben, wenn der Vater, die Schwester, der Bruder nicht so teuer hätten mit ihren Lebensbrüchen bezahlen müssen.

Die Schwester Erika, Jahrgang 1930, lebt zwar auf Mallorca in einem wunderschönen Haus mit Fernblick, und jeder, dem Günter davon erzählt, verdreht neidisch die Augen. Doch dieser Wohnort, sagt Günter, ist ein Rückzug, eine Flucht. Sie wollte immer möglichst weit weg von den Polen, von den Russen, von den Erinnerungen aus der Kriegs- und Nachkriegszeit, und als sie sich Ende der fünfziger Jahre nach Westdeutschland absetzte, zog es sie an die holländische Grenze.

Erika war schon vierzehn Jahre alt bei Kriegsende und weiß, was sie verlor: zum Beispiel das Landhaus im Dorf Rosanów, wo sie unbeschwert die Sommer verbracht hatte. Das Beckersche Konzertklavier, auf dem sie jeden Tag geübt hatte. Und Onkel Hugo, Vaters Bruder, der bei der Flucht zurückbleiben mußte, weil Vaters »Opel« mit Sohn Georg, Tante Alice und Oma Linke schon voll besetzt war. So ist Onkel Hugo, der vor dem Krieg zusammen mit Fräulein Ola, seiner polnischen Liebsten, ein »Bittschriften-Büro« betrieben hatte, in dem sich des Schreibens unkundige Menschen ihre Beschwerdebriefe aufsetzen lassen konnten, von den Sowjets nach Sibirien deportiert und dort erschlagen worden.

Im Unterschied zu Günter hat die Schwester detaillierte Erinnerungen an die Flucht. Mit ihrem geliebten Vater war sie losgezogen, nachdem dieser, gerade bei der Ehefrau in Schlesien angekommen, den Gestellungsbefehl zum Volkssturm erhalten hatte. Aber Alex Linke als Soldat? Gleich in der Nacht zog er mit der Tochter los: Am Fahrrad baumelten Brot und Kaninchenfleisch, in seiner Gesäßtasche steckten Schmuck und Gold. Von Hirschberg liefen sie bis Breslau, von Breslau bis Bischofswerda. Fast hatten sie ihren Bestimmungsort Dresden erreicht, als das Flächenbombardement der englischen Luftwaffe in der Nacht vom 13. zum 14. Februar 1945 in der Altstadt, auf dem Bahnhof und den Elbwiesen fast alles Leben auslöschte. Vater und Tochter sahen den Feuerschein aus dreißig Kilometer Entfernung. Als sie nach der Katastrophe in Dresden ankamen, fanden sie den vereinbarten Treffpunkt zerstört. Wo war die Mutter? Wo waren Georg und Günter? Mehrere Monate glaubte Erika die Mutter verloren. Sie war verzweifelt. Als der Vater wenig später von zwei Sowjetsoldaten verhaftet und zur Zwangsarbeit nach Sibirien verschleppt werden sollte, schrie sie so gellend und besinnungslos, daß die beiden jungen Soldaten von der Verhaftung abließen.

Erika wurde in jenen Wochen und Monaten vorzeitig erwachsen. Zog im Chaos des Kriegsendes allein mit fünfzehn Jahren los, um die Großmutter aus Böhmen zu holen, geriet in Leipzig in einen Bombenangriff, hungerte, um für Günter ein Schaukelpferd zu kaufen – und schuftete: erst für die kleine Firma des Vaters in Portitz, dann im Westen als Handelsvertreterin und schließlich als selbständige Boutiquebesitzerin. Sie wurde wohlhabend mit »teuren Markenwaren für die Dame ohne Alter«. 1983 gab sie alles auf und setzte sich zur Ruhe. Sie war körperlich am Ende. »Darin«, rebelliert Günter, »soll das Glück des Lebens liegen, sich mit fünfzig abzumelden und mit der Abwehr von Erinnerungen beschäftigt zu sein, die einen zu überfluten drohen?«

Günters Bruder Georg, Jahrgang 1929, ist wegen des Krieges noch stärker aus der Bahn geworfen worden. Mit fünfzehn wurde er eingezogen und zum Ausheben von Schützengräben eingesetzt. Da ihn diese unqualifizierte Arbeit mit Hacke und Spaten nicht befriedigte und er mehr für das Vaterland leisten wollte, meldete er sich zu einem Panzerjagdkommando, um als Einzelkämpfer mit Handgranaten Panzer zu zerstören – gemeinsam mit Wlassow-Leuten, sowjetischen Kollaborateuren, die auf Hitlers Seite kämpften. Bei einem dieser Einsätze zwischen Leitmeritz und Böhmisch-Lipa hat es ihn erwischt. Er fand sich wieder mit verbundenem Kopf auf einem böhmischen Bauernhof und konnte sich an nichts erinnern. Es hieß, er sei verschüttet gewesen. Später wurde bei ihm nicht zuletzt aufgrund dieses Schocks Schizophrenie festgestellt.

Gut zehn Jahre verbrachte er in der Nervenheilanstalt Greifswald, danach wurde er 1975 in den Westen entlassen und kaufte sich, sobald er frühberentet wurde, von seinem Anteil am Lastenausgleich ein kleines Haus auf den Kanarischen Inseln. Auch er wollte weg, möglichst weit weg, denn in Deutschland kann er nicht leben. Das Deutschland seiner Phantasie ist ehrlich, sauber und anständig. Das reale Deutschland hingegen ist kriminell, kapitalistisch und amerikanisiert. Nur im Ausland kann Georg Deutschland ertragen. Da ist Deutschland für ihn wieder, was es schon in seiner Kindheit in Polen war: das bewundernswerte Reich seiner Sehnsucht.

Heimat aber wurde Deutschland für Georg nie. Heimat war und blieb Lodz, das polnische Lodz. Und dank der Erinnerungen der Eltern blieb die Heimat auch in der Fremde lebendig. Seitdem die Eltern allerdings gestorben sind, ist ihm mit ihren Erinnerungen auch die Heimat abhanden gekommen. Hat das Leben da noch einen Sinn?

Ja, welchen Sinn hat das Leben ohne Eltern und Heimat? Günter hat sich in die deutsche Sprache gerettet. »Das ist meine wunderbare Heimat, denn auf ein territoriales Zuhause ist kein Verlaß. Die Muttersprache aber kann ich immer und überall bei mir haben als ›ein Haus des Seins‹. Die deutsche Sprache kann ich pflegen, und niemand kann sie mir nehmen.«

Und die Sprache hilft ihm, wenn er, getrieben von der Angst vor Fehldeutungen und Mißverständnissen, noch einmal die

Intention all seiner Aussagen unterstreicht: »Es sollte doch wohl darum gehen, mit Hilfe von Individualschicksalen ein Bewußtsein zu fördern, was vereint im Verstehen, nicht was trennt in dem Sinne: Meine Opfer sind aber viel toter als deine. Zu erzählen, einfach nur zu erzählen, wie wir Menschen sind, wozu wir fähig sind, unabhängig davon, welchem Volk wir angehören. Um zu versöhnen, auch mit uns selbst.«

P. S. Auf Wunsch von Günter Linke folgt dieser Text den alten Rechtschreibregeln.

»Ich verlasse mich auf meine Leistung«
Das Ehepaar aus Böhmen und Ungarn

Er könnte als Prototyp des zurückhaltenden Charakters gelten. Er drängt sich nicht vor, spricht leise, lächelt verbindlich, äußert Meinungen nur, wenn er gefragt wird. Er will niemanden führen, niemandem seine Meinung aufdrücken, sich auf keinen Fall in den Vordergrund drängen. Niemand hätte in ihm einen leitenden Angestellten vermutet. Schon gar nicht in der DDR. Und doch war Josef Tscherner Außenstellenleiter in einer Abteilung der Mineralölindustrie in Ostberlin. Obwohl ihn kein Cousin aus dem Zentralkomitee und kein Onkel im Ministerium empfohlen hatte. Tscherner war nicht einmal Mitglied in der Partei. Vier Mal haben ihn die Vorgesetzten beim alljährlichen Kadergespräch mit dem beruflichen Aufstieg gelockt, wenn – ja, wenn er denn eintreten würde. Doch jedes Mal hat er dasselbe geantwortet: »Darüber brauchen wir nicht zu reden. Ich bin ein bekennender Katholik.«

Im fünften Jahr nahmen sie ihn trotzdem. Das war sein heimlicher Triumph. Er machte Karriere, ohne sich verbogen zu haben. Er bewies, dass es sich lohnt, die Leitlinie seines Vaters zu befolgen. »Lernt, Kinder, lernt«, hatte er immer wieder betont, nachdem er Haus und Hof und Heimat verloren hatte. »Denn was ihr gelernt habt, das kann euch keiner mehr nehmen.« Und es stimmte: Im Westen konnte man bauen, in der DDR konnte man wenigstens lernen.

Fast jede Herausforderung im Beruf hat er angenommen, der Arbeit Priorität im Leben eingeräumt, auch Abende und Wochenenden geopfert, um sich und ihnen zu beweisen: Das schaffe ich ganz ohne Protektion. Ich verlasse mich auf mei-

Warum sie seit
vierzig Jahren
zusammen sind?
Vielleicht, weil
beide Anständig-
keit und Ehrlich-
keit für grund-
legende Werte
halten.
Ihren drei Jungen
sagte Elisabeth
immer: »Ihr müsst
eure Überzeugun-
gen nicht groß
auf einer Fahne
vor euch hertra-
gen. Aber wenn
ihr gefragt wer-
det, dann sagt,
was ihr denkt.
Denn lügen ver-
bietet sich für
einen Christen-
menschen.«

ne Leistung. So ganz nebenbei hat er dabei einige Neuerungen mit entwickelt. Ein System zur Klassifizierung von Kühlschmierstoffen nach verschiedenen Leistungsklassen zum Beispiel – das gab es nicht einmal im Westen. Oder Kühlschmierstoffe auf der Basis von sowjetischen Rohstoffen für die Lada-Produktion im ukrainischen Shiguli, so dass der Große Bruder Devisen für den Import von Westprodukten sparte. Auch an einigen Patenten hat er Anteil. Beispielsweise an einer Fernsehleuchte – einem Glaszylinder mit durchsichtiger Flüssigkeit, der von unten durch eine Glühlampe erwärmt wird, so dass sich das bunte Wachs in seinem Innern tänzelnd nach oben bewegt und – abgekühlt durch die Luft an der Oberfläche – wieder nach unten gleitet. Leider ging diese Lampe zu DDR-Zeiten nicht mehr in die Produktion.

Mehrfach ausgezeichnet wurde Tscherner auch in der Kammer der Technik (KdT), der Ingenieur-Organisation der DDR, in der er seinen Obolus an gesellschaftlicher Arbeit entrichtete. Dort qualifizierte er in den sechziger und siebziger Jahren ehemalige Kriegsteilnehmer, die ihre Heimat verloren und nie einen Beruf erlernt hatten. Welche Dankbarkeit ihm aus den Augen dieser Menschen entgegenstrahlte, wenn sie den Facharbeiterbrief in Schmierungstechnik erhielten! Wie sie sich freuten, dass jemand ihre Bemühungen im fortgeschrittenen Alter anerkannte! Und wenn Tscherner diesen oft älteren Menschen die Urkunden überreichte, dachte er an seinen Vater.

Als Josef 1937 als das älteste Kind von Josef und Marie Tscherner geboren wurde, war die Welt noch in Ordnung. So schilderten es jedenfalls Vater und Großvater. Seit Generationen lebte die Familie am selben Ort, wenn auch in verschiedenen Staaten. Mit diesem scheinbaren Widerspruch pflegte Josef später unkundige Sachsen und Brandenburger zu konfrontieren und freute sich über ihre erstaunt-hilflosen Mienen. Als Vater und Großvater zur Welt kamen, gehörte Pschoblik nämlich noch zum Habsburgerreich, insofern waren sie Österreicher. Ein Großonkel hat es beim k. u. k. Militär in Wien sogar bis zum Oberstleutnant gebracht. Als Josef geboren wurde, hatten die Tschechen und Slowaken einen eigenen Nationalstaat gegründet, so dass Josef tschechoslowakischer Staatsbürger wurde. Und bei der Geburt seiner Schwester zweieinhalb Jahre später war das Sudetenland schon dem Deutschen Reich einverleibt, also erhielt sie die deutsche Staatsbürgerschaft.

Zunächst schien es, als könne der Wechsel von einem Staat zum anderen das Leben auf dem Dorf nicht tiefgreifend verändern. Pschoblik war klein, und trotz aller Wirren der Geschichte bildeten die Deutschen fast unverändert seit dem 14. Jahrhundert über neunzig Prozent der Bevölkerung. In den zwanziger und dreißiger Jahren wanderten zwar einige Tschechen hinzu, weil sie bei der Bodenreform Land erhielten oder in Fabriken der benachbarten Stadt Rakovník arbeiteten. Aber Psovlky besaß kein Gericht, keine Sparkasse, und was machte es schon, wenn einige wenige – tschechische – Beamte bei Post und Eisenbahn eingesetzt wurden? Die »Tschechisierung« erregte den Vater zwar, erschien ihm aber in seinem Heimatdorf nicht wirklich bedrohlich.

Immerhin kam der »böhmische Wenzel« aus dem Nachbardorf auch in den dreißiger Jahren einfach hereingeschneit, prüfte, was auf dem Herd der Tscherners vor sich hin köchelte, und blieb, wenn es ihm schmeckte, bei den Deutschen. Er war mit Josefs Großvater »auf Tausch« gewesen und hatte ein Jahr in dessen Mühle verbracht, da auch ein tschechischer Müller wegen der deutschen Klientel Deutsch zu lernen hatte.

Josefs Vater hatte umgekehrt die tschechische Bürgerschule in Rakovník besucht, um sich mit den tschechischen Saisonarbeitern verständigen zu können, die alljährlich Ende August für drei Wochen zur Hopfenernte kamen. Der Saazer Hopfen bildete die Basis nicht nur für das Pilsener Bier, sondern galt als Exportschlager bis nach Amerika. Etwa fünfzehn bis zwanzig junge Männer und Frauen logierten dann von Mitte August bis Anfang September auf dem Tscherner'schen Hof. Tagsüber rissen sie die Dolden ab – »pflockten« den Hopfen, wie es hieß –, abends saßen sie zusammen, erzählten, vergnügten sich und tanzten. So jedenfalls erzählte der Vater.

Anderen Pschoblikern hat sich die Zwischenkriegszeit weniger harmonisch eingeprägt. Die Tochter des ehemaligen Bürgermeisters, sagt Tscherner, habe ihm von Gesprächen im Elternhaus erzählt, in denen sich Landsleute darüber erregten, dass neben der deutschen auch eine tschechische Schule im Dorf entstanden sei, dass Deutsche tschechische Sprachprüfungen hätten ablegen müssen, selbst wenn sie Postbeamte in einer Stadt mit deutscher Bevölkerung hatten werden wollten, und dass der Gutshof des Grafen Czernin im Zuge der Bodenreform an zwei Tschechen übergeben worden sei. Und habe die Regierung in Prag die sudetendeutschen Gebiete trotz einer hohen Arbeitslosigkeit von vierzig Prozent nicht völlig im Stich gelassen, während sie andere Regionen bei der Überwindung der großen Wirtschaftskrise unterstützt habe?

Beim Einmarsch der Wehrmacht Anfang Oktober 1938, so erinnerte sich die Tochter des Bürgermeisters jedenfalls, hätten fast alle Familien in Pschoblik die Hakenkreuzfahnen herausgehängt. Einige seien überzeugte Anhänger der Sudetendeutschen Partei von Konrad Henlein gewesen, dem ehemaligen Turnlehrer und späteren Statthalter Hitlers. Andere – wie ihr Vater – hätten ihre Fahne einfach nach dem Wind gehängt. Als Mitglieder des Bundes der Landwirte seien sie lange auf einen Ausgleich mit den tschechischen Parteien bedacht gewesen, bevor sie 1938 übergeschwenkt und geschlossen in die Henlein-Partei eingetreten seien. Ja, wer hätte sich damals vom Leben im Deutschen Reich keine Verbesserung erhofft? Die Tochter des Bürgermeisters sah sich noch voller Erregung inmitten aller Klassenkameraden am Ortseingang stehen: Mit Gedichten und mit Blumen sollten die Soldaten willkommen geheißen werden. Als allerdings statt der erwarteten Infanterie-Soldaten nur Lastwagen eintrafen, zogen sich die Schüler enttäuscht zurück. So hatten sie sich die Begrüßung der Reichsdeutschen nicht vorgestellt.

Ob auch sein Vater Mitglied der Henlein-Partei gewesen ist, vermag Josef jun. nicht zu sagen. In der Zwischenkriegszeit hatte Tscherner sen. zwar dem Bund der Landwirte angehört, doch zu Parteiversammlungen der Sudetendeutschen Partei sah Josef ihn später nie gehen. Sein Vater war eigenwillig. Als der Ortsbauernführer und der Ortsgruppenleiter der NSDAP im Krieg Stichproben machten und auch den polnischen Kriegsgefangenen Stanisław am gedeckten Tisch der Familie Tscherner fanden, gab es einen heftigen Disput.

»Du weißt, dass das verboten ist«, erklärte der Ortsbauernführer. – »Wer mit mir arbeitet, der isst auch mit mir«, hielt Josefs Vater dagegen. – »Warte nur bis zum Endsieg«, drohte der Ortsbauernführer. »Dann werden wir uns um dich kümmern!« Doch Tscherner sen. zahlte es ihm mit gleich grober Münze heim: »Du weißt, wo der Zimmermann ein Loch gelassen hat!« Was hieß: Verschwinde! So rau war der Ton eben auf dem Dorf. Sie kannten sich ja alle von Kindesbeinen an.

Die Zeit im Deutschen Reich brachte im Leben der Familie einschneidende Veränderungen. Der Vater blieb aufgrund eines Herzleidens zwar vom Militärdienst verschont. Aber der ältere Bruder des Vaters wurde eingezogen, der jüngere ging zum Studium. In die frei gewordenen Zimmer im Haus der

Großeltern zogen eine Kindergärtnerin und zwei »Finanzer« ein, Beamte aus Sachsen, die die anderthalb Kilometer hinter dem Dorf gelegene Grenze zur »Rest-Tschechoslowakei« bewachen sollten. Als Hitlers Truppen diese Grenze im März 1939 überschritten, wurde Pschoblik das letzte Dorf vor dem Protektorat Böhmen und Mähren.

Im Kindergarten begannen die Tage nach dem »Anschluss« oft mit einer Zeremonie. Die Kleinen stellten sich im Halbkreis vor einem Hitler-Bild auf, sangen ein Volkslied und hörten den Spruch zum Tage. Damals lernte Josef in den Aufführungen eines Kasperletheaters, die Feinde Deutschlands zu erkennen. Der Jude, so erfuhr Josef, der keine Juden kannte, weil im Dorf keine Juden lebten, sei ein verachtenswertes Geschöpf mit einer langen Hakennase, langen schwarzen Haaren, einem schwarzen, wehenden Kaftan und winsele zu seinem Gott Jahwe. Die Russin, so lernte Josef, der keine Russinnen kannte, weil im Dorf keine Russen lebten, sei ein Flintenweib, das befehle, morde und kein Mitleid mit ihren Opfern kenne. Als im Herbst 1944 die russischen Wlassow-Truppen durch das Dorf zogen, wunderte sich Josef, dass sie wie Menschen aussahen.

Als besonders dramatisch haben sich ihm die ersten Jahre des Krieges jedoch nicht eingeprägt. Fast alles lief weiter wie bisher, wenn auch mit einigen Schwierigkeiten. Vater durfte auf Grundlage eines Berechtigungsscheins nur ein einziges Schwein schlachten, obwohl er selbst Schweine züchtete; er durfte auch nur eine bestimmte Menge Getreide mahlen, obwohl er es selbst anbaute. Allerdings hätte sein Vater auch nicht gewagt, ein zweites Schwein zu schlachten, denn jeder im Dorf hätte den schrillen Schrei des tödlich bedrohten Tieres gehört. Dagegen hat er schwarz »separiert« – heimlich die Plombe von einer Handkurbel-Maschine entfernt, die die Sahne von der Milch trennte, und aus der Sahne Butter gemacht.

Weil die Bezugsscheine für landwirtschaftliche Geräte oder Textilien nicht ausreichten, hat Vater auch die »Finanzer« bestochen, damit sie ihn hinüberließen ins Protektorat, wo ohne Bezugsscheine zu kaufen war, was in den Läden auf deutscher Seite fehlte. So weit hatte es der Mustergau gebracht.

Den Vormarsch der Wehrmacht erlebte Josef nur indirekt durch die verschiedenen Kriegsgefangenen, die ihnen als Arbeiter zugewiesen wurden. Zuerst kam ein Serbe, ein ruhiger, aber sehr mürrischer Mann, zu dem er keinerlei Kontakt fand. Dann kamen ein Belgier und ein Franzose, die zwar keine Ahnung von der Landwirtschaft hatten, aber die Familie und die Arbeitskollegen oft zum Lachen brachten. Zum Schluss stieß Stanisław zu ihnen, ein Pole aus der Gegend von Tarnów, der in die Familie integriert wurde, obwohl er kein Wort Deutsch sprach und sich mit dem Vater in einer Mischung aus Polnisch und Tschechisch zu verständigen pflegte.

Bedrohlich wurde es für das Dorf erst ab Sommer 1944. Da bekam die Großmutter einen Schlaganfall und sagte: »Sein Schutzengelbild ist heute Nacht heruntergefallen. Der Rudi ist tot.« Kurze Zeit später kamen die letzten Habseligkeiten ihres Sohnes – ein Ring, eine Uhr und ein Notizbuch mit Eintragungen aus den letzten Tagen vor seinem Tod. Unruhen seien ausgebrochen, las Josef dort. Völlig überraschend hätten die Rumänen am 23. August 1944 die Waffen gegen den bisherigen Verbündeten Deutschland gekehrt. Und Onkel Rudi, Soldat der Luftwaffe auf dem Flughafen von Bukarest, war in eine Falle geraten. Er fiel, als die Aufständischen den Flughafen erstürmten. »Ihr braucht es mir gar nicht zu sagen«, meinte Josefs Großmutter immer wieder. »Ich weiß auch so, dass er tot ist.« Später sagten sie es ihr doch, weil Ahnung und Wissen zweierlei sind.

Als sich die Nachbarn an den Herbst- und Winterabenden

1944/45 trafen, um wie früher bei heißem Tee mit Rum die Enten- und Gänsefedern zu »schleißen«, das heißt, von den Kielen zu streifen, hörte der siebenjährige Josef fast nichts mehr von Siegen. Aber vom Kriegerdenkmal im Ort, an dem immer mehr Tafeln angebracht wurden, weil hier der Ehemann gefallen war und dort der Sohn. Der Vormarsch der Russen beunruhigte alle. Schon begann sich Josef in düsteren Farben auszumalen, was geschehen würde, wenn die Flintenweiber kämen. Einige Bauern fürchteten sich mehr vor den Tschechen. Nicht vor denen aus dem Dorf, denn die wüssten ja, was von den einzelnen Deutschen zu halten sei. Wohl aber vor den Fremden aus dem Protektorat, die mit den Umständen nicht vertraut seien. Als ein Nordlicht am dunklen Nachthimmel erschien, bekräftigten die abergläubischen Frauen im Dorf die Untergangsstimmung: »Das bedeutet nichts Gutes. Ein eiserner Besen wird das Böhmerland auskehren!« Und so warteten alle auf das böse Ende, ohne es beeinflussen zu können.

Für Josef spielte sich das Drama des Winters und Frühjahrs 1944/45 in mehreren Akten unmittelbar vor der Haustür ab. Denn das elterliche Haus lag an einer Durchgangsstraße. Als Erste kamen die Wlassow-Leute. Sie zogen von Norden nach Osten. Josef wunderte sich über die eigenartige Truppe, die deutsche Uniformen, aber seiner Erinnerung nach keine Hoheitszeichen und keine Waffen trug und allein mit Panjewagen, einfachen russischen Bauernwagen, ausgestattet war. Im Herbst 1944 hatte sich Hitler endlich entschlossen, diese russischen Freiwilligen unter dem bereits 1942 in deutsche Gefangenschaft geratenen General Andrej Wlassow gegen die sowjetische Armee ins Feld zu schicken. Für Josef brach ein wichtiger Pfeiler seiner Weltsicht zusammen. Bislang waren die Russen ausschließlich die Bösen gewesen. Wieso konnten sie auf einmal zu »uns« gehören?

Dann kamen die Flüchtlinge aus Schlesien, aus Kroatien, aus Rumänien. Sie zogen von Osten nach Westen. Mit hellen Steppenrindern, mit Pferdewagen, mit Kuhgespannen, mit Traktoren, mit Kutschen, mit Leiterwagen, zu Fuß, mit Kinderwagen. Massen von Menschen – Frauen, Jungen, Mädchen, Babys, Alte mit Stöcken und Krücken und Kranke in Handwagen. Ein endloser Zug, der sich gleichförmig und fast lautlos über die Straße schob. Manchmal trieben Militärtransporte oder versprengte Soldaten die Zivilisten an die Seite oder fuhren ihnen aus entgegengesetzter Richtung entgegen. Dann geriet alles ins Stocken, und Wehklagen hallte durch das Chaos. Josef konnte die Vorüberziehenden nur voller Beklemmung betrachten. Bislang waren die Deutschen immer stark gewesen. Wieso gingen sie auf die Flucht?

Damals wären die Pschobliker noch nicht auf die Idee gekommen, sie könnten das Schicksal ihrer Landsleute aus Siebenbürgen und Schlesien alsbald teilen und verhielten sich gönnerhaft großzügig. »Wir halfen gern«, erinnert sich Josef. »Denn alle Bauern besaßen noch Vorräte.« Im Spritzenhaus der Feuerwehr stellten die Pschobliker Kessel auf, und Frauen und Mädchen vom BDM, dem Bund Deutscher Mädel, kochten Gerstenkaffee, Tee und Eintopf, um die Erschöpften und Verfrorenen zu stärken. Am Abend boten die Bauern den Flüchtlingen mit ihren Zugtieren auf ihren Anwesen auch Platz zum Ausruhen, zum Essen und Schlafen. Einmal stieß Josef auf eine Frau mit einem kleinen Kind auf dem Arm, das sich bereits blau verfärbt hatte. »Wir alle waren überzeugt«, sagt er, »dass es nicht überleben würde.« Doch dann geschah ein Wunder. Nie wird Josef vergessen, wie sich der Körper des Kleinen in der Wärme wieder zu regen und das Gesicht der Mutter zu strahlen begann. Nie wird er aber auch vergessen, wie der Tote an der Friedhofsmauer entdeckt wurde. Ein alter Mann, nur notdürftig mit einer Decke umhüllt, auf der ein Zettel lag mit seinem Namen und der Bitte, wer ihn finde, möge ihn beerdigen. Flüchtlinge konnten nicht verweilen, um den Toten die letzte Ehre zu erweisen.

Zwischendurch kamen immer wieder die Bomber und die Tiefflieger. Wenn Fliegeralarm war – das heißt, wenn der Ortsgruppenleiter aufgrund von Warnungen im Radio zur Dorfweide lief und dort wild an ein Eisenprofil schlug, weil die Glocke im Feuerwehrhaus konfisziert worden war –, dann liefen die Schüler in den Keller eines benachbarten Grundstücks. Heute weiß Josef, dass die morschen Gewölbe sie nie geschützt hätten. Aber damals wollte er an die Wirksamkeit der Schutzmaßnahmen glauben. So warf er sich auch in die Kartoffelfurche, wenn die Flieger ihn auf freiem Feld erwischten. So hatten es alle gelernt.

Josef fürchtete die Flieger. Der Lehrer wusste von Kindern in Nachbarorten zu berichten, denen Hände abgerissen worden seien, als sie Sprengsätze aufgesammelt hätten, die als Spielzeuge und Schreibgeräte getarnt waren. Außerdem sah Josef selbst, wie Tiefflieger mit Bordwaffen die Waggons mit den Evakuierungsgütern aus Schlesien beschossen, die auf dem Verbindungsgleis zum Protektorat standen. Ihn erschreckten auch die Bomberpulks, die nachts »Christbäume« abwarfen, um das Zielgebiet besser auszuleuchten, und die tagsüber Staniolpapier herunterrieseln ließen, um die Radargeräte zu stören und die deutsche Flak irrezuführen. Denn diesem Vorspiel folgten regelmäßig die Abwürfe, die Josef dem Feuer nach ortete. Einmal war der ganze nördliche Himmel in einen hellen, rötlichen Nebel getaucht. Da hieß es, dass Dresden brennt. Dem Erschaudern der Erwachsenen nach zu urteilen, musste dieser Angriff eine Katastrophe gewesen sein.

Josef war bestürzt, wenn die deutschen Jagdflugzeuge, kaum

waren sie aufgestiegen, von Amerikanern oder Engländern abgeschossen wurden. Warum konnte die deutsche Flak gegen die Feinde auf eigenem Territorium so wenig ausrichten? Einmal wurde ein feindliches Flugzeug in seiner Nähe abgeschossen, der Flugzeugkörper stürzte nach unten und bohrte sich – dschiiiiiiwummmm – in den Boden. Da spürte Josef zunächst eine tiefe Befriedigung. Doch als er trotz Verbots zur Unfallstelle lief und die zusammengeschrumpften, verkohlten Leichen in dem ausgebrannten Flugzeugkörper sah, da grauste ihm. Das war der Preis des Sieges?

Ende April und Anfang Mai war das deutsche Militär endgültig in Auflösung begriffen. Versprengte deutsche Soldaten hasteten ins Haus – heilfroh, dem tschechischen Gebiet entkommen zu sein und das erste deutsche Dorf erreicht zu haben. Oft klopften sie mitten in der Nacht an die Tür, um überflüssiges Gepäck abzuwerfen, sich zu waschen oder um ein paar Stunden zu schlafen. Wenn Josef am nächsten Morgen aufstand, waren sie meist schon wieder verschwunden. Irgendwann in dieser Zeit müssen sich auch der Ortsgruppenleiter und die »Finanzer« abgesetzt haben.

Danach kehrte Stille ein. Eine Stille, in der Josef wieder die Hähne krähen, die Hunde bellen und die Vögel zwitschern hörte. Eine unheimliche Stille, die Unschuld vorgab und doch nur die nächste Gefahr verschleierte. Am 8. Mai fuhr ein Motorrad mit zwei Tschechen die Straße entlang in westlicher Richtung bis zum Ortsausgang. Dort stiegen die beiden jungen Männer auf einen Telefonmast und kniffen die Drähte durch. Nun ließen sich nicht einmal mehr die beiden einzigen Telefone benutzen, über die Pschoblik verfügte: das eine im Haus des Bürgermeisters, das zweite anderthalb Kilometer entfernt an der Grenze. Pschoblik war abgeschnitten von der Außenwelt. Das war der Auftakt zu den Ausschreitungen.

In dem Chaos, das nach der Befreiung in den überwiegend deutsch besiedelten Randgebieten der Tschechoslowakei herrschte, konnten Revolutionsgarden, Partisaneneinheiten, selbst ernannte örtliche Potentaten und gewöhnliche Kriminelle unkontrolliert und ungestraft agieren.

Manchmal lieferten Gräueltaten der Wehrmacht und das Verhalten einzelner Nazi-Anhänger oder Kollaborateure den Vorwand für Lynchjustiz und improvisierte Hinrichtungen. Manchmal wurden aber auch einfach private Rechnungen beglichen. In einigen Orten führten Gerüchte oder gezielte Provokationen zu ziellosen Vergeltungsaktionen – wie vermutlich bei dem Blutbad am 30. Juli 1945 in Aussig, als Männer, Frauen und Kinder, die Armbinden mit der Aufschrift »Němec« trugen, geprügelt, erschlagen, in die Elbe gestoßen und dort so lange beschossen wurden, bis sie untergingen.

In den meisten Fällen bedurfte es allerdings überhaupt keiner Begründungen für Racheakte gegenüber den Deutschen. Josefs Familie saß gerade beim Mittagessen, als angetrunkene, fanatisierte junge Männer von einer Revolutionsgarde eindrangen, Josefs Vater, der mit dem Rücken zur Tür saß, mit einer Stahlfeder über den Schädel schlugen und – als der Vater vor Schmerzen und die Mutter und die Kinder vor Angst schrien – ihre eigene Erregung hinter Rufen nach »Ticho, ticho« (Ruhe, Ruhe) verbargen und weiterzogen. Kurz darauf hörte Josef das Schreien im Nachbarhaus, wo eine Mutter mit einer etwas einfältigen Tochter lebte. Als die Frauen nach dem Überfall aus dem Haus stürzten, sah Josef ihre geschwollenen, blutunterlaufenen Gesichter und das Entsetzen in ihren Augen. »Na ja«, wehrt Josef heute die Gefühle der Ohnmacht, der Wut und des Schmerzes ab. »So was passierte eben.« Doch es war schlimm für den Sohn, den Vater schwach zu erleben.

Später kamen ortsansässige Tschechen und meinten, die Prügel hätten nicht Josefs Vater, sondern einem Nachbarn gegolten – für Josefs Vater eine wenig tröstliche Auskunft. Denn so gewann er die Gewissheit, dass die einheimischen Tschechen, selbst wenn sie sich an der Aktion nicht beteiligt hatten, in sie eingeweiht gewesen waren und die Deutschen bei den Fremden denunziert haben mussten.

Wenn Tscherner sen. nach diesen Ausschreitungen nicht wie viele andere festgenommen und in ein Arbeitslager verschleppt wurde, lag das wahrscheinlich daran, dass er nicht denunziert wurde. Unter den Abgeführten befand sich allerdings der Volksschullehrer, obwohl er nie als Nazi hervorgetreten war. Vielmehr hatte sich Josef, wenn er ihm nach dem Schlachten »Worschtsupp« und Kesselfleisch vorbeibrachte, immer über die kleine Figur über dem Plüschsofa gewundert, die die Hand zum Hitler-Gruß erhoben, aber bei jeder Berührung despektierlich mit dem Kopf zu wackeln begonnen hatte. Doch damals interessierte nicht der individuelle Fall. Josefs Lehrer musste bis 1948 unter Tage im Kohlebergbau bei Kladno arbeiten und ist kurz nach der Entlassung in Deutschland verstorben.

Wenige Tage nach den Revolutionsgarden kamen die Sowjets, und die Deutschen hängten weiße Fahnen raus. An einigen Häusern sah Josef auch ausgebleichte rote Fahnen, auf denen dunkle Spuren von einem gerade herausgetrennten Hakenkreuz zeugten. An jenem Tag tauchte überraschenderweise ihr polnischer Kriegsgefangener Stanisław wieder auf, der während der tschechischen Strafaktion spurlos verschwunden gewesen war. »Wahrscheinlich«, meint Josef heute, »hatten ihm die Tschechen nahe gelegt, während der Ausschreitungen zu verschwinden. Erstens wollten sie keine Zeugen haben und zweitens seine Loyalität nicht auf die Probe stellen. Er hätte

ja auch zum Deutschen halten können – so wie er es anschließend gegenüber den Sowjets tat.«

Er kenne die Russen aus der Zeit von 1939 bis 1941, als sie
Ostpolen besetzt hielten, behauptete Stanisław jedenfalls und
ergriff die Initiative. Den Pferden wickelte er Decken um den
Hals und erklärte, sie seien an ansteckenden Drüsenschwellun-
gen erkrankt. Von den Kutsch- und Leiterwagen zog er je ein
Rad ab und versenkte sie im Teich im Garten der Großeltern.
Dann stellte er sich ans Hoftor und erklärte den einrückenden
Sowjetsoldaten, dieser Bauernhof gehöre ihm – und er sei Pole.
Auf diese Weise blieb nicht nur Josefs Mutter unbehelligt, die
sich mit ihren Kindern vorsichtshalber unter das Stroh in der
Scheune verkrochen hatte. Auf diese Weise besaßen die Tscher-
ners auch noch Pferde und Wagen, als fast alle Deutschen im
Dorf über ihren Verlust jammerten oder mit abgehetzten Pan-
je-Pferden hatten vorlieb nehmen müssen. Grundsätzlich ge-
holfen hat ihnen diese List aber nicht.

Zwar blieben die Tscherners während der »wilden Vertreibungen« verschont, als die Tschechen zwischen Mai und August 1945, noch vor den Vereinbarungen von Potsdam, mehrere Hunderttausend Deutsche aus dem Lande jagten – wie etwa
am Fronleichnamstag in Brünn, als über 20 000 Menschen in
Richtung der österreichischen Grenze getrieben wurden und
mindestens 650 Menschen umkamen. Aber auch die Tscherners unterlagen den berüchtigten Beneš-Dekreten, durch die
Deutsche und Ungarn ihre tschechoslowakische Staatsbürgerschaft, ihren Boden und ihr landwirtschaftliches Vermögen
verloren und für den »Abschub« vorgesehen wurden. Fortan
sollten Menschen wie Váša die Grenzgebiete bewohnen, Soldaten der Garde von General Ludvík Svoboda, dem späteren
Präsidenten der Tschechoslowakei, die sich bei Josefs Großeltern einquartierten, sich zu den neuen Herren erklären und

mit »Pan Spávce« anreden lassen – Herr Verwalter. Es war nur eine Frage der Zeit, wann Tscherners den eigenen Hof würden räumen müssen.

Zunächst allerdings erhielten Josefs Vater und Mutter weiße Armbinden mit einem schwarzen »P« für »pracovník« und wurden vom neuen Besitzer, der gerade einmal achtzehn Jahre alt war und von Landwirtschaft nichts verstand, als Arbeiter auf dem eigenen Hof eingesetzt. Sie pflanzten Kartoffeln, schlachteten Schweine, mähten das Getreide und fütterten Hühner, Kühe und Pferde, während Vasa und seine Kollegen die Ernte des Vorjahres verkauften und sich mit selbst gebranntem Schnaps bei Ziehharmonika-Musik vergnügten. Nach einem dieser Gelage – Josef kann bis heute eine gewisse Schadenfreude nicht unterdrücken – erschien Váša mit einem Topf auf dem Kopf. Es hatte keine Probleme bereitet, ihn in betrunkenem Zustand aufzustülpen; ihn im nüchternen Zustand vom geschwollenen Kopf herunterzuziehen, bereitete jedoch unglaubliche Schmerzen. Und so mussten seine Kollegen dem verkaterten Váša noch einmal Alkohol einflößen, um ihn gewaltsam von der Kopfbedeckung zu befreien. Dass Váša noch lange mit einem weißen Verband herumlief, hat der kleine Josef als gerechte Strafe empfunden.

Im Frühjahr 1946 war es dann so weit. Als Josefs Vater erkrankte, wollte Vasa den unnützen Esser nicht einen Tag länger durchschleppen. Er erschien mit seinem Freund Alexander, einem Polizisten und einer Waage und schüttete alle Säcke aus, die Josefs Eltern bereits vorsorglich mit Hosen, Pullovern, Löffeln, Kochtöpfen, aber auch Sparkassenbüchern, Grundbuchauszügen und Geburtsurkunden bis zum erlaubten Gewicht von fünfzig Kilo pro Person vorbereitet hatten. Die besseren Kleidungsstücke griffen sie einfach heraus, die meisten Dokumente ebenso, und als die Mutter sich gegen den Diebstahl wehrte, schlugen sie ihr derb ins Gesicht. Selbst Vaters Sprachkenntnisse konnten nichts mehr bewirken. Die Familie musste den Hof sofort verlassen und bis zum Abtransport mit anderen Deutschen in einem Klassenraum der Schule auf Stroh nächtigen.

Nach mehreren Zwischenstationen zogen die Deutschen von Pschoblik schließlich, bewacht von tschechischem Militär, in einer Kolonne zum Bahnhof von Jechnitz, das nun Jesenice hieß, wo sie in Viehwaggons verladen und endgültig aus dem Land gejagt wurden. Und da die Tschechen nicht denken sollten, sie gingen schuldbeladen und eingeschüchtert, haben sie fast trotzig ein Lied angestimmt: »Muss i denn, muss i denn zum Städtele hinaus ...« und dennoch geweint. Tscherners Hof aber mit seiner Anlage zum Hopfentrocknen, seiner Dreschmaschine, seinen Pflügen, seiner Mähmaschine, seinen Möbeln, seinen Bildern, seinem Porzellan, seiner Wäsche und seinem Vieh übernahm nun endgültig Vasa, der »Pan Spravec«, unterstützt von einem deutschen Hausmädchen.

Warum sie sich gefunden haben? Vielleicht, weil beide die katholische Studentengemeinde in Karl-Marx-Stadt besuchten. Vielleicht, weil beide die Heimat verloren hatten. Vielleicht, weil beide als Katholiken und Antikommunisten einer politischen und religiösen Minderheit in der DDR angehörten. »Wäre mein Mann Parteimitglied geworden«, sagt Elisabeth im Rückblick, »hätte ich mich scheiden lassen.«

Vielleicht haben sie sich aber auch gefunden, weil sie sich ergänzen. Josef ist zurückhaltend, leistungsorientiert, spartanisch im Lebensstil, Elisabeth hingegen strahlt Wärme und Offenheit aus, da ihr das Leben mehr versöhnliche Angebote unterbreitet hat als ihrem Mann.

Schon 1958 ist sie wieder in Bátaszék gewesen, jenem südungarischen Heimatstädtchen unweit von Pécs, in dem sie 1936 zur Welt kam. Inzwischen sieht sie jedes Jahr einmal vorbei. Denn während das Haus von Josefs Eltern im tschechischen Psovlky abgerissen wurde, wird das Gehöft von Elisabeths Eltern wie vor sechzig Jahren regelmäßig weiß gestrichen und im Innenhof mit bunten Sommerblumen bepflanzt. Während Josef im Sudetenland keine Verwandten mehr besuchen kann, weil alle vertrieben wurden, findet Elisabeth Unterkunft in der Familie ihrer Tante und Cousine und stößt beim Kirchgang auf frühere Schulkameradinnen. Und während Josef nicht einmal mehr die Gräber seiner Vorfahren pflegen kann, weil der Friedhof eingeebnet wurde und seine Steine zum Auffüllen eines Grabens dienten, legt Elisabeth regelmäßig Blumen für den Großvater an der Gruft der Familie Schuszter und für die Großmutter an der Gruft der Familie Schwarz nieder.

Vasa, den »Pan Správce«, würde Josef Tscherner heute gern noch einmal befragen, was ihn getrieben hat, sich so selbstherrlich aufzuführen, die Mutter zu schlagen, fremdes Eigentum zu übernehmen? Doch Váša ist mit unbekannter Adresse nach Rakovnik verzogen. Und da sich Josef als Kind nie für seinen Nachnamen interessiert hat, kann er nicht einmal nach ihm suchen. Elisabeth hingegen hat sich mit dem neuen Besitzer des elterlichen Hauses in Bátaszék von Anfang an gut verstanden. Die Familie hatte zur ungarischen Minderheit in der Slowakei gehört und war 1948 genauso Objekt ethnischer Umsiedlungen geworden wie die deutsche Familie Schuszter. Er möchte sich entschuldigen, hat der neue ungarische dem alten deutschen Besitzer gleich nach dem Einzug geschrieben. Es sei ihm unangenehm, in einem fremden Anwesen, mit fremden Tieren, fremden Maschinen, Möbeln und Spielzeugen zu wohnen. Aber was bleibe ihm übrig? Irgendwo müsse er mit seinen acht Kindern unterkommen. Als der kleine Apfelbaum, den Elisabeths Vater noch kurz vor der Ausweisung gepflanzt hatte, seine ersten Früchte trug, hat der neue Besitzer sie der Schwester des alten Besitzers überreicht. Nehmt sie als Zeichen des Respekts für das Wirken meines Vorgängers, meinte die Geste. Wie hätte ihm Elisabeth da grollen sollen?

Traurig ist sie dennoch. Das Dach des Hauses müsste dringend erneuert werden – warum nimmt das niemand in die Hand? An den Innenwänden im Hof hängen keine üppig rankenden Geranien mehr, zwischen den Steinen schlängelt sich nicht mehr die bunte Mittagsblume »Pipere« – warum pflegt niemand die schöne, alte Tradition?

Diese Enttäuschung ist aber nicht mehr als ein Wermutstropfen. Insgesamt wirkt Bátaszék auf Elisabeth wie ein Jungbrunnen. Und das nicht nur, weil die Sonne wärmer und länger scheint als in Berlin und die Blumen farbiger leuchten. Hier gehört sie immer noch dazu und wird selbst nach langer Abwesenheit noch anerkannt als eine von »unseren«. Als sie im letzten Jahr in einem ungarischen Badeort einer Urlauberin erzählte, sie käme aus Bátaszék, sah jene Frau sie prüfend an und fragte dann: »Bist du die Lizus, oder bist du die Bori?« Dass jemand sich an ihre Gesichtszüge und an die Kosenamen für sie und ihre Schwester Barbara erinnert, hat sie fast zu Tränen gerührt. Sie ist eben nicht »die Deutsche«, die Fremde, die Unerwünschte. Sie ist Lizus geblieben, die in die Welt zog, aber immer wieder zurückkehrt und mit offenen Armen empfangen wird. Wie könnte sie da ihren Kindern etwas anderes als Liebe zur alten Heimat, zu Ungarn und den Ungarn vermitteln?

Elisabeths Vater hatte früh seine Mutter verloren und war bei Verwandten aufgewachsen. Den größten Teil seiner Freizeit hatte er in der staatlichen Jugendorganisation »Levente«

verbracht. Dort stand zwar eine nationalpatriotische Erziehung auf dem Lehrplan, in der Praxis wurde aber vor allem Sport getrieben, so dass sich zwischen den ungarischen, deutschen und jüdischen Jugendlichen im Ort nicht selten ein tolerantes, kameradschaftliches Verhältnis entwickelte. Bei ihrem Vater, so mutmaßt Elisabeth, habe diese Zeit seine Unvoreingenommenheit gegenüber Minderheiten und anderen Kulturen geprägt. Er pflegte Kontakt zu Juden, beschäftigte später zeitweise einen Zigeuner auf seinem Hof und hat seine Töchter nie kritisiert, weil sie mit jüdischen Klassenkameradinnen verkehrten oder mit Mädchen aus der Tschangonen-Volksgruppe, einer kleinen Minderheit römisch-katholischen Glaubens und ungarischen Ursprungs aus Rumänien, die von ihren ungarischen Landsleuten etwas verächtlich als arme Verwandte betrachtet und wegen ihres nicht selten ungehobelten Benehmens gemieden wurden.

Elisabeths Vater, so haben es wohl einige seiner Landsleute gesehen, war von der Madjarisierung bedroht. Ihn interessierten die deutschen Volksgruppen nicht. Weder der »Ungarländische Deutsche Volksbildungsverein«, der in den zwanziger Jahren immerhin noch auf eine deutsch-ungarische Verständigung setzte, und erst recht nicht der »Volksbund der Deutschen in Ungarn«, der sich 1938 gründete und in seiner Führung deutlich vom nationalsozialistischen Denken geprägt war. Elisabeths Vater schloss sich vielmehr der Bewegung »Treu zum Vaterland« an. Hier sammelten sich seit Anfang 1942 alle, die an ihrer deutschen Nationalität und Kultur festhalten, aber dem »alten brüderlichen Verhältnis zum Ungarntum« treu bleiben wollten. Ihr Wahlspruch hieß: »Treue zu Gott, Treue zum ungarischen Vaterland, Treue zum Volkstum«. Zu einer eigens komponierten Hymne entstand der Text: »Ich singe Deutsch, doch Herz und Sinn immer treu dem Vaterland./Darum marschier' ich hin mit den Magyaren Hand in Hand./Ich hab nur ein Vaterland, mit Herz und Seele ich es lieb …«

1942/43 agitierten die Anhänger der Treuebewegung gegen den freiwilligen Beitritt zur SS; bei der Zwangsrekrutierung zur SS 1944 entzogen sich viele von ihnen der Musterung durch Flucht. Im Ort entbrannte ein regelrechter Kampf zwischen den Anhängern des Volksbundes und den Anhängern der Treuebewegung. »Einmal«, erinnert sich Elisabeth, »haben Jugendliche drei große schwarze Punkte auf unsere weiße Hauswand gemalt, als Femezeichen für angeblich Abtrünnige, für Verräter. Und weinend haben meine Schwester und ich die Farbe abgewaschen. Da sich der Vater anschließend jedoch auf die Lauer legte und die Jugendlichen, als sie wieder mit Farbe und Pinsel anrückten, gründlich verprügelte, blieb die Familie fortan von Übergriffen verschont.«

Ansonsten spürte Elisabeth den Krieg hauptsächlich durch die Abwesenheit des Vaters. Sie sehnte sich und soll, so hat ihr die Mutter später erzählt, jedem Soldaten auf der Straße entgegengelaufen sein und ›Papi, Papi‹ gerufen haben. Sie kannte ihn nur noch in Uniform. Zum ersten Mal war er 1941 zum Feldzug gegen Jugoslawien eingezogen worden, als Ungarn an der Seite Deutschlands gegen seinen Nachbarn marschierte und sich jene Gebiete zurückholte, die es nach dem Ersten Weltkrieg verloren hatte. Danach diente er als Zugbegleiter und bewachte den Rücktransport von Kranken, Verletzten und Urlauber-Soldaten aus der Sowjetunion. Im Frühjahr 1944 schließlich wurde er für die SS zwangsrekrutiert und als Kraftfahrer zur Partisanenbekämpfung ins slowakische Banská Bystrica geschickt. Das war die gefährlichste Zeit für ihn, denn während des slowakischen Aufstands im Sommer 1944 blieb die Stadt acht Wochen lang das Zentrum der Aufständischen. Als Elisabeth die Stadt später einmal besuchte, konnte sie sich nicht von den Erzählungen ihres Vaters lösen und vermutete hinter jedem Strauch und jeder Häuserecke bewaffnete Partisanen. In einer Panikattacke musste sie den Ort verlassen.

Für Deutschland kämpfen zu müssen, obwohl er Ungarn als Vaterland empfand, hat ihrem Vater schwer zugesetzt. Mit einem Cousin erwog er zu desertieren. Doch während jener den Schritt wagte, fehlte ihm wegen seiner Familie der Mut. Um sein Gewissen zu erleichtern, hat er sich nach der Rückkehr aus Banská Bystrica sofort als ehemaliges SS-Mitglied im Rathaus gemeldet, während alle anderen sich versteckten. Ein gnädiges Schicksal hat seine Geradlinigkeit jedoch belohnt, denn unter undurchsichtigen Umständen verschwanden die Unterlagen über die SS-Angehörigen aus dem Rathaus. »Er war immer ehrlich bis zur Provokation«, meint seine Tochter und bewundert ihn dafür bis heute.

Die wenigen Monate unter deutscher Besatzung waren für Bátaszék die schlimmste Zeit des Krieges. Der Volksbund plusterte sich auf und profilierte sich als Erfüllungsgehilfe der SS. An einem Tag Ende März 1944, nur wenige Tage nach der Einrichtung der deutschen Ortskommandantur, verbot die Mutter Elisabeth den Besuch einer Freundin. Gründe nannte sie nicht, aber Elisabeth spürte ihre Erregung. Später erzählten alle, dass eben in jener Straße, in der die Freundin wohnte, Ausschreitungen gegenüber Juden stattgefunden hätten. Ein Jude sei hinter ein Pferd gebunden und über die Straße geschleift worden, hieß es. Später fand Elisabeth eine ausführliche Beschreibung der Vorgänge in der Chronik des ungarischen Lehrers Florian Bárd: »In Bátaszék wurden etwa 12 Juden von Volksbündlern und SS-Soldaten eingesammelt und ins Volksbundhaus gebracht, wo sie gepeinigt wurden. Ihre Wohnungen wurden verwüstet und ihre Sachen auf die Straße geworfen ... Dem jüdischen Rechtsanwalt Baum wurde ein Arm gebrochen, dem pensionierten Kassierer Adolf Halász ein Auge ausgeschlagen.«

Und da sich die Wut der Volksbündler anschließend auch auf unbotmäßige Deutsche gerichtet und sie einigen die Fenster eingeschlagen hatten, erklärte Herr Barány, ein armer jüdischer Fuhrunternehmer, er werde seine Tochter Klari nicht mehr zur Familie Schuszter schicken. Das sei zu gefährlich für den Deutschen, der immerhin Mitglied der nun verbotenen Treuebewegung sei. Bis dahin hatte seine Tochter die Familie Schuszter jeden Sonntag besucht, um mit Elisabeths Schwester jene Lerninhalte nachzuholen, die sie am Sabbat versäumt hatte. Elisabeths Vater bestand zwar darauf: »Wer zu mir kommt, das bestimme ich.« Doch die Ereignisse überstürzten sich. Am 5. April wurden die 135 Juden von Bátaszék zum Tragen des gelben Sterns verpflichtet, Mitte Mai ins Ghetto der benachbarten Stadt Bonyhád und am 2. Juli in die Kasernen von Pécs überführt. Ab 6. Juli begann der Abtransport in die Konzentrationslager. Weit über hundert kamen um, nur zwanzig kehrten zurück, doch auch sie emigrierten nach Israel oder Amerika.

Klari war mit ihrem kleinen Bruder nur noch ein einziges Mal zu den Schuszters gekommen. Nicht um zu lernen, sondern um sich zu verabschieden. Elisabeths Mutter hatte sie zu trösten versucht, sie käme sicher bald zurück, doch Klari hatte mit bestimmter Stimme entgegnet: »Wir kehren nicht zurück. Wir werden sterben.« Später hat Elisabeth immer wieder nach Listen der in Konzentrationslagern Ermordeten gesucht. Auf Klaris Namen ist sie bisher nie gestoßen.

Nach acht Monaten deutscher Besatzung zog die Rote Armee ein. Im November 1944 war der Krieg für Bátaszék zu Ende.

Nur zehn bis fünfzehn Prozent der deutschen Minderheit, so las Elisabeth später, hatten zur Evakuierung vor dem Einmarsch der Roten Armee bewegt werden können. In Bátaszék hatten diese Möglichkeit nur Familien von exponierten Mitgliedern des Volksbundes und von Soldaten genutzt, die sich freiwillig zur SS gemeldet hatten. Die übergroße Mehrheit aber war geblieben. Die Angst vor den neuen Herren war begrenzt. Und tatsächlich, meint Elisabeth, sei es nur vereinzelt zu Vergewaltigungen deutscher Frauen durch die Rotarmisten gekommen. Aus Vorsicht hätten junge Frauen wie ihre Mutter allerdings im Haus der sowjetischen Kommandantur übernachtet, wo Offiziere Schutz vor möglichen Übergriffen einfacher Soldaten geboten hätten.

Einen Monat später jedoch traf es die Deutschen hart. Etwa 180 Männer und Frauen im arbeitsfähigen Alter wurden eingezogen, in Viehwaggons verfrachtet und in das Donez-Kohlebecken transportiert, wo die Männer fünf Jahre lang im Bergbau und die Frauen drei Jahre lang beim Gleisbau arbeiten mussten. Auch eine Cousine von Elisabeths Vaters befand sich unter den Verschleppten. Ihr Mann und ihr Bruder kamen in der Sowjetunion um; sie selbst wurde in geistiger Verwirrung und mit einer starken Hormonstörung nach Deutschland entlassen. »Sie sah schrecklich aus«, erinnert sich Elisabeth, die sie im Februar 1948 gleich nach der Ankunft in der Sowjetisch Besetzten Zone sah. »Denn sie war über und über behaart.«

Lange hat Elisabeths Vater darauf vertraut, als ehemaliges Mitglied der Treuebewegung von Repressionsmaßnahmen unbehelligt zu bleiben. Zwar wurden einige Deutsche in Internierungslager gebracht – aber sie hatten in der Regel irgendwelche Stellen im Volksbund innegehabt. Zwar wurden deutsche Familien im Ort enteignet und ihre Häuser an Tschangonen-Familien übergeben – aber die Männer aus diesen Familien hatten sich 1942 oder 1943 freiwillig zur SS gemeldet. Die

Treuebewegung hingegen war vom neuen ungarischen Staat als antinazistische und demokratische Organisation anerkannt worden.

Elisabeths Vater verstand Ungarisch als seine Muttersprache, hatte selbst unter deutscher Besatzung die halb ungarische Schreibweise seines Namens Schuszter beibehalten und war nur unter Zwang in die SS eingetreten. Sein Profil entsprach in keiner Weise den Kriterien, die schließlich die Ausweisung von »Schwabendeutschen« begründen sollten.

Und dann traf sie ihn doch.

Eines Tages hielt ein großes Auto vor dem Haus. Das erschien Elisabeth als eine kleine Sensation. Besuch von einem Herrn im Auto – und mit Fahrer dazu! Wie sich herausstellte, hatte ein ungarischer Offizier, bei dem der Vater im Krieg gedient hatte, von der geplanten Aussiedlung der Familie Schuszter erfahren und war gekommen, ihrem Vater ein Angebot zu unterbreiten: Würde er die Landwirtschaft aufgeben und in die Partei eintreten, könnte er sein Fahrer werden und in seiner ungarischen Heimat bleiben. Elisabeths Mutter fand den Vorschlag bedenkenswert, Elisabeths Vater aber fühlte sich gekränkt: »Ich bin für Ungarn in den Krieg gezogen, ich habe mich loyal zum ungarischen Staat bekannt. Wenn ich mich verbiegen soll, um zu bleiben, werde ich lieber gehen.«

Der erste Transport verließ Bátaszék am 28. November 1946 mit 300 Personen. Hier seien, meint Elisabeth, vor allem Mitglieder des Volksbundes ausgewiesen worden.

Der zweite Transport, mit ebenfalls 300 Personen, ging am 21. August 1947. Der dritte Transport folgte am 17. Februar 1948, der vierte am 28. Februar 1948 – mit jeweils 750 Personen. Elisabeth und ihre Familie gehörten zum dritten Transport.

Einen Tag vor der Ausreise hat der Vater seine beiden Töchter aus der Schule geholt. Die Lehrerin hatte Elisabeth noch zu trösten versucht, und die Mitschülerinnen hatten ihr Gedenkbildchen zum Abschied geschenkt. Doch Elisabeth wollte sich nicht in die Rolle einer bedauernswerten Verstoßenen drängen lassen. »Ich werde mir eben die Welt ansehen«, hat die Zwölfjährige trotzig behauptet und die Lippen zu einem verquälten Lächeln verzogen.

Sie brachen auf mit einer Kiste, die Elisabeths Vater aus einem alten Tisch gezimmert hatte. Dazu hatte er die Platte auf den Boden gelegt, so dass die Beine in die Luft standen, unten die Seitenteile angenagelt und oben alles mit einem Holzbrett abgedeckt – »umnageln« nannte man diese verbreitete Verpackungsart damals. Leider war ihm der gute Tisch aus der Wohnstube zu schade zum Umnageln. So musste die Familie in der DDR noch jahrelang von dem ausgemusterten wackligen Tisch essen, den er vom Boden heruntergezerrt hatte.

Allen Deutschen fiel der Abschied schwer, viele waren verbittert, einige weinten. Ein älterer Mann hatte sich das Leben genommen, ein anderer Mann verlor im Viehwaggon mit dem Kanonenofen die Nerven. An Schläge oder eine demütigende Behandlung durch die ungarische Polizei kann sich Elisabeth jedoch nicht erinnern. Auch gehungert haben sie nicht. Ihre Familie wurde, als sich der Zug quälend langsam eine ganze Woche lang durch ungarisches Gebiet schob, sogar mehrfach von einer Tante mit Essen versorgt. »Deshalb«, meint Elisabeth, »hat keiner von uns von Vertreibung gesprochen. Aussiedlung oder Umsiedlung sagen wir alle bis heute.«

Doch auch Aussiedlung hieß Heimatverlust. Als der Zug am 23. Februar 1948 bei Bad Schandau die Grenze überfuhr, endete die ungarische Zeit der Familie Schuszter, deren Vorfahren 1719 in Franken aufgebrochen waren, nach 229 Jahren.

Beide landeten sie in der Sowjetisch Besetzten Zone, beide kamen sie in ein Quarantänelager, beide lebten als ungeliebte Untermieter bei Einheimischen aus der Provinz Sachsen. Doch während aus der fröhlichen, wilden Lizus eine tief verunsicherte, schüchterne Elisabeth wurde, die sich der neuen Umgebung nicht gewachsen sah, machte Josef einen Entwicklungssprung. Der Vater hatte viel von seiner früheren Entschiedenheit verloren und konnte es nicht verwinden, geprügelt und gedemütigt worden zu sein. Was blieb Josef da anderes übrig, als eine stärkere Verantwortung für die Familie zu übernehmen?

Es fing schon damit an, dass der Dorfpolizist von Prösen sie mit höchster Autorität einweisen musste, da der Hausbesitzer, ein jähzorniger, unberechenbarer Altbauer, die Aufnahme verweigerte. Doch schließlich zogen Josef, seine Eltern und seine Schwester in die zugewiesene Küche, einen kleinen feuchten Raum, in dem die guten Schuhe, die Josef am Sonntagabend auszog, am nächsten Wochenende Schimmel angesetzt hatten und in dem seine Schwester eine Lungenentzündung sicher nicht überlebt hätte, wenn ein Arzt, der gerade aus der Gefangenschaft kam, nicht zufällig Penizillin besessen hätte.

Immerhin hatte die Küche einen Ofen. Und da der Vater Arbeit bei einer Privatfirma fand, die Gleise für die Sowjets demontierte, brachte er jeden Abend einen Rucksack voller Kohlen mit, die er aus den Waggons mit Lieferungen der Brikettfabrik Lauchhammer an die Sowjetunion gestohlen hatte. Oft stießen die Großeltern väterlicherseits zu ihnen und der Großvater mütterlicherseits und einige Bekannte, die zu Hause ebenfalls froren. Zehn oder noch mehr Personen tummelten sich dann in dem kleinen Raum, in dem Josef und seine Schwester gleichzeitig Schularbeiten machten.

Mit Öfen hatte die Familie auch später Glück. Als sie das eine Zimmer nach fünf Jahren gegen zweieinhalb Zimmer im

Nachbarhaus tauschen konnten, weil sie es gewagt hatten, sich bei dem Genossen Pieck zu beschweren, erhielt Josef eine kleine, unverputzte Kammer, durch deren Dachziegel im Winter die Schneeflocken hereinwehten und über deren Fußboden nachts die Ratten huschten. Doch Josef war glücklich, erwies sich die Kammer doch als hell und trocken. Denn sie lag genau neben dem Wohnraum, der mit einem Sägespäneofen beheizt wurde – einer damals in dieser Gegend durchaus üblichen Konstruktion.

Etwa acht Kilometer entfernt waren in einer ehemaligen Munitionsfabrik die Stahlbehälter von leeren Zwei- und Fünf-Zentner-Bomben gefunden worden. Die große Bombe wurde als äußere Hülle verwandt, die unten einen Boden mit einem Loch und einem Schieber für die Luftzufuhr erhielt. Die kleine Bombe wurde zum Innenteil umfunktioniert und mit Sägespänen gefüllt, die in mehreren Werken der Umgebung abfielen. Blechverpackungen von Granaten dienten schließlich als Ofenrohr. So glühte der Ofen mit etwa dreiviertel Kubikmetern Sägespänen den ganzen Tag und verströmte eine wunderbare Wärme.

Auf diese und ähnliche Weise die Mühsal des Alltags zu meistern, war Josef zwar einerseits lästig. Andererseits verschafften ihm die Erfolge auch Bestätigung. Hatte er sich nicht auch zu helfen gewusst, als sich die Dorfkinder von Prösen auf der Straße zusammengerottet, »Guck mal, schon widder eener von die Flichtlinge!« oder »Bettelvolk, Bettelvolk« hinter ihm hergeschrien und ihn verprügelt hatten? Hatte er mit Wontrak Franz, einem Flüchtlingsjungen wie ihm, nicht einen bärenstarken Verteidiger gefunden, der jedes Mal, wenn wieder eine Schlägerei begann, einfach dazwischen ging? Offensichtlich gab es auch in schwierigen Situationen Abhilfe. Und auch wenn man arm war, musste man nicht hungern.

Familie Tscherner hatte Verwandte in den USA, die um die Jahrhundertwende nach Chicago ausgewandert waren. Von Zeit zu Zeit schickten sie Pakete mit abgelegten Sachen wie einer amerikanischen Seemannshose mit Latz und Schlag, aber auch mit Lebensmitteln wie Bohnenkaffee – Royal Dutch Coffee in Dosen. Nun gab es auf den Bauernhöfen in der Umgebung ältere Damen, die für den lange vermissten Duft gern andere Lebensmittel abzuzweigen bereit waren. Wenn Josef sie ohne ihre Familie erwischte, wurde er nie enttäuscht: »Was willste denn haben«, hieß es regelmäßig im Ton der Verschwörung. »Eier oder Speck oder Rauchfleisch oder Mehl?« Josef wollte immer so viel wie möglich.

Denn die Eltern hatten nicht viel und die Großeltern fast nichts. Sie bekamen keine Rente, gemeinsam nur 45 Mark Fürsorge im Monat, von denen sie sechs Mark Miete zahlten. Doch weil der Mensch ein wenig Entspannung und Luxus braucht, leisteten sie sich jeden Sonntag in der Gaststätte zu zweit ein Bier und diskutierten mit Bekannten über die feigen Amerikaner, die keinen dritten Weltkrieg riskierten, und über die schlimmen Russen, die die Zurückhaltung des Westens dreist ausnutzten. »So dumm kann der Ami doch gar nicht sein«, hieß es immer wieder mit sehnsuchtsvoller Stimme, in der die Hoffnung auf Rückkehr schwang, »dass er die Russen gewähren lässt!« Ja, damals hätte sich Familie Tscherner eine Rollback-Strategie gewünscht.

Um Getreide zu besorgen, musste Josef in die Umgebung von Mühlberg fahren, wo sich im Zuge der Bodenreform so genannte Neubauern, meist Vertriebene, mit dem aufgeteilten Land enteigneter Großgrundbesitzer eine neue Existenzgrundlage geschaffen hatten. In Prösen hatte er keine Chancen. Der Ort lag an der Hauptstrecke der Eisenbahnlinie Berlin–Dresden. Da kamen die Hamsterer aus den Städten und stachen ihn mit Teppichen, Porzellan, Bettwäsche und Kleidung aus. Wenn sie wieder einmal Berliner in den Bauernhöfen verschwinden sahen, hänselten die Vertriebenen schon untereinander: »Der Wiesen-Bauer braucht wohl noch einen Teppich für den Kuhstall!« In der abgelegenen Gegend von Mühlberg aber, wo kein Bus hinfuhr und keine Bahn, kaufte Josef ohne Bestechungsangebote. Allerdings fiel ihm der Rückweg oft schwer. Wenn ihm der fünfzig Kilo schwere Getreidesack vom Fahrrad rutschte, konnte er ihn nur mit Hilfe der Hebelwirkung eines dicken Stockes wieder hinaufhieven. Da kam ein Spund wie er richtig ins Schwitzen.

Aber Josef nahm seine Aufgaben zur Versorgung der Familie ernst. So wurde er auch verantwortlich für die Kaninchen, die sich die Familie bald hielt. Die Aufgabe war schwieriger als erwartet, denn selbst die Feldraine waren bewirtschaftet und die Straßengräben und die Hänge vom Kanal verpachtet. Nicht nur einmal wurde er verfolgt, weil Bauern meinten, er klaue ihre Kartoffeln. Dabei hatte er nur das Unkraut zwischen den Reihen herausgerupft.

In den Ferien ging er arbeiten. Zunächst – als Vierzehnjähriger – mit der ganzen Schülerbrigade zum Gleisbau, das war körperlich sehr hart. Später verdingte er sich auf der Maschinen-Traktoren-Station (MTS), fuhr bei der Ernte als Binderbesatzung aufs Feld, bekam regulären Lohn und durfte, obwohl er noch keinen Führerschein besaß, sogar den Traktor und manchmal den russischen Mähdrescher Marke »Stalinez 4« fahren. Hatte er da nicht allen Grund, stolz zu sein?

Obwohl er so beansprucht war im Rahmen der Familie, wurde Josef ein guter Schüler und beliebter Mitschüler. Er übersprang die siebte Klasse, leitete einen Zirkel für leistungsschwächere Schüler und begründete eine Freundschaft mit zwei Mitschülern, die bis heute hält. Gustav war ebenfalls ein

Vertriebenenkind; er kam Ende der vierziger Jahre mit seiner Mutter aus dem polnischen Internierungslager Potulice. Horst war ein Einheimischer, dem Josef und Gustav zunächst zur Betreuung bei den Hausaufgaben anvertraut worden waren. Das Trio ergänzte sich wunderbar: Der Einheimische half den Vertriebenenkindern bei Wissenslücken, die auftauchten, weil sie Klassen übersprungen hatten. Die Vertriebenen überredeten Horsts Vater, einen einfachen Schlosser, seinen begabten Sohn mit ihnen zur Oberschule zu schicken. So haben sie sich gegenseitig animiert. Von den sechs Schülern ihres Jahrgangs jedenfalls, die aus Prösen zum Gymnasium nach Elsterwerda geschickt wurden, haben nur Josef, Gustav und Horst das Abitur gemacht.

In der Freizeit waren sie unzertrennlich. Zu dritt bastelten sie ein Fahrrad aus Teilen vom Schrott – und jahrelang fuhr Gustav damit zur Schule, obwohl der Lenker schief hineingeschlagen war und sich nicht mehr richten ließ. Sie unternahmen Ausflüge in die Umgebung, betreuten andere Klassen während der Ferien und übernahmen die Ausgabe der Bücher in der Gemeindebibliothek. All das sollte mal einer nachmachen!

Elisabeth zumindest hätte Ähnliches auf keinen Fall geschafft. Meint sie jedenfalls. Nach vier Wochen im Lager Dommitzsch bei Torgau war sie mit der Familie nach Artern gekommen, einer Kleinstadt an der Grenze zwischen Thüringen und Sachsen-Anhalt. Sie hatten Glück: Während andere Familien aus Ungarn nur ein Zimmer erhielten, wurden Elisabeth, ihrer Schwester, ihren Eltern und der Oma immerhin zwei, wenn auch winzige Zimmer zugeteilt. Hinter einer dünnen Pappwand in der Küche teilten sich die beiden Schwestern das eine Bett, im anderen schlief die Oma, während die Eltern im zweiten Zimmer nächtigten. Für die ›gute Stube‹ baute ein Sattler ein Sofa aus alten Matratzen, für die Küche erwarb die Mutter ein Teil aus der Anbauküche eines Barons von Münchhausen. Dieser Großgrundbesitzer war enteignet worden und musste selbst mit zwei Zimmern eines Souterrains vorlieb nehmen. Bevor seine Möbel in einer Garage verschimmelten, hat er sie verschenkt. Leider waren die Eichenteile so riesig, dass Familie Schuszter allein von einem kleinen Küchenschrank profitieren konnte.

Unterprivilegiert fühlte sich Elisabeth allerdings nicht. Da der Vater vor der Ausweisung Teile seines Weinbestandes verkauft und die Familie mit ledernen Aktentaschen, Armbanduhren und neuen Kleidern ausgestattet hatte, wurden Elisabeth und ihre Schwester sogar bestaunt. Auch die Mutter fiel auf, trug sie doch weiterhin Tag für Tag ihre Tracht mit einem weiten, plissierten Oberrock in Weinrot, Dunkelblau oder Beige, einer eng anliegenden Bluse im selben Farbton und einem meist schwarzen Kopftuch über pechschwarzen, glatt nach hinten gekämmten und als Dutt zusammengehaltenen Haaren. Doch anders zu sein als die anderen – und sei es unter positivem Vorzeichen – erschien Elisabeth schrecklich. Am liebsten hätte sie sich wie eine graue Maus verkrochen. Doch da sie bei den Eltern als die kontaktfreudigere der beiden Schwestern galt und die Sprachprobleme ihr angeblich am wenigsten von allen zu schaffen machten, blieben die Aufgaben außerhalb der Familie an ihr hängen. Dabei stand auch sie voller Angst in der Schlange vor der Lebensmitteltheke und brach in Schweiß aus, als die Verkäuferin eine »Tiiete« verlangte. Woher sollte sie denn wissen, dass es üblich war, einen Stoffbeutel für die Waren mitzubringen, da Papier knapp war?

Sehr schnell verstand Elisabeth aber genug Deutsch, um zusammenzuzucken, wenn sie als »Zigeuner« beschimpft wurde oder die Familie unter politischen Verdacht geriet: »Hättet ihr nichts angestellt in Ungarn, hätte man euch nicht rausgeschmissen!« Am meisten belasteten solche Unterstellungen den Vater.

In der Schule kam Elisabeth in die sechste Klasse, weil sie schon zu den Älteren zählte. Entsprechend hinkte sie mit den Russischkenntnissen hinterher und konnte sich nur dadurch helfen, dass sie vieles einfach auswendig lernte, ohne es zu verstehen. Nie wäre ihr eingefallen, nach dem Abitur zu studieren. So hoch wollte sie nicht hinaus! Ihr reichte die Ausbildung zur Röntgenassistentin an der medizinischen Fachschule in Magdeburg.

Ihre Schwester hingegen mit ihren weit größeren Ambitionen hat studiert. Sie schaffte es bis zur Diplomlandwirtin und erhielt gleich nach dem Abschluss eine Stelle in einer Landwirtschaftlichen Produktionsgenossenschaft. Das war im September 1959, als die Zwangskollektivierungen noch einmal forciert wurden. Da erlebte sie tagsüber, wie den Bauern die Schweine weggeholt wurden, und nachts hörte sie, wie sich die Bauern die Schweine aus der LPG wieder holten. Sollte Barbara nun diese Bauern denunzieren, die sie an ihren Vater und die letzte Zeit in Bátaszék erinnerten? Obwohl ihm die Trennung schwer fiel, ebnete ihr der Vater den Weg: »Geh rüber«, ermunterte er sie. »Du hältst das hier nicht aus.« Und während die Eltern zu Weihnachten 1959 erstmals zurück in die ungarische Heimat fuhren, setzte sich die Schwester ab in den Westen. 1962 schon hat sich die Familie wieder gesehen – in Ungarn. Da brachte Barbara aus dem Westen schöne Trauringe für Elisabeth und Josef, und Josef und Elisabeth bedankten sich bei ihr mit den gesammelten Werken von Goethe, Schiller und Lessing aus der DDR.

Warum Elisabeths Vater nicht mit der ganzen Familie in den Westen ging, wo doch so viele über die grüne Grenze verschwanden? Warum auch Josefs Vater nicht rübermachte, obwohl er sich nie mit dem DDR-Regime anfreunden konnte? Wahrscheinlich, meinen Elisabeth und Josef, fürchteten sie sich vor einem nochmaligen Beginn. Sie waren nicht mehr jung, hatten keine gute Ausbildung, sahen sich im Westen als Hilfsarbeiter. Für solche wie sie, davon waren die Eltern überzeugt, biete die DDR doch die besseren Möglichkeiten.

Warum Elisabeths und Josefs Väter aber auch keinen Neubauernhof übernahmen, obwohl sie Bauern waren? Josefs Vater hat lange überlegt. Nachdem er sich jedoch die Parzellierung großer Güter in der Gegend von Falkenberg angesehen hatte, hat er entschieden: »Ich nehme kein enteignetes Land!« Ihm stand Vasa vor Augen, der nun seinen Hof bewirtschaftete. Sollte er ähnlich dreist Unrechtgut übernehmen? Als Elisabeth und Josef 1967 ein Stück Land bei Wandlitz kauften, haben beide Väter gleich gefragt: »Seid ihr sicher, dass das Land nicht enteignet wurde oder Menschen gehörte, die in den Westen gegangen sind?« Sie wollten sich nicht am Eigentum Fremder bereichern, da sie selbst Opfer von Enteignungen geworden waren.

Und so ging Josefs Vater als Bauarbeiter zum Stahlwerk Gröditz und stemmte die Schamottsteine aus den Luftvorwärmern, wenn sie verschmolzen und verklumpt waren von den heißen Abgasen aus den Siemens-Martin-Öfen, die hier ihre Wärme abgaben, bevor sie durch den Schornstein nach außen entwichen. Einmal fuhr der Vater zwei Schichten hintereinander in dem heißen Raum, war einen Moment lang unkonzentriert – und schon war es passiert. Ein komplizierter Unterschenkelbruch und ein Bruch der Wirbelsäule machten ihn zum Invaliden. Da war er Anfang vierzig. Doch er gab nicht auf, nahm eine Arbeit als Pförtner im selben Stahlwerk an, machte eine Qualifizierung mit, wurde Industriekaufmann und arbeitete bis zu seiner vorzeitigen Berentung in der allgemeinen Verwaltung. Da hat er – fast wie der Verwalter eines Gutshofs – die Viehzucht und die Landwirtschaft des Betriebes beaufsichtigt. Das war eine gute Zeit für ihn.

Elisabeths Vater hat sich ähnlich nach oben gearbeitet. In der Kyffhäuser-Hütte, einem großen Maschinenbaubetrieb, brachte er es bis zum Facharbeiter. Dann wechselte er 1956 zu den Flugzeugmotorenwerken nach Karl-Marx-Stadt, wo er nicht nur besser verdiente, sondern als Spezialist eine Drei-Raum-Wohnung erhielt. Das erste Mal im Leben ein Bad! Elisabeth war begeistert.

Richtig wohl haben sich die Eltern von Josef und Elisabeth aber erst gefühlt, als sie nach Berlin umzogen. Da kannte sie keiner mehr als Vertriebene, da fragte niemand mehr nach ihrem Akzent, und unter so vielen verschiedenen Fremden fielen sie nicht mehr auf. Und als die Ungarndeutschen wie alle Ungarn nach der Wende für Enteignungen entschädigt wurden, hat sich Elisabeth mit ihrem Vater gefreut. Zwar kamen für die Familie nicht mehr als drei Mal 600 Mark heraus, weil die Aktien, die der Staat herausgab, schnell gefallen waren. Aber es war eine wichtige Geste und eine moralische Genugtuung.

Warum sie seit vierzig Jahren zusammen sind? Vielleicht, weil beide Anständigkeit und Ehrlichkeit für grundlegende Werte halten. Ihren drei Jungen sagte Elisabeth immer: »Ihr müsst eure Überzeugungen nicht auf einer Fahne vor euch hertragen. Aber wenn ihr gefragt werdet, dann sagt, was ihr denkt. Denn lügen verbietet sich für einen Christenmenschen.«

Vielleicht, weil beide ein starkes Sicherheitsbedürfnis haben. Nach dem Krieg mussten sie bei null anfangen und jeden Groschen zwei Mal umdrehen. »Das hat dazu geführt«, sagt Josef, »dass wir nie auf Pump lebten und uns nie völlig verausgabten.« Bis heute nimmt er keine Kredite auf.

Vielleicht sind sie auch deshalb seit vierzig Jahren zusammen, weil beide zu ihrem Glauben stehen, auch wenn er in ihrem Umfeld Befremden hervorruft, weil beide einen ausgeprägten Familiensinn besitzen, der sie Kontakte nicht nur zu den Eltern und Kindern, sondern auch zu Enkeln, Onkeln, Tanten, Cousins, Cousinen und deren Kindern pflegen lässt und weil Elisabeth ihren Mann Anteil haben lässt an ihrer heimatlichen Verwurzelung.

Denn in Ungarn findet Josef, was er in der Tschechoslowakei vermisst. Ein Bronze-Denkmal wie beispielsweise vor dem Rathaus der Stadt Mohács, das ein ungarisches, ein deutsches und ein serbisches Mädchen Hand in Hand zeigt und dessen Inschrift ihnen im Geiste Gotthold Ephraim Lessings aufträgt:

> Reichet einander die Hand. Herkommet.
> Möge ein jeder seinen Brauch bewahren,
> die eigene Mutter für die schönste halten.
> Mögen eure Sprachen tausendfach erklingen.
> Doch nur eine Sprache des Herzens lebt in uns.

Angesichts dieses versöhnlichen Denkmals wurde ihm der Unterschied zur Statue der Mutter Gottes von Pschoblik erst schmerzhaft bewusst. Und im Gedicht zeigt sich seine Traurigkeit, die er im Gespräch nur selten einräumt.

> Das Blau ihres Mantels – es ist nun kaum mehr,
> der Goldsaum, er ist auch entschwunden.
> Der Sternenkranz um das Haupt – wohl zu schwer?
> Hat nur die Zeit sie geschunden?

> Sie ist Invalid, eine Hand fehlt ihr nun,
> der Sockel von Witt'rung zerfressen.

Wer hat sie erstellt? Was ließ ihn nicht ruhn?
Ist all das nun etwa vergessen?

Du sahst die Kinder zur Volksschule geh'n
– sie stand auf der anderen Seite –
sahst Schlesier-Trecks, sie blieben hier steh'n
auch wie man uns wegfuhr ins Weite

Bleib' weiterhin stehen am alten Platz,
behüt unser Pschoblik auch künftig,
bewahr's vor Verfall, vor Schlimmem, als Schatz!
Laß umgehn mit'nander vernünftig!

»Mir geht es trotzdem gut!«

Die Tochter des Balten

Liebe Frau T.,

mag über Flucht und Vertreibung der Deutschen in letzter Zeit auch wieder viel geredet werden, so dürfte doch nur wenigen bekannt sein, dass Zehntausende ihre Heimat nicht erst bei Kriegsende 1944/45, sondern bereits bei Kriegsausbruch 1939 verloren: aufgrund des »Grenz- und Freundschaftsvertrags«, mit dem Hitler und Stalin die Aussiedlung ganzer Bevölkerungsgruppen aus den Randgebieten ihrer jeweiligen Einflusszone beschlossen. Danach sollten die »Volksdeutschen« aus dem Baltikum, aus Wolhynien, Bessarabien, Galizien und der Dobrudscha »heim ins Reich« geholt werden. Und da Ihre Familie seit Jahrhunderten in Estland zu Hause war, gehörten auch Ihr Vater, Ihre Mutter, Ihre Großmutter, Ihre Schwester und Sie zu jenen etwa 12 900 Personen, die das Land gemäß einem Protokoll zwischen der Reichsregierung und der Regierung von Estland bereits im Oktober 1939 verlassen mussten. Sie waren damals nicht einmal zwei Jahre alt. Hat diese Umsiedlung dennoch Spuren in Ihrer Erinnerung hinterlassen? (H. H.)

Es gibt einen Traum, der mich mein ganzes Leben verfolgt. Ich muss ein Haus räumen, ohne zu wissen, warum. Manchmal ist mir dieses Haus vollkommen fremd, manchmal handelt es sich um unser Haus in Germering, in dem ich mit meinem Mann seit dreißig Jahren wohne. Erschrocken, verzweifelt und traurig finde ich mich danach in einer kleinen Zweizimmerwohnung wieder und frage meinen Mann bedrückt: Warum

»In meiner Familie
wurde immer viel
von den Ereignissen
erzählt und vieles
auch niedergeschrie-
ben. Vielleicht hat
das meine Seele be-
ruhigt. Ich liebte
diese Rekonstruktio-
nen, auch wenn ich
oft dabei weinte
und die Trauer mei-
ner Eltern wegen
des Verlusts des Ei-
gentums spürte.
Stärker jedoch erin-
nere ich ihr Gefühl
des Dankes, weil wir
alle heil durchge-
kommen und bei-
sammen waren.«

mussten wir raus? Ich möchte in unser Haus zurück! Wir haben es doch geliebt!

Lange wusste ich mit diesem Traum nichts anzufangen. Da las ich plötzlich in den Briefen meiner Eltern, dass sie von der Umsiedlung aus dem Baltikum im Oktober 1939 völlig unvorbereitet getroffen wurden. Innerhalb von zwei Wochen sollten sie die Heimat verlassen. Die »Bewegten«, wie wir die Nazi-Anhänger nannten, reagierten zwar begeistert: »Hitler ruft uns! Mit unserer Erfahrung sind wir ausersehen, Polen zu besiedeln!« und waren stolz auf ihre Mission. Meine Eltern hingegen traf die Umsiedlung wie ein Schock, hatten sie doch gerade vierzehn Tage zuvor ein entzückendes kleines Kavaliershaus in Kathrinental am Rand des Schlossparks von Reval bezogen. Und Vater schilderte, wie Antje, das kleine, dicke Kind von anderthalb Jahren, vollständig stumm, fassungslos und mit großen Augen verfolgte, wie die Möbel, Gardinen und Bilder, kaum waren sie ausgepackt, wieder in den Kisten verschwanden.

Da verstand ich plötzlich meinen Traum. Nachdem ich in den nächsten zehn Jahren noch andere Orte unter teilweise dramatischen Umständen verlassen musste, hat sich mit Reval das erste Mal die Angst vor dem Verlust meines Zuhauses verknüpft. Aus Estland durften wir zwar unser Mobiliar und unser Silber und unsere Gemälde mitnehmen, aber der Rückweg war versperrt, für meine Eltern endete eine 700 Jahre alte Familientradition, und für mich war es der Beginn einer jahrelangen Wanderung. Wahrscheinlich kralle ich deswegen so fest an unserem Haus in Germering. Hier möchte ich bleiben bis zu meinem Tod. Hier möchte ich nie mehr wegziehen.

An die ersten Stationen meines Herumirrens kann ich mich selbst nicht erinnern. Aber Papá – wir riefen ihn immer mit der Betonung auf der zweiten Silbe – hat zeit seines Lebens ein Tagebuch geführt. Wie besessen hat er geschrieben. Alles mit der Hand. Erst ins Unreine, dann ins Reine, dann hat er die Aufzeichnungen kopieren lassen. So besitze ich beispielsweise sein Tagebuch von 1945 bis 1948 in drei großen Bänden mit grünem, festem Umschlag, und bei meinem Bruder liegen weitere Aufzeichnungen aus den Jahren davor. Auskunft geben auch die Briefe, die meine Mutter der »geliebten, süßen, kleinen Tante Nurro«, der Schwester ihres Vaters im Harz, zwischen 1928 und 1951 in regelmäßigen Abständen geschrieben hat. So kann ich rekonstruieren, was ich erlebte, ohne mich selbst zu erinnern.

Völlig überladene, sehr große und sehr luxuriöse Vergnügungsschiffe, auf denen sich vor allem Kinder und Frauen drängten, aber auch noch Alte und Kranke auf Bahren untergebracht waren, brachten uns zunächst nach Gotenhafen – so nannten die Deutschen nach der Besetzung Mitte September 1939 das polnische Gdingen. Die Übergangsquartiere, die man uns zuwies, müssen von ihren polnischen oder jüdischen Besitzern überstürzt geräumt worden sein. Jedenfalls stammte der Gummibaum, vor dem ich in einer Gotenhafener Wohnung Ende 1939 fotografiert wurde, nicht aus unserem eigenen Hausstand, denn der war noch gar nicht angekommen. Gotenhafen blieb jedoch eine Durchgangsstation. Schon bald zogen wir weiter – allerdings nicht wie die meisten Balten deutschen in den gerade geschaffenen Reichsgau Wartheland in die Gegend von Posen, sondern nach Berlin-Hermsdorf. Papá hatte eine Stelle im Reichssippenamt erhalten – jener Behörde, die in der NS-Zeit zuständig war für die Prüfung von Abstammungsnachweisen und die Erfassung und Sicherung sippenkundlicher Quellen. Die Eltern freuten sich. Diese Arbeit kam ihm sehr entgegen. Seinen Beruf als Papiermacher-Ingenieur hatte er nämlich nur als Erwerbsquelle betrachtet, seine große Leidenschaft galt schon in Estland der Familienforschung.

Ein Foto von 1940, aufgenommen in unserem Keller während eines Bombenangriffs, zeigt mich in dem Wäschekorb, in den mich Mamá – wir betonten das Wort ebenfalls auf der zweiten Silbe – immer schlafen legte, um mich bei Alarm nicht wecken zu müssen. »In der letzten Nacht hat es wieder tüchtig geballert«, schrieb sie am 4. September 1940 an Tante Nurro. »Abends mache ich immer Butterbrote fertig, dann kochen wir uns Tee im Keller. Die Kinder sind nachts meist außerordentlich munter, besehen Bilderbücher und lassen sich Geschichten vorlesen. Am Tage sind sie dafür um so unartiger und nervöser, auch Appetit und Verdauung lassen zu wünschen übrig. Aber bitte mach dir keine Sorgen, die Flak um und in Berlin ist sehr verstärkt, viel werden diese scheußlichen Engländer nicht ausrichten können.«

Dann allerdings nutzten meine Eltern doch die erste Gelegenheit, um den ›scheußlichen Engländern‹ zu entkommen, und ließen sich im Juli 1941 nach Posen versetzen, nachdem dort eine Filiale des Reichssippenamtes aufgebaut worden war. Posen kannte noch keine Bombenangriffe, und Posen war das Zentrum der umgesiedelten Familien aus dem Baltikum. Der Kontakt zu diesen Baltendeutschen ist für meine Familie immer wichtig gewesen. Selbst nach 1918, als bei der Entstehung des estnischen Staates die deutschen Gutsbesitzer enteignet worden und viele ins Deutsche Reich ausgewandert waren, hatten sich die verbliebenen Baltendeutschen aufgrund ihrer Herkunft, ihres Bildungsstandes und ihrer Lebensweise weiter als kleine, geschlossene Schicht erhalten, in der man untereinander heiratete und mit einzelnen Personen oft doppelt und dreifach verwandt war. Und da sich die Cousine meines Vaters gerade von ihrem Mann getrennt hatte, konnten wir eine ruhige, große Vierzimmerwohnung in einem großbürgerlichen Mietshaus in der Nähe des Hauptbahnhofs übernehmen.

Hier setzen meine ersten eigenen Erinnerungen ein. Als ich das Haus in der Herderstraße 19 im Jahre 1996 erstmals wieder besuchte, erkannte ich sofort den geschwungenen Handlauf im Treppenhaus, das angedeutete Jugendstilgeländer und erinnerte mich an Isa, unser junges, aschblondes polnisches Hausmädchen, und an ihre Linsensuppe, die meine drei Jahre ältere Schwester Toni und ich zu unserem Lieblingsgericht erklärt hatten.

In dieser Wohnung blieben wir bis zur Flucht im Januar 1945, obwohl Papá im Herbst 1941 schon wieder versetzt wurde – zurück nach Reval, in seine estnische Heimat. Zunächst als Sonderbeauftragter des Reichssippenamtes, dann als Leiter der Arbeitsgruppe Estland im Reichsstab Rosenberg. Deren Aufgabe war die Bergung und Sichtung des deutschen Kulturguts im Baltikum. Im Sommer 1942 konnten wir ihn sogar drei Monate lang besuchen. In Estland herrschte zwar Hunger, Geschäfte und Märkte waren leer. Doch Mamá schickte Zucker, Mehl, Tee, Bouillonwürfel und Gemüsesamen mit der Post aus Posen voraus, und Papá erkämpfte für uns die obere Etage in einem Sommerhaus in Neu-Brigitten unweit des Strandes und stattete sie mit Möbeln nicht umgesiedelter baltischer Damen und einer vornehmen Polster-Sitzgruppe und üppigen Gemälden aus der Kunstsammelstelle Estland aus.

Unsere Wohnung war wunderschön. Vom Balkon blickten wir auf die Türme von Reval – im Morgenlicht, im Dunst, in Regenströmen, unter einem Himmel, über den bizarre Wolken trieben oder der beim Sonnenuntergang in gleißend roten Farben erstrahlte. Jeden Abend strömten Gäste ins Haus: Arbeitskollegen von Papá, Besucher aus dem Reich und Künstler wie der Monumentalmaler Hans List, der Bauten und Festhallen der Nationalsozialisten ausmalte und im Auftrag von Alfred Rosenberg, ebenfalls einem Baltendeutschen, seine estnische

Heimat, seine Landschaften und Menschen in Öl festhalten sollte. Auch von mir und meiner drei Jahre älteren Schwester Toni entstand damals ein Doppelporträt in Öl.

Liebe Frau T.,

nicht ganz ohne Beklemmung vermochte ich diese Erlebnisse zu hören, die Ihnen mitten im Krieg eine so wunderschöne Begegnung mit Estland ermöglichten. Für das Kind gab es sie wohl, die Insel des Glücks inmitten von Hunger und Not. Und beim Kind vermag ich leichter als beim Erwachsenen nachzuvollziehen, dass sein Glück und seine Freude, aber auch seine Angst und seine Verzweiflung keine abhängigen Varianten vom großen Weltgeschehen sind. Dass Sie eine Liebe zum Land Ihrer Eltern entwickeln konnten, obwohl Sie sich in einem besetzten Land aufhielten. Dass Sie Estland seitdem auch als Heimat empfinden können, obwohl Sie nur eine Besucherin waren. (H. H.)

Seit jenem Aufenthalt hatte mich tatsächlich die Begeisterung für Estland erfasst. Für den weiten Ostseestrand, wo wir Mädchen in den flachen Wellen tobten; für den dichten Mischwald von Likkat, wo meine Mutter die Sommer ihrer Kindheit verbracht hatte; für das Gut Jerlep in Mittel-Estland, das mein Vater vor der Enteignung bewohnte; für die geheimnisvolle Märcheninsel Pödassar, zu deren Sumpflandschaften und Vogelparadiesen wir bei einem Ausflug an einem herrlichen Hochsommertag mit Ruderbooten übersetzten, und für Reval, durch das uns Papá so stolz in Uniform, mit ausladenden Reithosen, bunten Tressen und blanken Reitstiefeln führte, als sei diese Stadt sein persönliches Eigentum – damals, in jenem Sommer 1942, der trotz Krieg für uns ein Traumsommer war.

Als ich nach der Wende das erste Mal wieder nach Estland

fuhr, nahmen wir die Fähre von Stockholm. Ich wollte 1993 so zurückkehren, wie ich 1939 abgereist war – auf dem Schiff. Beim Abschied muss es bedrückend gewesen sein, wie Reval am grauen Horizont verschwand. Bei der Rückkehr war es wunderschön, wie seine Silhouette im silbrigen Morgengrauen auftauchte. Unsere große Familie, die einschließlich des schwedischen Teils über sechzig Personen zählte, wurde mit großem Aufwand empfangen, da wir mit Adam Johann von Krusenstern einen bis heute in Estland prominenten Vorfahren haben – als russischer Admiral hatte Krusenstern unter der Schirmherrschaft von Zar Alexander I. die erste Weltumseglung 1803–1806 geleitet und war als Ehrenmitglied in die Russische Akademie der Wissenschaft aufgenommen worden. Am Kai wartete schon ein Fernsehteam, dann fuhren uns Busse zu einem Empfang beim Regierungspräsidenten. Wir fühlten uns schrecklich wichtig. Wir waren keine unerwünschten Eindringlinge, sondern willkommene Gäste – sogar die Staatsbürgerschaft bot man uns an. Ich hatte den Eindruck, als kehrte ich zurück in die Heimat. Als hätte die Heimat nur darauf gewartet, mich wieder zu begrüßen. Ich wusste zwar nicht, welche Baltendeutschen in welchen Häusern gelebt hatten, doch ich erkannte alle Türme und Kirchen der Stadt und war entzückt über die Altstadt nach ihrer Renovierung. Nur die riesigen Fahrbahnen, die alten Linienbusse und Beton-Wohnsilos aus der Sowjetzeit passten nicht in mein nostalgisches Bild. Doch wirklich fremd wurde mir die Stadt dadurch nicht. Nach der Rückkehr nach Deutschland war ich einige Tage verwirrt. Auf einmal wusste ich nicht mehr, wohin ich eigentlich gehöre. Die estnische Staatsbürgerschaft lehnte ich zwar wie alle anderen Familienmitglieder ab. Ich werde auch ganz sicher nicht dort wohnen. Aber eine tiefe und eigentümliche Vertrautheit und Verbundenheit sind bis heute geblieben.

Nach dem Traumurlaub 1942 kehrten wir in die Kriegs-wirklichkeit von Posen zurück. Die Stadt musste Kinder und Jugendliche aufnehmen, die im Rahmen der »Kinderlandver-schickung« aus Berlin und anderen luftkriegsgefährdeten Gebieten in ruhigere Teile verlegt wurden. Dabei verstärkten sich die Angriffe langsam auch bei uns. Das erste Mal wurde unser Haus im Frühjahr 1944 getroffen. Ausgerechnet am Ostersonntag. Die Nester direkt neben unseren Betten waren gefüllt, der Ostertisch festlich gedeckt, doch gellender Alarm schickte uns ohne Frühstück in den Keller. Die Einschläge trafen den alten Judenfriedhof gleich hinter unserem Haus. Ein großer Baum wurde gegen die Hauswand geschleudert, der Keller bebte, die Notbeleuchtung erlosch, der Putz rieselte und der Staub hing im Treppenhaus, als wir nach der Entwarnung etwas benommen und verängstigt nach oben stiegen. Welch elendes Bild, als wir unsere Wohnung wieder sahen. Scherben! Scherben von allen geborstenen Fenstern, eine Zimmertür war aus den Angeln gehoben und durch den Raum geflogen. Der zarte rosa Osterschinken war von Glasscherben gespickt, die köstliche Pas'cha, die süße russische Quarkspeise, von Glas und Putz bedeckt.

Als es unser Haus zu Pfingsten 1944 das zweite Mal traf, waren wir zum Glück bei baltischen Verwandten auf dem Land. Papá hat in seinem Tagebuch die Eindrücke festgehalten, als er nach dem Fest zurückkehrte:

»Schon von weitem sahen wir unser Haus – ohne Dach – und oben mit gähnend leeren, rußgeschwärzten Fensterhöhlen. Was mochte mit unserer Wohnung sein und den antiken Möbeln von unserem Gut in Jerlep, den Gemälden, Kupferstichen und Teppichen? Unser Haus hatte gleich zwei Phosphorbomben abbekommen und war noch während des Fliegerangriffs, als alle im Keller waren, in Flammen aufgegangen. Das war glücklicherweise von Soldaten entdeckt worden. Es wurden sogleich Eimerketten gebildet und alle vorschriftsmäßig gefüllten Badewannen ausgeschöpft. So konnte durch tatkräftiges und energisch eingeleitetes Löschen das Feuer eingedämmt werden.«

Der Dachstuhl und die Wohnung über uns brannten aus, unsere Wohnung wurde gerettet. Nur im Kinderzimmer hatte sich ein Loch durch die Decke gebrannt, brennendes Material war auf die Puppenecke gefallen und hatte Tonis Puppe, das Puppenbett und alles Zubehör grausam vernichtet. Wir konnten in der beschädigten Wohnung bleiben, obgleich das Haus eine einzige Baustelle war. Seit diesen Erlebnissen betete ich, wenn ich die Treppen im Haus hochstieg und die weißen, in den Keller deutenden Pfeile sah, die Helfern im Ernstfall den Weg zu Verschütteten zeigen sollten, immer: »Bitte, lieber Gott, lass keine Bomben mehr auf unser Haus fallen.«

Das Jahr war wie ein böser Vorbote für das, was noch kommen sollte. In der Silvesternacht 1943/44 erkrankte Papá an einer verschleppten Lungen- und Rippenfellentzündung. Die Operation hätte ihn fast das Leben gekostet. Fünf Monate lang lag er im Lazarett – zum Glück in Posen, so dass meine Mutter ihn besuchen konnte und auch wir Töchter zu ihm eilten, als er sich außer Lebensgefahr befand. Er saß mehr, als dass er lag, von dicken Kissen umgeben, um besser atmen zu können. Unter den Verbänden, mit denen sein magerer Oberkörper eingewickelt war, kamen Gummischläuche zum Vorschein, die zu bauchigen Flaschen neben seinem Bett führten. Mit einer ganz dünnen Stimme erklärte er uns, wie das »Kranke« auf diese Weise von ihm abgesaugt werde.

Meine Mutter fühlte sich damals überfordert und allein gelassen. Im Lazarett lag schwerkrank der Ehemann, und zu Hause verlangte ihre Mutter nach Fürsorge. Eigentlich war die Großmutter zur Entlastung von Mamá nach der Geburt unseres

Bruders Friedel im Frühjahr 1943 gerufen worden; doch nachdem sie sich bei einem Sturz einen Oberschenkelhalsbruch zugezogen hatte, konnte sie sich nur noch mühsam auf Krücken bewegen und brauchte selbst Unterstützung. Ja – und schließlich musste Mamá sich um mich sorgen, denn gleich am ersten Tag unseres Sommeraufenthalts auf dem Gut Schanzfelde bei Posen bin ich die Kellertreppe hinuntergestürzt.

»Mamá, warte auf mich«, muss ich wohl ängstlich gerufen haben, als sie einige Weckgläser in den fremden Keller hinunterbrachte. Vielleicht hat sie ja geantwortet, ich solle oben bleiben, sie würde gleich wieder kommen. Ich wartete aber nicht, ich fiel. Ich fiel und fiel, ich prallte auf und fiel weiter, wahrscheinlich mit dem Kopf voran. Irgendwann bin ich dann in einem Gitterbett aufgewacht, von Übelkeit, Erbrechen und Schmerz gebeutelt. »Mein Kopf, mein Kopf«, war das Einzige, was ich weinend hervorbringen konnte. Der polnische Landarzt diagnostizierte telefonisch Gehirnerschütterung und verordnete strenges Liegen. Zwei Tage später stellte er einen Schädelbruch fest und überwies mich sofort in das Rotkreuzkrankenhaus nach Posen.

»Am nächsten Tag im Krankenhaus: Die Kleine war gerade geröntgt worden. Ein langer Riß in der Schädeldecke!«, schrieb mein Vater ins Tagebuch. »Aber jetzt kam das Grausame: Es käme gar nicht in Frage, daß jemand von uns das Kind besuchen dürfe! Jede Gemütsbewegung, jeder Schmerz und alle Tränen müßten vermieden werden. Wir kamen uns wie Betrüger vor. Was sollte das Kind von uns denken, daß wir uns wochenlang gar nicht um es kümmerten. Wir sahen noch, wie es aus dem Röntgenzimmer auf einer Bahre herausgetragen wurde. Mama, schrie es gellend, uns drehte sich das Herz um. Innerlich zitternd verließen wir das Krankenhaus, immer den herzzerreißenden Schrei in den Ohren.«

Ich lag fünf Wochen ohne Mamá, ohne Geschwister, ohne jeden Besuch von Familienangehörigen oder Freundinnen hinter den Gittern eines Krankenhausbettes auf der Kinderstation, flach auf einem runden Eisbeutel, ohne mich aufrichten zu dürfen. In meiner Erinnerung war ich immer allein, sehr allein. Einmal, man hatte mein Bett auf eine schattige Terrasse gerollt, sah ich Mamá hinter einer Hecke des Krankenhausgartens, verstohlen nach ihrem Kind Ausschau haltend. Ich erkannte ihre helle Basttasche, ihr Sommerkleid und glaubte, sie würde mich holen. Doch die Schwester behauptete, das sei nicht meine Mutter gewesen, viele Frauen trügen solche Kleider. Diese Lüge hat mich hart getroffen.

Als ich spindeldürr und blass entlassen wurde, konnte ich keinen Schritt auf meinen eigenen Beinen gehen. In der Landluft und umsorgt von meiner Mutter kehrten meine Kräfte und meine Lebendigkeit allmählich wieder. Doch ich war noch immer schwach, als es fünf Monate später, am 20. Januar 1945, hieß: »Packt Wäsche, Schuhe, Handtuch in den Ranzen! Zieht drei Paar Strümpfe, drei Wäschegarnituren, Kleider und Strümpfe übereinander, auch wenn ihr schwitzt! Heute Nacht gibt es keinen Schlaf! Die Russen kommen! Wir müssen fort!« Posen, die Festung, die der Sowjetarmee noch bis zum 23. Februar trotzen sollte, wurde evakuiert. Abends um neun Uhr begleiteten uns unser Dienstmädchen Isa und zwei Männer mit einem Handwagen durch dunkle Straßen, mitten im Strom der Flüchtlinge zum finsteren Bahnhofsvorplatz, der schwarz war von Menschen. Nicht vorstellbar, dass alle diese Menschen in Züge wollten!

Nie habe ich so viel Angst gehabt wie damals in dieser Nacht in Posen. Ich war sechs Jahre alt, meine Schwester neun, mein Bruder zwei. Die Großmama klammerte sich an ihre Krücken. Der kleine Bruder lag äußerst beengt im Kinderwagen, denn meine Mutter hatte neben einigen Kleinigkeiten auch ihr weißes Brautkleid hineingestopft. Völlig verrückt, dachten viele damals. Aber später, in Bayern, verwandelte sich dieses Hochzeitskleid für mich und meine Schwester zu einem wunderschönen Konfirmationskleid. Denn im Unterschied zu den schwarzen Kleidern der bayrischen Mädchen gingen wir Baltentöchter traditionell in Weiß zum Altar.

Meine praktische Mutter teilte die Gruppe auf. Mit der älteren Schwester Toni und dem Kinderwagen kämpfte sie sich durch die Bahnhofshalle, um die Lage zu sondieren, während ich mit der Großmama in einer Ecke wartete. Sechs Stunden! Ich hatte Todesangst. Ich war klein, konnte nichts sehen, hatte zu wenig Luft zum Atmen. Großmutter schrie, wenn sie glaubte, erdrückt zu werden. Dass sie nicht fiel, lag ausschließlich daran, dass die Menschen sich so sehr drängten, dass kein Platz zum Fallen blieb.

Dann schob sich Mamá mit uns auf den Bahnsteig, und mit der überraschenden Hilfe von zwei Bahnpolizisten wurden wir auf die Rückseite eines Zuges für Frauen und Kinder bugsiert und durch das Fenster in ein Abteil gehievt. Leider mussten wir es mit einer siebenköpfigen Familie teilen. Am Sonntagmorgen um halb sieben setzte sich der Elendszug endlich in Bewegung.

»Meine geliebte, süße, kleine Tante Nurro!« Nach der gelungenen Flucht schilderte ihr Mamá, wie sie in Schluchzen ausgebrochen sei, als sie festgestellt habe, dass sie im Gedränge auf dem Bahnsteig die Rucksäcke mit den Butterbroten verloren hatte, so dass wir die zweieinhalb Tage bis Dresden ohne Essen durchhalten mussten. Sie schilderte auch, wie Großmama, sie selbst, Toni, ich, Friedel und die siebenköpfige Familie den Nachttopf benutzten, den sie vorsorglich im Kinderwagen verstaut hatte, und wie alle den Inhalt einfach zum Fenster hinausschütteten, da es unmöglich war, sich durch die Gänge zu der ebenfalls von Flüchtenden besetzten Toilette durchzuboxen. Und schließlich schrieb sie, wie ich stundenweise das Bewusstsein verloren hätte und sie von der Angst beherrscht worden sei, ihre kleine, immer noch geschwächte Antje werde die Strapazen nicht überleben.

Ich solle das herrliche Butterbrot essen, hat sie mich daher angefleht, als wir in Dresden endlich von Mädchen der Nationalsozialistischen Volkswohlfahrt (NSV) duftende Schnitten erhielten. Doch obwohl ich heißhungrig und gierig war, musste ich gleich nach dem ersten Bissen würgen. Der Geruch von Käse und Wurst war mir widerlich. Seitdem weiß ich, dass gerade jene, die wirklich gehungert haben, kaum mehr essen können.

Schließlich landeten wir bei einer Cousine von Papá am südlichen Stadtrand von Dresden. Sogar eine voll möblierte Dreizimmerwohnung mit Blick auf die Stadt stand uns zur Verfügung. Alles schien sich zum Guten zu wenden. Hügelige Rodelstraßen zwischen winterlichen Gärten und herrschaftlichen Villen, ein helles, sonniges Mehrfamilienhaus voll baltischer Verwandter, eine eigene Wohnung, ausgestattet mit allem Notwendigen – wir fühlten uns wohl in dieser gnadenlos zerrissenen und zukunftslosen Horrorzeit.

»Wir sind so dankbar«, schrieb Mamá an ihren Mann. »Dresden ist das Elb-Florenz. Niemand wird wagen, eine Bombe auf diese Stadt zu werfen. Hier sind wir sicher.«

Da mein Vater in jener Zeit damit beschäftigt war, Dokumente und russische Mitarbeiter des Reichsstabs Rosenberg vom oberschlesischen Ratibor ins bayerische Schloss Banz zu transportieren, konnte er uns nicht selbst abholen. So schickte er zwei Männer, die unsere Weiterreise zu ihm nach Staffelstein unterstützen sollten. Die Abreise war für den 13. Februar geplant. Die Fahrkarten waren bereits gekauft. Den Tag davor nutzten wir mit den beiden Männern noch zu einem Spaziergang: bewunderten bei schönstem Winterwetter die Dresdener Altstadt, den Zwinger, das Schloss, die Semper-Oper, die alten Elbbrücken, gelöst und hoffnungsfroh, am nächsten Tag nach Bayern zum Vater zu fahren.

Am Abend begann das Inferno. Vollkommen unerwartet. Wie riesige Vogelschwärme donnerten die englischen Bomber über den schwarzen Nachthimmel. Die Flak schickte harte Scheinwerferstrahlen und Abwehrgeknatter hinterher. Leuchtende »Christbäume« erhellten die verdunkelte Stadt.

Sobald eine Entspannung des Getöses eintrat, drängten wir aus dem Keller. Die Bilder aus den Fenstern unseres auf einer Anhöhe gelegenen Hauses vergesse ich nie. Zunächst standen nur Streifen in Flammen, den Straßenzügen folgend. Dann waren es immer größere Flächen, ganze Stadtviertel, Kirchen, Paläste, schrecklicherweise der Bahnhof, voll mit Flüchtlingen.

Die Einschläge kamen bis fünfzig Meter an unser Haus. Ein Kinderkrankenhaus in unserer Nachbarschaft wurde getroffen, es dröhnte und wankte, es krachte und tobte, es barst und splitterte. Mamá hatte Friedel auf dem Arm, und wir Mädchen warfen unsere Köpfe bei jedem Donner in ihren Schoß. Als es am Morgen des 14. Februar hell wurde, war die schöne Stadt nur noch eine rauchende, brennende Trümmerlandschaft.

Wir verließen Dresden in einem verzweifelten Menschenzug. Schock in allen Gesichtern. Großmamá hockte in einem geliehenen Handwagen, den wir allerdings nie zurückgeben konnten, Friedel saß im Kinderwagen, Toni und ich marschierten mit unseren Schulranzen auf dem Rücken rechts und links neben ihm. Mehr Gepäck besaßen wir nicht, unsere Koffer waren auf dem Bahnhof verbrannt. Apathisch zogen wir durch die Trümmer der Außenbezirke, bis plötzlich Soldaten vor uns auftauchten. Sie verteilten Schokolade in Schuhcremedosen aus Restbeständen der Wehrmacht. Eine Situation wie aus einem absurden Theaterstück. Schließlich erreichten wir einen Ort mit einem intakten Bahnhof und fuhren mit quälender Langsamkeit von Sachsen nach Bayern. Dreißig Stunden dauerte die Fahrt nach Staffelstein.

»Wie der Zug einfährt, ist gerade Fliegeralarm«, schrieb Papá am 16. Februar in sein Tagebuch. »Wir können uns kaum begrüßen, kaum sprechen, müssen schnell Schutz suchen, denn man hört das Motorengeräusch der Feindflieger. Aber bald ist Entwarnung. Wie sehen die Meinigen aus? Aschfahl, übermüdet, mager, elend, mit dem Grauen in den Augen. Die Hände meiner Frau zittern, Großmamás Stimme bebt schluchzend, und Tränen rollen ihr unentwegt über die Wangen. Sie haben Dresden miterlebt, sie haben alles, was sie noch besaßen, verloren. Großmamá wurde ihr Köfferchen mit den letzten, heiligen Sachen in der Nacht in der Eisenbahn gestohlen. Aber: Es sind Wunder geschehen! Sie leben! Sie sind da!«

Liebe Frau T.,

beim Abschreiben der Tonbandkassetten ist mir noch deutlicher als im unmittelbaren Kontakt Ihre mädchenhaft helle, ja heitere Stimme aufgefallen, die so frappierend im Widerspruch steht zu den dramatischen Ereignissen, über die Sie berichten. So wiederhole ich die Frage, die ich Ihnen schon nach unserer Begegnung stellte: Was ermöglicht Ihnen, so distanziert über die Erfahrungen von zwei Fluchten, von den bombenbedrohten Kriegstagen, vom Inferno in Dresden zu sprechen? Wie haben Sie Ihre Todesängste, ihre Verzweiflung, Hilflosigkeit, Trauer, Bitterkeit versteckt, abgelegt, überwunden? Woher nehmen Sie Ihr Gleichmaß?

Ich versuche mich einzufühlen – und spüre, wie es mir
schwer fällt, Ihre »helle« Sicht auf die Welt nachzuvollziehen,
die Sie selbst das Schreckliche, Dramatische mit relativem
Gleichmut erinnern oder mit lustigen Szenen besänftigen
lässt. Sie lachen, wenn Sie von den Soldaten erzählen,
die Schokolade in Schuhcremedosen verteilten. Sie geraten
nicht ins Stocken, wenn Sie von den brennenden Straßen-
zügen in Dresden erzählen. Und ich denke: Haben Sie sich
innerlich ausgesöhnt mit dem Schicksal oder hilft Ihnen
die besänftigende Sichtweise auch, das Grauen von sich
fern zu halten? (H. H.)

In meiner Familie wurde immer viel von den Ereignissen erzählt und vieles auch niedergeschrieben. Vielleicht hat das
meine Seele beruhigt. Ich liebte diese Rekonstruktionen, auch
wenn ich oft dabei weinte und die Trauer meiner Eltern wegen
des Verlusts des Eigentums spürte. Stärker jedoch erinnere ich
ihr Gefühl des Dankes, weil wir alle heil durchgekommen und
beisammen waren.

Im Übrigen geht es mir gar nicht so gut. Bis ins Erwachse-
nenleben haben mich Albträume von großen Bränden und
einer Feuersbrunst verfolgt. Bis heute habe ich Angst vor Ge-
wittern; Blitze und Donnergrollen lassen sofort die Bilder des
bombardierten Dresden auftauchen. Manchmal denke ich,
dass mich doch irgendetwas bedrängen muss. Seit einigen Monaten spüre ich ein ständiges Herzflattern, einen zu lauten,
zu heftigen und unregelmäßigen Herzschlag. Das merke ich
besonders, wenn ich zur Ruhe komme. Ich fürchte die Ruhe
schon und versuche, mich ständig irgendwie zu beschäfti-
gen. Im letzten Jahr verbrachte ich sogar eine Woche zur Be-
obachtung im Krankenhaus. Die Ärzte beruhigten mich zwar,
es handele sich um eine Herzneurose, die Herzsprünge seien

ungefährlich, es könne nichts passieren, und verschrieben mir ein Antidepressivum. Aber ich bin doch beunruhigt. Die Tabletten nehme ich allerdings nicht, weil ich ein psychisches Problem, das ich als Ursache hinter den Erscheinungen vermute, nicht weiter verhüllen möchte. Stattdessen kümmern sich eine Heilpraktikerin und eine Psychoanalytikerin um mich, und auch auf dieses Gespräch habe ich mich in der Hoffnung eingelassen, das Erzählen und Erinnern könnte mir vielleicht etwas mehr Klarheit darüber verschaffen, was mich bedrückt. Denn mit dem Krieg hörten die belastenden Erfahrungen keineswegs auf.

In Staffelstein wurden wir bei Frau Leicht einquartiert, einer allein stehenden fränkischen Frau, die uns aus ganzer Seele hasste. Wir erhielten zweieinhalb winzige Stübchen und besaßen nur, was wir am Leibe trugen. Unser Selbstbewusstsein war bei null angelangt. Doch sie gab uns nicht einmal einen Kochtopf, geschweige denn, dass sie uns kochen ließ. Unser Hauptproblem war also: Wo bekommen wir etwas zu essen her? Wie werden wir einigermaßen satt?

Im Gasthaus »Grüner Baum«, so hörten wir, würden Kartoffeln mit Quark gegen Lebensmittelmarken ausgegeben. Da musste man aber schon um elf Uhr anstehen, um gegen zwölf eingelassen zu werden. Gleichzeitig waren aber Tieffliegerangriffe – es war ja noch Krieg –, und die Passanten auf der Straße wurden beschossen. Es gab also nur die Alternative: hungrig bleiben oder sich den Angriffen aussetzen. Meine Mutter weinte vor Verzweiflung und Erschöpfung, doch als sie Frau Leicht ihr Leid einmal klagte, zog Frau Leicht nur geringschätzig die Mundwinkel nach unten. »Am besten gehen Sie dorthin zurück, woher Sie gekommen sind. Was anderes kann ich Ihnen nicht empfehlen. Ich habe viel Schlimmeres als Sie durchgemacht. Mein Mann ist letztes Jahr gestorben.«

Am 22. April 1945, noch im Haus von Frau Leicht, wurde ich sieben Jahre alt. Da schenkte mir meine Mutter zwei Unterhemden, die sie mit der Hand aus einem Kissenbezug genäht hatte. Ich fand sie wunderschön, denn sie hatten einen Hohlsaum. Der Kissenbezug stammte aus dem riesigen Warenlager in Schloss Banz, aus dem Papá nach und nach verschiedene Sachen mitbrachte – mal einen Kochtopf, mal etwas Wäsche, mal ein Spielzeug. Alles Gegenstände aus geplünderten jüdischen Wohnungen. Es ekelte meinen Vater zwar, wenn seine Mitarbeiter sich einfach aus den Beständen bedienten, doch als der Chef des Lagers ihn ausdrücklich ermunterte, auszusuchen, was er brauchte, da alles an die Flüchtlinge verteilt werde, hat auch er einige Gegenstände mitgenommen. Als Anerkennung für seine Zurückhaltung wurde ihm das Meyersche Konversationslexikon mit zwölf Bänden geschenkt, aus dem meine Schwester und ich unsere erste Bildung bezogen.

Als die Amerikaner kamen, haben wir das erste Mal in unserem Leben Schwarze gesehen. Und das eine Kaugummi, das sie uns schenkten, steckten meine Schwester und ich abwechselnd in den Mund. Es war aufregend.

Schließlich konnten wir von Frau Leicht in zwei, später in drei Zimmer im Dachgeschoss des Gutes Oberau der Barone von Dungern umziehen. Das empfanden wir als große Verbesserung, auch wenn die Verhältnisse äußerst beengt waren. Denn in jener Zeit stieß mein sechzehnjähriger Halbbruder zu uns, meines Vaters Sohn aus erster Ehe. Seine Mutter hatte ihn von Thüringen aus schwarz über die Grenze geschickt, weil sie dort fast verhungert wären. Nur wenig später kam auch noch die jüngste Schwester meiner Mutter mit ihren drei winzigen Kindern im Alter von ein, zwei und drei Jahren hinzu, da ihr Mann, ein baltischer Pastor, in Gefangenschaft saß und sie weder über Geld noch Lebensmittelmarken verfügte. Ihre Kinder waren völlig unterernährt und schauten uns verschüchtert mit riesengroßen Augen an.

Die Ernährung von vier Erwachsenen und sieben Kindern wurde zu einem großen Problem. Pro Person und pro Tag gab es zwei Scheiben Brot. Wir lebten aus einem gepachteten Gärtchen am Main, sammelten Pilze und Beeren im Wald und Ähren auf abgeernteten Getreidefeldern und mahlten die Körner in einer rostigen Kaffeemühle. Für den Winter vorsorgen war nicht möglich, denn uns fehlte der Zucker zum Einkochen. Wenn mich am Nachmittag der Hunger quälte, gesellte ich mich zu den Kindern des Gutsverwalters, die mir manchmal ein Schmalzbrot schenkten.

Eine große Verbesserung brachten 1947 die Carepakete aus Amerika. Da gab es »ham and eggs« und Trockenei und Milchpulver und Nescafé und Icecreampulver und Blockschokolade. Fast alles in Dosen. Ungeheure Schätze! Meine Mutter schenkte auch den Nachbarsfamilien davon. Wenn man teilt, sagte sie, kommt bald Nachschub. Und so war es auch.

Das Leben von elf Personen in zwei Zimmern zehrte an unseren Nerven. Es hieß immer nur: »Kinder, tobt nicht! Kinder, tobt nicht!« Denn wenn die Kinder tobten, wurde es unerträglich, und die Erwachsenen waren hochgradig nervös. Diese erzwungene Ruhe habe ich tief verinnerlicht. Ich habe mich später nie mit meinen eigenen Kindern auf dem Boden wälzen oder wild mit ihnen spielen können. Damals muss etwas in mir erstarrt sein.

Gleichzeitig habe ich diese Zeit aber auch als sehr bewegend in Erinnerung. Manchmal standen Verschollene plötzlich vor der Tür und suchten ihre Angehörigen. Oder wir erfuhren umgekehrt von furchtbaren Schicksalen, wo Bekannte grausam umgekommen waren. Immer und immer wieder wurde auch über unsere eigene Flucht aus Posen und die Bombardierung von Dresden gesprochen. Ich bekam nie genug von diesen Geschichten, obwohl ich doch selbst dabei gewesen war, und hing an Mamás Lippen, auch wenn ich nichts Neues mehr erfuhr. Schließlich konnte Papá die Geschichten allein vom Zuhören genauso detailliert erzählen wie Mamá, obwohl er uns doch nicht begleitet hatte.

Die Zeit auf dem Gut endete jedoch dramatisch. Als das Schloss an einen cleveren Geschäftsmann verpachtet wurde, mussten wir Flüchtlinge das Haus räumen und in eine Holzbaracke umziehen, die als Ersatz auf einer Moorwiese am Rande des Guts aufgestellt worden war. Die Baracke stand über einem Sumpf, verfügte weder über Duschen, geschweige denn über Badezimmer. Alle Familien benutzten gemeinsam ein Plumpsklo. Einmal trat der Main über die Ufer, und als wir am Morgen aufwachten, stand die Baracke im Wasser. Wir mussten mit Ruderbooten evakuiert werden.

In dieser Zeit kam mein jüngster Bruder Thomas zur Welt. Er war sofort der Star unserer Familie. Ein so süßes Kind! Ein Engelchen. Doch im Sommer 1946, meine Schwester und ich weilten zu einem Besuch bei einer Tante im Fichtelgebirge, erkrankte Thomas an der Ruhr. Als wir zurückkehrten, war er gerade ins Krankenhaus nach Bamberg gekommen. Schon am nächsten Tag war er tot. Meine Eltern wickelten das neun Monate alte Baby in eine Decke und brachten es, auch wenn es verboten war, im Zug nach Hause. Ein Leichentransport von einem Kind mit Ruhr hätte vom Gesundheitsamt genehmigt werden müssen und wäre so teuer gewesen, dass wir es nicht hätten bezahlen können. Bis zur Beerdigung wurde Thomas im Wohnzimmer der Baracke aufgebahrt. Wenn ich abends ins Bett ging oder morgens aufstand, lief ich immer an unserem toten Brüderchen vorbei. So dicht war mir der Tod bis dahin noch nicht begegnet.

Für den 1. Januar 1947 erhielten wir, wie Papá es sich gewünscht hatte, endlich eine Zuzugsgenehmigung nach München. In einem Krankenhaus des Vororts Ottobrunn fanden sich zwei Zimmer für uns. Diese Vorzugsbehandlung war als eine Art Wiedergutmachung für den Tod von Thomas gedacht. Nach Protesten meines Vaters hatte das Gesundheitsamt bei einer Begehung nämlich festgestellt, dass die Baracke auf der Moorwiese für Familien mit Kindern völlig ungeeignet war. Damals wurde bei meinem Bruder Friedel auch noch eine beginnende TBC diagnostiziert, so dass er für sechs Wochen in ein Kindersanatorium kam.

Doch mochten auch bessere Zeiten winken, so sperrte ich mich dagegen, schon wieder Abschied zu nehmen! Als Mamá, Papá, meine Schwester Toni und mein Bruder Friedel die drei Kilometer über Felder und Wiesen vom Gut zum Bahnhof nach Staffelstein liefen, blieb ich ein Stückchen zurück. Ich besaß ein rotes Herz aus Pappe, einen Taschentuchbehälter, den ich damals voller Trauer zerpflückte und auf dem Feld verstreute: »Mein Herz bleibt hier«, beteuerte ich. »Mein Herz bleibt hier.« Ich wollte nicht schon wieder gehen, denn wieder musste ich ein Zuhause verlassen.

Unsere Bleibe in dem Krankenhaus der Inneren Mission im Münchner Vorort Ottobrunn ließ mich die Trauer allerdings schnell überwinden. Unsere beiden Zimmer waren fast so groß wie Säle, sauber, weiß gestrichen und mit Heizkörpern ausgestattet. Es war wie im Paradies! Einmal pro Woche konnten wir auch das Krankenhaus-Badezimmer bestellen und uns stundenlang in der Wanne aalen. Außerdem wurden wir mit der Krankenhauskost verpflegt. Nun musste meine Mutter nicht mehr jeden Tag Holz sammeln und Öfen heizen und sich um das Essen kümmern!

Auch mein Vater war glücklich. Er hatte Arbeit, obwohl er

stempeln ging. Jeden Tag fuhr er mit dem Omnibus in die Elisabethstraße 5/1 nach Schwabing und betreute in der Wohnung des uralten und unermüdlichen Baltenfräuleins Volck zwölf Stunden lang ohne Bezahlung Flüchtlinge aus dem Baltikum. Wer etwas zum Anziehen brauchte, keine Papiere mehr besaß oder seine Herkunft bestätigen lassen musste, schaute im Baltenzentrum vorbei. Denn mein Vater bekam hier für seine Baltenkartei und seine Suchdienstarbeit ein kleines Büro.

Bereits in Staffelstein hatte er begonnen, auf der Rückseite von Theaterkarten die Aufenthaltsorte von Balten nach ihrer Flucht zu notieren. So entstand die Baltische Heimatortskartei, die die Grundlage bildete für Familienzusammenführungen, Urkundenbeschaffungen, Klärung von Besitz, Herkunft und Namen und für karitative Hilfe für Flüchtlinge und Menschen in der Sowjetisch Besetzten Zone bzw. in der DDR. Seit den fünfziger Jahren wurde mein Vater für seine in Zusammenarbeit mit dem Internationalen Roten Kreuz betriebene Suchdienstarbeit vom Bund finanziert. Zwischen zehn und zwanzig Mitarbeiter hat er beschäftigt, unter anderem meine Mutter. Und ich habe dort als Schülerin dazuverdient.

Die Baltendeutschen, die schon im Baltikum zusammengehalten hatten, fühlten sich auch in der neuen Heimat magisch zueinander hingezogen. Mein Vater suchte Kontakt zu baltischen Politikern, Intellektuellen und Pastoren, um über gemeinsame Perspektiven zu beraten. Sogar eine Auswanderung wurde ins Auge gefasst, dann aber als kollektive Aktion verworfen. Allerdings entstanden schon bald nach dem Krieg das Hilfskomitee der Evangelischen Kirche in Deutschland und später die Baltischen Landsmannschaften, die neben Tagungen und Veranstaltungen auch eine rege Jugendarbeit initiierten.

Egal, welche Baltendeutschen wir besuchten, überall kamen wir nach Hause. Überall hörten wir das rollende »R«, überall kam dasselbe Essen auf den Tisch, überall küsste der Hausherr den Damen die Hand. In meiner Generation hat sich diese baltische Tradition noch gehalten. Ich habe selbstverständlich einen Baltendeutschen geheiratet, backe bis heute Kümmelkuckel, das ungesüßte Gebäck aus Wasser, Hefe und Mehl, rühre zu Weihnachten stundenlang die Bonbons aus Schmand, Milch und Zucker, brate in der Fastenzeit Blini, die Buchweizenpfannkuchen aus Russland, und decke den Ostertisch als Buffet für den ganzen Tag: mit Pas'cha, der süßen russischen Quarkspeise, in der in der Mitte eine Rose steckt, mit Piroggen und Zakuska, kleinen Zubissen, die man zum Schnaps isst, denn Schnaps ohne Essen zu trinken, ist unanständig.

Mein Vater genoss diese Familienfeiern und gesellschaftlichen Treffen, das Weihnachtsfest wurde von ihm geradezu zelebriert. Selbst als wir fast nichts zu essen hatten, war unser Haus immer Treffpunkt für viele Gäste. Denn wer meinem Vater sympathisch oder von früher bekannt war, den lud er zu uns ein. In den Sommermonaten saßen wir im Wald neben dem Krankenhaus von Ottobrunn auf Decken im Kreis vieler Balten und erzählten von früher. Es war eine herrliche Zeit.

So habe ich es damals jedenfalls empfunden. Wenn ich heute darüber nachdenke, fallen mir allerdings auch Situationen ein, die von Problemen zeugen. Ich war damals viel krank. Schon als Kleinkind – noch in Reval – wurde ich am Kopf operiert, weil es kein Penicillin gab, um eine Mittelohrentzündung zu behandeln. So wurde der Knochen aufgemeißelt, um den Eiter herauszuholen. Das war lebensbedrohlich, und ich galt als Sorgenkind der Familie. Im Kriegssommer 1944 lag ich dann – in Posen – mit dem Schädelbruch fünf Wochen im Krankenhaus, und lange blieb unklar, ob ich nicht dauerhaft beeinträchtigt sein würde. Nach dem Krieg bekam ich Asthma, chronische Blasenentzündungen und Durchfall. Oft musste nachts ein

Arzt gerufen werden, weil ich keine Luft mehr bekam. Aber ich war zufrieden, wenn ich im Bett lag und von der Mutter oder Schwester umsorgt wurde. Denn im Bett fürchtete ich mich nicht, die Außenwelt hingegen erschien mir bedrohlich. Vielleicht habe ich später deswegen den Beruf der Kindergärtnerin gewählt, weil Kinder mir keine Angst machen. Ich kann mich gut in sie hineinversetzen, kann sie haltlos lieben und die anhängliche Liebe genießen, die ich von ihrer Seite bekomme. In der Oberschule fühlte ich mich jedoch überfordert. Allein die tägliche Bahnfahrt nach München bedeutete für mich, die ich immer noch kränklich und unsicher war, eine Strapaze. Ich war unsicher und unkonzentriert, extrem verträumt und vielleicht lerngestört. Aber ich schrieb Aufsätze, die viele Herzen anrührten und sogar in einer Staffelsteiner Zeitung erschienen. In Deutsch hatte ich immer eine Eins.

Ab 1951 hat sich die Situation der Familie dann stabilisiert. Flüchtlinge konnten damals billig Boden erwerben und mit 300 Stunden Eigenarbeit ein Haus errichten. Papá konnte die 300 Stunden zwar nicht leisten, da er nach seiner schweren Erkrankung 1944 körperlich geschwächt war. Aber er war schlau, übernahm, wie überall, Verantwortung im Vorstand des Hausvereins und arbeitete die meisten Stunden mit den Vorstandssitzungen ab – das wurde anerkannt. Für die restliche schwere Arbeit heuerte er Studenten aus der baltischen Studentenorganisation an, die er selbst mit begründet hatte. Und die Studenten liebten es, am Sonntag für eine Erbsensuppe und ein paar Schnäpse bei baltischer Gemütlichkeit nach Ottobrunn zu kommen. Bei uns war immer etwas los. Ich habe mich wahnsinnig wohl gefühlt in unserem Haus, auch wenn es nur eine kleine Hütte mit zwei Zimmern, einer Küche und einer Kammer mit einem Mansardenfenster unter dem Dach und schlecht zu heizen war. Immer, wenn ich von der Bahn kam und von weitem unser Dach sah, glaubte ich: Kein Dach sieht so aus wie unseres. Dabei waren alle Dächer gleich. Aber mir schien, unser Haus sei etwas Besonderes und von einem Heiligenschein umgeben. Da wohnten nur wir.

Selbst später, als ich meinen Mann kennen gelernt hatte und wir nach der Heirat zur Untermiete in ein Zimmer in München gezogen waren, sagte ich an manchem Sonntag: »Lass uns nach Ottobrunn fahren!« Ich liebte das Leben im Elternhaus. In Ottobrunn war immer was los. Da war das Haus immer voller Gäste. Manchmal reagierte mein Mann schon recht gereizt.

1964 starb meine Mutter mit 54 Jahren innerhalb von zehn Minuten an einer Embolie, das Strickzeug für ein Babyjäckchen in den Händen – für mein erstes Kind, das vier Wochen später zur Welt kam. Mamás Tod ist mir sehr nahe gegangen. Denn bis dahin war ich ein rechtes Mutterkind. Auch wenn Mamá in den Kriegs- und Nachkriegsjahren belastet und nervös gewesen ist, so fühlte ich mich durch sie gewärmt und geschützt, geliebt und geborgen. Sie verströmte einfache Wärme und Nähe, Vertrautheit und Natürlichkeit wie kein anderer Mensch in meinem Leben. Die elenden Flüchtlingsjahre, der Tod meines jüngsten Bruders Thomas, die Kämpfe um Nahrung, Wohnung und Arbeit haben sie aber ausgelaugt und zu früh erschöpft. Sie starb, bevor wesentliche Errungenschaften des deutschen Wirtschaftswunders sie erreicht hatten. Sie besaß nie einen Kühlschrank, keine Waschmaschine, keinen Warmwasserboiler. Dafür kannte sie Kohlenstaub und Ofenasche, Fußkälte und Raureif auf dem Oberlaken. Wegen ihrer ständigen Herzprobleme hatte ich oft Schuldgefühle. Wenn etwas auf den Boden fiel und sie sich bückte, stürzte ich hin: Oh Gott, wenn sie einen Herzschlag bekommt, bin ich schuld! Ich fühlte mich immer verantwortlich, wenn es ihr schlecht ging.

Nach ihrem Tod bin ich mit meinem kleinen Baby den Sommer über zu meinem Bruder und meinem Vater ins Haus nach Ottobrunn gezogen. Ich habe den Haushalt geführt, das Obst eingekocht und aufgepasst, dass mein damals etwas labiler Bruder überhaupt in die Schule ging. Mein Mann hat uns dann an den Wochenenden besucht. Wahrscheinlich war er eifersüchtig auf die Familienmitglieder, denen ich so viel Aufmerksamkeit schenkte. Aber ich hing sehr an ihnen.

Meinen Vater habe ich, als er nach einer dritten Ehe allein lebte, fünfzehn Jahre lang bis zu seinem Tod betreut. Immer, wenn ich für meine eigene Familie kochte, habe ich auch für ihn etwas eingefroren. Er hatte zwar eine Putzfrau und liebe Menschen, die ihn regelmäßig besuchten. Aber einen Tag in der Woche bin ich immer zu ihm gefahren, habe mit ihm eingekauft und mit ihm seinen Garten gepflegt. Dieses Zusammensein hat mir gut getan. Denn es war keineswegs so, dass er nur von mir verlangte. Er hat mir auch viel gegeben. Wenn ich ankam, bot er mir gleich einen Kaffee an und fragte: »Warum siehst du heute so müde aus? Bist du wieder abgehetzt?« Oder er stellte mir ein Glas Sherry an das Waschbecken, wenn ich seine Socken wusch, und fragte: »Gab es wieder einen Stau?« Bei ihm ging es mir gut. Er redete zwar selber gern, er konnte aber auch zuhören. Vor allem Frauen, junge wie alte, haben sich bei ihm ausgesprochen und ausgeruht. Es war für mich nicht nur anstrengend, es war mir auch eine Wohltat, mich ihm zu widmen.

Sonntags kam er zusammen mit meiner Schwiegermutter immer zu uns. Um elf Uhr holten wir beide von der Bahn ab. Gleich nach dem Frühstück kam der Braten in den Backofen, denn beide aßen gern Fleisch und fette Saucen, dann aßen wir zusammen im großen Kreis – mein Mann, meine beiden Kinder, mein Vater, meine Schwiegermutter und ich –, und am

Nachmittag las mein Vater in der Regel Texte vor, die er über sich und die Familiengeschichte seit dem 18. Jahrhundert geschrieben hatte. Unsere beiden Töchter haben ihre Freunde geholt, manchmal saß das ganze Wohnzimmer voll, einige hockten sogar auf dem Teppich, und mein Vater thronte wie ein Guru in einem Sessel und las.

Er liebte es, im Mittelpunkt zu stehen, er liebte es, geliebt zu werden. Für meinen Mann war das schwierig, denn mein Vater war dominant. Und ein Grandseigneur. Wenn Gäste oder Nachbarn kamen, benahm er sich wie der Hausherr und bot ihnen ein Gläschen aus dem Haushalt seines Schwiegersohns an. Wie viele Balten trank er gern selbst angesetzte Liköre und Schnäpse, und zeitweilig trank er auch viel. Aber er trank nie allein, ein Alkoholiker war er nicht. Meinen Mann hat das Verhalten meines Vaters allerdings manchmal gelähmt. Dann ging er aus dem Zimmer. Aber gestritten hat er sich deswegen nie. Was hätte ein Konflikt auch bringen sollen?

Liebe Frau T.,

können wir noch einen Augenblick bei dem Verhältnis zu Ihrem Vater verweilen? Es ist deutlich zu spüren, wie sehr sie diesen charmanten, liebenswürdigen, humorvollen, offenen Menschen geliebt haben – zumindest als erwachsene Frau. Denn in Ihren Kindertagen war das Verhältnis zu ihm, wie Sie selbst sagen, wohl eher respektvoll und distanziert. Seine liebevolle Zuwendung war damals sehr begrenzt, so dass Sie verinnerlicht hatten, ihn für Ihre Belange nur partiell in Anspruch nehmen zu können. Allerdings waren Sie auch nicht ganz unkritisch ihm gegenüber. Er sei nie in der NSDAP gewesen, teilten Sie Ihren Kindern in den Erinnerungen über Ihre Kindheit mit. Dennoch habe auch er sich von den Parolen des Nazitums infizieren lassen, so dass

147

sich in seinen Tagebüchern verächtliche Urteile etwa über
die »entmenschten, rohen, brutalen Bolschewiken«, »die
grausamen, rachsüchtigen Westalliierten« oder »die aus den
KZ's befreiten Juden, Polen und Verbrecher« fänden.
Haben Sie darüber hinaus aber auch nachgeprüft, mit wel-
chen Aufgaben Ihr Vater im Einsatzstab Rosenberg betraut
war? Immerhin hat der 1940 in Paris gegründete »Ein-
satzstab Reichsleiter Rosenberg« mit seinen Sonderstäben
für Kunst, Musik, Theater, Kirchen, Wissenschaft etc. den
größten Kunstraub der Geschichte organisiert. Sein Ziel
war – gemäß den Theorien seines Gründers Alfred Rosen-
berg – die Sicherung des Kulturguts in den besetzten Gebie-
ten zur Bekämpfung der »weltanschaulichen Gegner« des
Nationalsozialismus.
Im Internet fand ich Fotos aus dem Holocaust-Museum
in Washington über Einsatzgebiete des Einsatzstabes von
Reichsleiter Rosenberg in den Ostgebieten. Ein Foto aus Reval,
leider ohne Jahresangabe, zeigt einen Haufen beschlagnahm-
ter, wild aufeinander getürmter Bücher, auf denen ein Plakat
mit einem Sowjetstern thront: Wahrscheinlich handelte es
sich um Sowjetliteratur, denn die Sowjets hatten Estland ja
von Mitte 1940 bis Mitte 1941 besetzt. Aus Minsk existieren
ähnliche Fotos vom Mai 1943 – einmal aus der Lenin-Biblio-
thek und einmal aus einer Synagoge: Dort wurden sowjeti-
sches Schrifttum und hebräische Literatur konfisziert.
All diese Aufnahmen stammen also aus der Zeit, in der sich
Ihr Vater in diesen Gebieten aufgehalten hat – sogar in
führenden Positionen. Wie er selbst schreibt, wurde ihm im
Frühjahr 1942 die Leitung der Arbeitsgruppe Estland und
im Frühjahr 1943 die der Hauptarbeitsgruppe Russland
Mitte mit dem Sitz in Minsk übertragen. Seit Spätherbst
1943 leitete er die neu geschaffene Arbeitsgruppe Pleskau

beim Armeeoberkommando Nord, und beim Rückzug der
Wehrmacht organisierte er offensichtlich die Verlegung
beschlagnahmter Akten aus dem oberschlesischen Ratibor.
Hier hatte das fast vollständige Parteiarchiv der KPdSU
aus Smolensk gelagert, dessen größeren Teil sich die Sowjet-
truppen bei ihrem Einmarsch in Oberschlesien sicherten, des-
sen kleinerer Teil allerdings nach Bayern überführt wurde.
Was steht darüber in den Tagebüchern? Ist es nicht auch
wahrscheinlich, dass die Möbel aus der »Kunstsammelstelle«
Estland, mit denen ihr Vater die Sommerwohnung in Neu-
Brigitten (Sommer 1942) ausstattete, aus dem geraubten
Nachlass jüdischer oder auch estnischer Familien stammten?
(H. H.)

Dass wir in Reval 1942 auch mit jüdischen Möbeln gelebt haben, ist etwas weit hergeholt! Mein Vater kannte genügend
nette Esten, die ihm aushalfen. Mein Großvater war bei den
Esten ein angesehener Mann, der sich nach der Eigenständig-
keit Estlands der estnischen Regierung und Verwaltung zur
Verfügung gestellt hatte. Als er plötzlich starb, gab es einen
viele Kilometer langen Trauerzug von Reval zu dem Friedhof
Ziegelskoppel, an dem Esten und Deutsche teilnahmen.

Und was meinen Vater betrifft: In seinen Kriegstagebüchern
steht klipp und klar, dass er sich stets geschickt durchgemo-
gelt hat, ohne Parteimitglied geworden zu sein. Jeder ging
aber davon aus, dass ein Mann auf seinem Posten dazugehören
muss, und so hat niemand nach seinem Parteiausweis gefragt.
Um mich zu vergewissern, habe ich nach meines Vaters Namen
sogar in den Listen der NSDAP-Mitglieder im Bundesarchiv suchen lassen, doch er taucht dort nicht auf. Allerdings wäre es
für mich auch furchtbar gewesen, wenn sich herausgestellt
hätte, dass mein Vater gelogen hat.

Über Ratibor schreibt mein Vater nichts anderes als über Minsk und letztendlich auch über Reval: dass er beauftragt war mit kulturellen und politischen Aufgaben im Gefolge der Wehrmacht. Es sei darum gegangen, Dokumente des Bolschewismus zu wissenschaftlichen Zwecken zu sichern, zu ordnen und zu sichten. Mit ebensolchen Aufgaben seien auch die russischen Wissenschaftler im Einsatzstab Rosenberg beauftragt gewesen. Immer wieder wurden aus Minsk vernagelte Kisten nach Berlin geschickt, Details aber werden in den Tagebüchern nicht erwähnt.

Was hätte mein Vater auch tun sollen, wenn er nicht bei Rosenberg gearbeitet hätte? Er musste nach der Umsiedlung ja wieder arbeiten, und die Tätigkeiten beim Reichssippenamt und beim Einsatzstab Rosenberg entsprachen genau seinen Neigungen. Was hätte ihm Besseres passieren können als ein Einsatz in Reval? Kunst- und Kulturraub waren auf allen Seiten eine ziemliche Selbstverständlichkeit im Krieg. Mir, als seinem Kind, ist es aber lieber, dass er Kunst geraubt hat (nicht für sich!), als dass er Menschen hätte töten müssen!

So hat er sogar Menschen retten können. Beispielsweise die siebzig sowjetischen Mitarbeiter im Einsatzstab Rosenberg. Unter Einsatz seines Lebens hat er diese Wissenschaftler und Gelehrten samt ihren Familien in Güterwaggons aus dem oberschlesischen Ratibor ins bayerische Staffelstein transportiert. Dabei musste er für seine zwei Waggons immer neue Züge suchen, an die er seine Wagen ankoppeln lassen konnte. Das hat er riskiert, weil er sich baltischer Anständigkeit, baltischem Ehrgefühl und Gerechtigkeitssinn tief verpflichtet fühlte.

Natürlich hat mein Vater sich teilweise von den Parolen seiner Zeit infizieren lassen. Er war aber ständig voller Ambivalenzen und stritt heftig mit seinem Bruder und einer Schwester, die begeisterte Hitler-Anhänger geworden waren. Er grüßte zwar nicht mit »Heil Hitler«, war aber nicht ganz frei von Bewunderung für verschiedene Leistungen des Führers. Obgleich Papá schon ab 1942 den Krieg hoffnungslos enden sah, als die sich abzeichnende Katastrophe immer deutlichere Konturen annahm, schloss er nicht aus, dass Hitler doch noch die »Wunderwaffe« in Vorbereitung hatte. Obwohl er es eigentlich besser wusste, klammerte er sich an diesen Strohhalm, genährt von entsprechender Propaganda. Nach einer donnernden Rede, in der Goebbels den nahen Sieg herbeigelogen hatte, vertraute er seinem Tagebuch an: »Es hilft für ein paar Stunden.« Die meiste Zeit allerdings war er verzweifelt und voller Zukunftsangst, insbesondere für seine Familie und seine Kinder.

Nach dem Krieg sollte er im Rahmen der Entnazifizierung tatsächlich wegen seiner Arbeit im Einsatzstab Reichsleiter Rosenberg belangt werden. Papá erwog schon, in den englischen Sektor überzuwechseln. Die Amerikaner mochte er nicht, er hielt sie für absolut naiv gegenüber den Sowjets. Doch er blieb, und im Herbst 1945, als ein Mitarbeiter nach dem anderen überprüft wurde, erhielt auch er schließlich eine Vorladung. Es stellte sich heraus, dass der verhörende Amerikaner ein junger, rothaariger Jude mit fließenden Deutschkenntnissen war. Papá redete sich erfolgreich heraus: Wegen seiner Russischkenntnisse sei er hauptsächlich als Dolmetscher beschäftigt gewesen. Glücklicherweise zog er, als der Offizier einen Ausweis sehen wollte, den Umsiedlerausweis aus Estland aus der Jackentasche – und dort stand unter Staatsbürgerschaft tatsächlich »estnisch«. So wurde er nach Hause entlassen. War das kein Wunder?

Papá stand mir sehr nahe, besonders im Alter. Nach seinem Tod habe ich schon einmal eine Therapie gemacht. Denn ich habe sehr darunter gelitten, dass ich bei seinem Tod nicht dabei war. Als er 1989 einen Schlaganfall erlitt, machten mein

Mann und ich gerade Urlaub in Australien. Wir wollten ihm telefonisch mitteilen, wie wohl wir uns bei vierzig Grad fühlten, da ging meine Schwester ans Telefon: Papá sei im Krankenhaus. Die Reise wurde für uns zur Tortur, denn wir konnten nicht umbuchen und mussten die Rundreise fortsetzen.

Alle dachten, Papá warte nur darauf, dass ich zurückkehre, dann würde er in Ruhe sterben. Aber nach meiner Rückkehr ging es ihm besser. Er blieb allerdings ein Pflegefall und war nicht mehr bei Bewusstsein. Trotz Unterstützung durch den Sozialdienst des Stadtteils war ich aufgrund der Pflege nach vier bis fünf Wochen körperlich fertig, nur noch ein Wrack. Ich konnte nicht mehr. Da erreichte ein befreundeter Pfarrer, dass Papá im Augustinum-Altersheim unterkam. Dort saß ich nach Möglichkeit tagsüber an seinem Bett, nachts kümmerte sich das Pflegepersonal um ihn.

Es war eine schwere Zeit. Nach dem Schlaganfall hing Papá mit allerletzter Kraft am Leben, obwohl er doch neunzig pralle Jahre gelebt und sich und uns bewiesen hatte, wozu er fähig war. Als ich ihn am Sterbesonntag im Sarg sah, war er sehr fern und fremd. Eigentlich hatte ich ihn bereits vor seinem Tod verloren.

Dennoch fühle ich mich schuldig, weil ich nicht gespürt habe, wann seine Uhr ablief. Ich war abends nach Hause gefahren, weil meine Tochter, die gerade in Erlangen studierte, für einige Tage nach Hause gekommen war. Ich wollte mein Kind sehen. Dass er ausgerechnet in jener Nacht starb, hat mich sehr belastet. Ein wenig Trost gab mir eine sehr religiöse baltische Freundin: »Für den lieben Gott«, sagte sie, »wäre es eine Kleinigkeit gewesen, dich bei ihm sein zu lassen, wenn er es so gewollt hätte. Entweder wollte es der liebe Gott, oder dein Vater wollte nicht – gräm dich nicht.« Das hat mich zwar etwas entlastet, aber tief in mir trage ich weiter an der Schuld.

Meine enge Bindung an Mutter und Vater hat sicher mit dem Flüchtlingsschicksal zu tun. Ich habe mich auf der Flucht fest an meine Mutter geklammert. Ohne sie fühlte ich mich vergessen, verloren und existenziell bedroht. Ich war verzweifelt, als ich im Krankenhaus von Posen für fünf Wochen allein gelassen wurde. Heute ist mir dies begreiflicher denn je. Wahrscheinlich kann ich mich aufgrund dieser Erfahrung gut in den Gefühlen anderer Flüchtlingskinder wieder finden. So zog es mich nach dem Ende meiner Berufstätigkeit magisch zu den Baracken der Asylbewerber am Rande unserer Stadt, wo sich Kinder in allen Hautfarben tummelten. Ich begann eine ehrenamtliche Tätigkeit, betreute die einen bei den Hausaufgaben, schuf mit anderen eine Kindergartengruppe, unternahm Ausflüge mit ihnen und veranstaltete Feste – sieben erlebnisreiche Jahre lang. Manchmal fragten mich Kinder und ihre Mütter, warum ich das alles und bei jedem Wetter tue. Dann zeigte ich ihnen auf der Weltkarte mein kleines Estland, sprach vom Krieg, von den Flüchtlingen vor fünfzig Jahren und von meiner Baracke auf der Moorwiese. Und wir verstanden einander über Sprachhürden hinweg.

»Wir sind zu früh auseinander gegangen«
Die Klawitter-Brüder zwischen Deutschland und Polen

Grzegorz wohnt mit seiner zweiten Frau in Stęszew, einem kleinen Ort unweit von Posen, in einer schmalen Anderthalbzimmerwohnung direkt an der Hauptstraße. Das kleinere Zimmer
ist ausgefüllt mit einem Kleiderschrank und einem Tisch, im
Wohnzimmer befinden sich links die obligatorische Schrank-
wand, rechts, dicht hintereinander gestellt, eine Schlafcouch
und ein Esstisch mit je einem Stuhl an den Stirnseiten. An der
Frontseite des schmalen Mittelgangs läuft tagsüber der Fernseher. In der Küche hat Grzegorz noch eine Badewanne einge-
baut, um sich nicht im Geschirrspülbecken waschen zu müssen, und vom kleinen Zimmer hat er eine Toilette abgetrennt,
so dass ihm der Gang auf den Hof erspart bleibt. Da er selbst
diesen bescheidenen Luxus nicht von 115 Euro Rente im Monat finanzieren könnte, fährt er auch mit 67 Jahren jeden Tag
mit seinem Taxi zwei Mal für eine Bank nach Posen. Noch fällt
ihm das Aufstehen um fünf Uhr früh nicht schwer, obwohl das
Herz zunehmend Probleme bereitet.

Früher hieß Grzegorz Ignatz. Diesen Spitznamen hatte ihm
der Vater in seiner Kindheit verpasst. Eigentlich aber hieß
Ignatz Horst. So jedenfalls nannten ihn seine Eltern, als er
1937 in Scheiblershau im Kreis Oststernberg/Brandenburg zur
Welt kam. Da seine Geburtsurkunde trotz der Kriegswirren erhalten blieb, musste Grzegorz seinen Ausweis im neuen demo-
kratischen Polen korrigieren und dem bis 1989 ausschließlich
verwandten »Grzegorz« einen »Horst« voranstellen. Dass seine
deutsche Herkunft plötzlich so betont wird, hat ihn verstimmt.
Daher hat er den »Grzegorz« eigenhändig mit einem Lineal

Als Grzegorz
Klawitter 1937 zur
Welt kam, nannten
ihn seine Eltern
Horst. Auch wenn
in seinem Wohnort
Stęszew ihn heute
alle für einen Deut-
schen halten – er
selbst ist sich nicht
so sicher. Seine
Mutter muss eine
Polin gewesen sein,
jedenfalls hieß sie
mit Mädchennamen
Urbański.

Helmut wuchs nach dem Tod seiner Mutter bei der Oma auf. Obwohl er von dieser wenig Zuneigung bekam, betrachtete er sie als seine einzige Zuflucht. Sein älterer Bruder Günter hatte die Großmutter im Jahr 1945 verlassen, um Geld zu verdienen. Der Kontakt zu ihm war völlig abgebrochen. Erst Jahre später konnte Günter seinen Bruder in Polen ausfindig machen. Heute leben beide in Mannheim, nicht weit voneinander entfernt.

unterstrichen, damit jedem, der den Pass aufschlägt, sofort der polnische Vorname ins Auge springt. In seinem Wohnort halten ihn zwar alle für einen Deutschen. Aber Grzegorz selbst ist sich dessen nicht so sicher.

Denn seine Mutter muss eine Polin gewesen sein. Jedenfalls hieß sie mit Mädchennamen Urbanski – wenn auch mit der eingedeutschten, männlichen Endung. Sein Vater hingegen war ein Deutscher. Er hieß Erich Klawitter und wurde am 27. Mai 1905 im mecklenburgischen Dobbertin geboren.

Wie und wo sein Vater eine Polin hätte kennen lernen sollen, kann Grzegorz nicht sagen. Wann und warum seine Eltern Ende der dreißiger Jahre nach Neudorf zogen, weiß er auch nicht. Ebenso wenig kann er das Elternhaus beschreiben. Vertriebene Neudorfer erinnern sich hingegen, dass der kleine Fachwerkbau der zugezogenen Klawitters als letztes Haus auf der linken Seite der Dorfstraße lag. Ob sie Schweine, Kühe oder Hühner besaßen? Grzegorz zögert. Ja, vielleicht gab es Vieh, denn auf dem Boden wurde wohl Getreide gelagert.

Welchen Beruf sein Vater ausgeübt und wo er gearbeitet hat? Schwer zu sagen. Irgendwie war er bei fremden Bauern beschäftigt. Jedenfalls war er fast nie zu Hause. Manchmal kam er über die Wochenenden, später im Krieg tauchte er nur noch einmal im Jahr während des Urlaubs auf. Grzegorz glaubt, sein Vater habe das kleine Haus, in dem sie bis zum Kriegsende lebten, selbst gebaut. Sein sieben Jahre älterer Bruder Günter hingegen ist sich sicher, dass die Eltern das Haus zugewiesen bekamen – das Dritte Reich wollte sich gegenüber der kinderreichen Familie erkenntlich zeigen. Elisabeth und Erich Klawitter zeugten nämlich viele Nachkommen.

– Charlotte, als Jahrgang 1928 die Älteste, wurde 1945 in einem Flüchtlingslager in Berlin erfasst. Von dort verschwand sie spurlos und gilt seitdem als verschollen.

– Günter, Jahrgang 1930, lebt heute in Mannheim.
– Horst, Jahrgang 1937, lebt heute in Stęszew und nennt sich Grzegorz.
– Helmut, Jahrgang 1940, lebt heute in der Nähe seines Bruders Günter in Mannheim.
– Siegfried, Jahrgang 1939, wohnte die letzten zwanzig Jahre seines Lebens in Ostberlin. Anfang Juli 2003 ist er an Krebs verstorben.

Grzegorz hat die Nachricht von Siegfrieds Tod erst nach der Beerdigung erhalten. Das hat ihm wehgetan. Denn Siegfried war der Einzige unter den Brüdern, mit dem er – zumindest seit Anfang der neunziger Jahre – noch Kontakt gehalten hat. Von Siegfried erhielt er auch das große Schwarz-Weiß-Foto, das die Mutter, eine kräftige, schlanke, dunkelhaarige Frau, im Hof des Neudorfer Hauses mit ihren Kindern zeigt. Etwa Ende 1940/Anfang 1941 muss die Aufnahme entstanden sein, denn Helmut, der Jüngste, liegt noch als Baby auf ihrem Arm.

Wo sich die Geschwister bei Kriegsende aufhielten, weiß Grzegorz nur zum Teil. Ganz sicher waren Charlotte und Günter nicht mehr im Haus. Aber wo sie sich aufhielten und was sie machten? Das hat er auch später nicht erfragt. Ganz sicher lebten Helmut und Siegfried noch mit ihm bei der Mutter. Obwohl er nicht einmal sagen könnte, ob er mit ihnen gespielt hat oder wer ihm am nächsten stand. Warum kann er sich nicht an sie erinnern? Warum ist ihm überhaupt so viel entfallen? Grzegorz treten die Schweißperlen auf die Stirn, Röte überzieht sein Gesicht, er atmet schwer.

»Reg dich nicht auf«, sagt seine Frau. »Mach langsam. Es ist nur eigenartig, dass du so wenig behalten hast. Immerhin warst du bei Kriegsende acht Jahre alt.«

Warum behält ein Achtjähriger nicht, wie die Küche aussah, was die Mutter gekocht hat, ob sie Obst und Gemüse anbaute?

Dass sich die Mutter für die Flucht mit den Kindern vorbereitet hat, bezweifelt er. Immerhin war sie krank und bettlägerig. Ob die anderen Bewohner des Dorfes blieben, weil es keinen Räumungsbefehl gab, hat er nicht registriert. Und über die Ankunft der Russen am 1. Februar 1945 kann er auch keine Auskunft geben, obwohl im Dorf große Aufregung geherrscht haben muss. Grzegorz' Erinnerungen an die Kindheit sind wie Land unter Wasser, unzugänglich und ohne Konturen. Nur zwei drastische Erlebnisse schieben sich wie Inseln im Meer aus dem Dunkel des Vergessens.

Er erinnert sich daran, dass der Förster, der ein Jagdgewehr mit zwei Läufen besaß, erst seinen Hund und dann sich selbst erschossen hat. Grzegorz ist sogar hingelaufen, um sich den Hund anzusehen.

Aus den Erinnerungen von Martha Dietze aus Neudorf, Jahrgang 1927, die heute in Schwerin lebt:
Der Förster Arthur Theuerkauf hat sich gleich nach dem Einmarsch der Russen umgebracht. Wenn er unter den Nazis von der Försterei ins Dorf kam, hat er besonders eifrig mit »Heil Hitler!« gegrüßt und den Arm hochgerissen. Der hatte wohl Angst vor den Russen. Zunächst hat er den Hund erschossen – der lag im Wald, danach die Frau, die schwer blutkrank war, und schließlich sich selbst. Er muss die Wohnung mit Stroh ausgelegt haben, denn gleich nachdem die Nachbarn die Schüsse gehört hatten, sind Flammen aus den Fenstern geschossen.

Nach den Theuerkaufs, das erinnert Grzegorz auch, haben sich die Nachbarn umgebracht, die schräg gegenüber von ihnen auf der anderen Straßenseite wohnten. Grzegorz hat die Toten selbst gesehen. Denn als er hinüberlief und das Wohnhaus leer fand, hat er nach ihnen in der Scheune gesucht. Da sah er sie hängen. Die Frauen hatten sich jeweils zu zweit an einem Strick erhängt, ein älterer Mann hing allein, und direkt neben Grzegorz an der Scheunentür lag ein Baby erschlagen auf dem Boden. »Haben Sie so etwas schon gesehen? Zwei Menschen an einem Strick?« Wieder atmet Grzegorz schwer. »Und dann haben Leute aus dem Dorf einfach eine Grube im Garten ausgehoben und alle hineingeworfen. Können Sie sich so etwas vorstellen? Einfach alle in einer Grube verscharren?«

Aus den Erinnerungen von Martha Dietze:
Über die Familie Teske weiß ich von Frieda Heinrich. Denn zu Frieda kam Erna gelaufen, die älteste Teske-Tochter, die schon verheiratet war und einen kleinen Sohn hatte. Sie hat Frieda erzählt, wie die Russen gekommen sind und ihre beiden Schwestern – 15 die eine, 16 die andere – am Bett angeschnallt und vergewaltigt haben.
Am nächsten Morgen mussten sich die beiden Mädchen an den Küchentisch setzen, die Russen schossen dicht über ihre Köpfe hinweg in die Wand und befahlen den übrigen Familienmitgliedern, dem grausamen Spiel zuzusehen. Erna hat gesagt: »Wenn die Russen noch mal kommen, nehmen wir uns den Strick und hängen uns auf.« Da die Russen eine Zeit lang vor der Oder festsaßen, kamen sie tatsächlich zurück. So haben sich die Teskes aufgehängt. Ich habe sie selbst in der Scheune gesehen.
Die beiden jüngeren Töchter hingen an den beiden Enden eines Stricks. Auch Frau Teske und die ältere Tochter Erna hingen an den beiden Enden eines Stricks. Der zehnjährige Teske-Sohn hing allein. Der Teske-Vater hing allein.
Der kleine Sohn von Erna war mit einer Axt erschlagen worden.

Die Nachbarn haben sie abgeschnitten, im Garten ein Loch
gegraben und dort beerdigt. Der Erna haben sie den Kleinen
in den Arm gelegt.

Das muss Anfang/Mitte Februar 1945 gewesen sein. Denn damals lebte die Mutter noch. Auch das erinnert Grzegorz genau, denn er schlief direkt neben ihr im Ehebett des Vaters. Kurze Zeit darauf aber reagierte sie eines Morgens nicht mehr, als er sie anstieß und nach ihr rief. Die Mutter, so hieß es, habe Krebs gehabt. Aber der achtjährige Junge hatte die Bedeutung dieser Tatsache nicht ermessen. Wie nur konnte sie, die am Tag zuvor noch mit ihm geredet und ihn gestreichelt hatte, sich plötzlich für immer entziehen? Warum durften Mitbewohner aus Neudorf in die Wohnung kommen, aus rohen Brettern einen Sarg zimmern, die Mutter hineinlegen und zum Friedhof bringen? Grzegorz lief verstört und versteinert hinter dem Trauerzug her und fand erst Mitte der neunziger Jahre den Mut, nach dem Grab auf dem Friedhof zu suchen – in Maszków, wie der Ort im polnischen Staat nun heißt.

Doch der alte evangelische Friedhof aus deutschen Zeiten existiert nicht mehr. Die Mauern ringsherum sind zerstört, die Grabsteine gestohlen, nur die steinernen Relikte einiger Gräber konnte Grzegorz unter seinen Füßen spüren, wenn er über den bemoosten Waldboden lief. Da er sich in diesem zugewucherten Gelände im Wald nicht mehr zu orientieren vermochte, stellte er die Kerze für die Mutter einfach in die Mitte der verfallenen Anlage.

Bei Helmut, dem damals Viereinhalbjährigen, haben sich die Umstände des Todes der Mutter in einer völlig anderen Fassung festgesetzt, obwohl er sie aus ähnlicher Perspektive erlebte, denn er schlief im Kinderbett direkt neben ihr.

»Es ist wegen dem Hund«, sagt er. »Der hat am Abend auf der Straße geheult. Da hat Mutter gesagt: Wenn der Hund heult, stirbt jemand. Aber wir ahnten nicht, dass es die Mutter sein würde.«

»Nachts«, behauptet Helmut, »haben Fremde die Tür zur Küche eingeschlagen und sind ins Schlafzimmer eingedrungen.« Ob das Russen waren? Ob das Dorfbewohner waren? Ob das gar der Vater war? Und was sie gemacht haben? Helmut hat keine Antwort. Die Erinnerung setzt erst wieder am nächsten Morgen ein, als es schon hell war und erneut ein »Fremder« ins Schlafzimmer gestürmt sei und gerufen habe: »Aufstehen, aufstehen!« Schwarz sei der Fremde gekleidet gewesen, sagt Helmut, und schwarze Haare habe er gehabt wie der Vater. Und das Federbett habe er hochgerissen, dass es fast bis an die Decke flog. Da, behauptet Helmut, habe er die Mutter gesehen – nackt und ganz zerkratzt und rot und blau geschwollen. Wer hatte das gemacht?

»Du spinnst«, haben seine älteren Brüder immer behauptet. Denn die Mutter sei nicht umgebracht worden, sondern nach langer Krankheit gestorben. »Vielleicht hatte sie ja Krebs«, sagt Helmut. »Aber kann sie nicht trotzdem vergewaltigt oder erstickt worden sein?« Lag da nicht Gewalt in der Luft? Hatten betrunkene Russen nicht zuvor das Haus nach »Wodka, Wodka!« durchsucht? Nach Helmuts Erinnerung hat die Mutter nicht wochenlang im Bett gelegen. Vielmehr bis zum letzten Abend vor ihrem Tod Kuchen gebacken, den Kindern wunderschöne schwarze Bonbons aus Sirup gekocht und strahlend ausgesehen. Helmut hält nur diese, seine Version für wahr.

Er weiß nicht mehr, ob er geweint hat, als »Fremde« kamen, einen Sarg in der Mitte des Schlafzimmers aufstellten, die Mutter mit einem Bettlaken umwickelten und hineinlegten. Er weiß aber noch, dass er geschrien hat, die Spalten zwischen den Brettern seien zu groß, so ungeschützt dürfe man sie nicht hineinlegen, man könne doch alles sehen! Und als Beweis hat er das Händchen durch den Spalt in den Sarg geschoben und das Bettlaken berührt. Doch die »Fremden« haben die Kiste zugenagelt, so wie sie war, nach draußen getragen, die Fensterläden im Haus der Toten zugeklappt und die Tür von außen zugeschlossen. Und so blieb Helmut in dem dunklen Haus zurück, rüttelte verzweifelt an der Tür und schrie, er wolle mitgenommen werden zur Beerdigung, er wolle bei der Mama bleiben!

Über die Ereignisse nach der Beerdigung hat sich wieder dicker Nebel über die Erinnerungen von Helmut und Grzegorz gelegt. Irgendwann – aber wann? und wie? – fanden sie sich bei der Oma im Nachbarort Költschen wieder, das nun Kołczyn hieß. Vielleicht hatte sie der älteste Bruder Günter dort hingebracht?

Es könnte Mai gewesen sein, als Günter 1945 nach Neudorf zurückkehrte. Denn die Mutter war schon tot, aber die Dorfbewohner noch nicht im Zuge der »wilden Vertreibungen« im Juni 1945 über die Oder abgeschoben.

Günter hatte nach den Sommerferien 1944 beim Bauern Liedecke im Nachbardorf jenseits der Warthe zu arbeiten begonnen, dort den Einmarsch der Russen erlebt und das Schicksal der Bauernfamilie geteilt: Er war dabei gewesen, als die Russen – »zappzerrapp« – alle Uhren im Haus hatten mitgehen lassen, als sie die Schwägerin des Bauern und die Tochter der Nachbarin vergewaltigt und das wilde Pferd des Bauern erschossen hatten. Er war auch mitgefahren, als die Familie zwei Mal ihren Hof hatte räumen müssen, und er war mit zurückgetreckt, als Herr Liedecke nach etwa ein bis zwei Wochen in einem fremden, leeren Haus im Nachbardorf auf den eigenen Hof zurückgekehrt war. Irgendwann, so hatten alle gehofft, müsse doch Ruhe eintreten und das alte Leben weitergehen.

Doch es war keine Ruhe eingekehrt. Die sowjetischen Soldaten waren mit Günter zu den Höfen der Deutschen in den umliegenden Dörfern gefahren und hatten ihn als Dolmetscher immer denselben Spruch aufsagen lassen: »Gebt den Russen Geld und Gold, sonst zünden sie euch den Hof an.« Da hätten, sagt Günter, fast alle was ausgegraben oder aus den Verstecken geholt. Dann hatten die Sowjets ihm und anderen jungen Deutschen befohlen, Hunderte von Kühen, Schafen, Pferden, die deutschen Bauern gestohlen worden waren, über endlose Straßen nach Osten zu treiben, immer nur nach Osten. Nach einer guten Woche hatte sich Günter eines Nachts völlig erschöpft und hungrig davongeschlichen und war mit Harras, dem Hund seines Bauern, zurückgekehrt.

Günter wäre gern zur Familie geflohen. Doch über die treibenden Eisschollen auf der Warthe zu springen, traute sich der Fünfzehnjährige nicht, und der Fährverkehr war eingestellt. Doch als versprengte deutsche Soldaten, die irgendwo russische Uniformen und einen russischen Lastwagen erbeutet hatten, sich von ihm den Weg zur nächsten Brücke zeigen lassen wollten, ergriff er die Chance. Gemeinsam mit ihnen überquerte er die Warthe und raste mit Vollgas an einem verdutzten Wachposten vorbei. So gelangte Günter endlich nach Neudorf. »Wir warten zehn Minuten an der Kirche auf dich«, hat der Fahrer gesagt. »Wenn du nicht wieder kommst, weiß ich, dass deine Familie lebt.«

Günter kam nicht zurück. Die Mutter war zwar tot, aber im Elternhaus fand er die Großmutter und seine Brüder. Nach einigen Wochen zogen sie in das wenige Kilometer entfernte Költschen, dem Wohnort der Großmutter.

Damit begann für alle ein völlig neuer Lebensabschnitt.

»Die Großmutter muss wohl eine Polin gewesen sein«, räumt Günter ein, »auch wenn sie in Költschen mit allen Nachbarn und allen Familienmitgliedern Deutsch mit Berliner Akzent gesprochen hat. Aber sie stammte aus der Gegend von Posen. Meine Mutter hingegen wurde in Berlin-Eberswalde geboren, trug den deutschen Vornamen Elisabeth, ging auf eine deutsche Schule und hat mit ihren Schwestern nur Deutsch gesprochen. Sie war ganz sicher eine Deutsche. Wie hätte eine Polin mit einem Mutterkreuz ausgezeichnet werden können? Und wie hätte ein »gemischtrassiges« Ehepaar in der Hitlerzeit zu günstigen Bedingungen ein Haus übernehmen können?«

Und weil Günter seine Kindheit und den Beginn seiner Jugend in einem deutschen Dorf, in einer deutschen Umgebung und in einer deutschsprachigen Familie verlebt hat, fühlt auch er sich als Deutscher. Er erlebte seine Mutter als Teil der deutschen Dorfgemeinschaft und die polnische Herkunft ohne Bedeutung.

»Unsere Mutter war eine Polin«, sagen hingegen Grzegorz, Siegfried und Helmut. »Sie hieß Elżbieta und sprach mit der Großmutter manchmal Polnisch.« Und weil Grzegorz, Siegfried und Helmut ihre Kindheit oder den Beginn ihrer Jugend vorwiegend in einem inzwischen polnischen Dorf in einer inzwischen polnischen Umgebung und mit einer inzwischen polnisch sprechenden Großmutter verlebten, fühlen sie sich stark mit der polnischen Tradition verbunden und die deutsche Herkunft nicht als dominant.

So begründete dieselbe Herkunft verschiedene Identitäten.

Wahrscheinlich sind die Eltern von Elisabeth Klawitter irgendwann einmal zur Arbeit aus dem damals deutschen Gebiet um Posen zur Arbeit nach Berlin gekommen und haben – wie viele Polen im preußischen Posen – Deutsch gelernt, ohne die Muttersprache aufzugeben. Doch da es in der Hitler-zeit gefährlich war, die polnische Abstammung herauszu-streichen, dürfte Günter in einem scheinbar rein deutschen Haushalt aufgewachsen sein. Und da sich nach Kriegsende die Verhältnisse drehten und es nun gefährlich war, die deutsche Kultur herauszustreichen, dürften die jüngeren Geschwister in einem scheinbar rein polnischen Haushalt aufgewachsen sein.

Großmutter Urbańska wurde im Juni 1945 jedenfalls nicht mit den Deutschen von Költschen vertrieben, sondern blieb unbehelligt mit einigen Einwohnern ebenfalls polnischer Abstammung in einem Ort, der kurze Zeit gespenstisch leer war, bevor er sich mit den Polen aus Ost- und Zentralpolen in das polnische Dorf Kołczyn verwandelte. In der neuen Um-gebung sprach Großmutter Urbańska auch mit den Enkeln nur noch Polnisch, verpasste ihnen polnische Vornamen und gab den beiden Kleinsten, Helmut und Siegfried, anstelle des deutschen Nachnamens Klawitter den polnischen Nachnamen Urbański. So hoffte sie ihnen das Leben zu erleichtern. Aber sie täuschte sich.

Zwar nannte sich Helmut jetzt Jan und sprach Polnisch, aber auch an ihm, dem fünfjährigen Kind, entluden sich die Wut und die Rachsucht seiner neuen Nachbarn gegenüber Nazi-Deutschland. »Hau ab, du verdammtes Schwein! Sonst schmei-ßen wir dich raus! Dann weißt du, wer du bist!«, schrien Be-trunkene aus der Gaststätte hinter ihm her. Der Fünfjährige flüchtete in panischer Angst in die Dunkelheit des nächsten Gartens und verharrte geduckt zwischen den Gemüsebeeten, bis das Gegröle im Gasthaus verstummte und die Lichter er-loschen. Einmal stülpte ein Mädchen ihm, dem »szwab«, beim Spielen einen Topf mit kochendem Wasser über das Knie. Er hat so laut geschrien, dass die Großmutter herbeieilte und ihn ins Krankenhaus von Sulęcin brachte, wo man eine tief gehende Gewebezerstörung feststellte.

Helmut fiel es schwer, sich an eine Großmutter zu gewöhnen, die er vorher überhaupt nicht gekannt hatte. Oma Urbańska war streng. Sie hat Helmut nie umarmt oder gestreichelt und war wenig einfühlsam in ihren Erziehungsmethoden. Als er einmal an einer Schuppenflechte erkrankte, ließ sie ihn das Gesicht im eigenen Urin waschen. »Das galt damals als Hausmittel«, sagt Helmut. Und um weniger Esser am Tisch zu haben, schickte sie schon den sechsjährigen Helmut zu einem Bauern. Helmut aber, mit sechs Jahren unfähig, eine Kuhherde zusammenzuhalten und sich gegen die demütigende Behandlung des polnischen Bauern zu wehren, schlich sich zu Fuß sechzehn Kilometer zurück zur Großmutter. Mochte sie auch streng sein, sie war sein Zuhause und seine einzige Zuflucht.

So erfasste ihn ein tiefer Schmerz, als er eines Tages eine Prozedur beobachtete, die ihm seltsam bekannt vorkam. Da drängten fremde Menschen in Großmutters Schlafzimmer, zogen sie aus, wuschen sie, streiften ihr ein Sonntagskleid über, legten sie in eine dunkle Kiste, stellten rechts und links vom Kopfende Kerzen auf und verdunkelten die Fenster. Helmut begriff: Die Oma ist tot. Drei Tage stand sie aufgebahrt in der Wohnung. Dann wurde der einzige Mensch aus den Familien Klawitter und Urbański, der sich noch um Helmut und seine kleinen Brüder gekümmert hatte, zur letzten Ruhestätte gefahren. Dieses Mal lief Helmut hinter dem Sarg her. Doch nicht andächtig und gefasst, sondern verstört und schreiend, weil er dachte, der Sarg kippe von der Pferdekutsche herunter. Wieso sorgten sich die Helfer nicht mehr um den Leichnam?

Was es bedeutete, ohne den Schutz der Oma zu leben, hatte Helmut bereits während der Tage bis zu ihrer Beerdigung erfahren. Da hatten ihn die Nachbarn vom Hof gegenüber geholt und abends gezwungen, vor dem Bett niederzuknien und das Vaterunser aufzusagen, das ihn bis dahin niemand gelehrt hatte. Die ganze Nacht musste er seiner Erinnerung nach beten. »Die ganze Nacht. Und wenn ich aufhörte, haben sie mir auf den Kopf geschlagen.« Da hat er sogar eine Erleichterung gespürt, als es hieß, er und sein Bruder Siegfried kämen in ein Waisenhaus.

Auch Grzegorz war nach dem Tod der Mutter bei der Großmutter untergekommen. An die Wohnung, die Nachbarn, die Situation in Kołczyn kann er sich nicht mehr erinnern. Auch nicht daran, ob er ein Jahr oder zwei Jahre bei der Oma gelebt hat. Er weiß nur noch, dass er mit einem Beinbruch im Krankenhaus von Sulęcin lag, als ihn die Nachricht von ihrem Tod erreichte. Da es niemanden mehr gebe, zu dem er zurückkehren könne, so hieß es, werde er wie seine beiden Brüder Helmut und Siegfried in ein Waisenhaus geschickt.

Da geschah ein Wunder. Grzegorz fand neue Eltern, obwohl er Klawitter hieß und aus einer deutschen Familie stammte. Im Krankenhaus hatte er die Chmuras kennen gelernt, ein etwas älteres und kinderloses Ehepaar. »Und eines Tages fragte mich die Krankenschwester: Willst du mit Herrn Chmura gehen? Dann kommst du nicht in ein Kinderheim.«

Plötzlich setzt bei Grzegorz die Erinnerung ein. Wie er am Fenster sitzt und sieht, dass sich zwei Pferde in schnellem Lauf dem roten Backsteinbau des Krankenhauses nähern. Wie die Krankenschwester sagt: »Das ist Frau Chmura, die kommt dich holen.« Wie Frau Chmura ihm eine Hose und ein Hemd reicht, die viel zu klein sind, so dass er einfach in eine Decke gehüllt auf den Kutschbock steigt. Und wie er in dem kleinen Dorf Jemiołów plötzlich im Mittelpunkt des Interesses steht, alle Nachbarn herbeieilen und ihn, den Deutschen, bestaunen: »Ale fajny chłopiec!« – So ein netter Junge!

Jan Chmura, der 1949 geborene Sohn des Ehepaars Chmura,
erzählt: Meine Eltern waren kurz vor Kriegsende wegen
Arbeitsuntauglichkeit aus einem Arbeitslager im Deutschen
Reich entlassen worden. Vater galt als siebzig Prozent
arbeitsuntauglich, Mutter als sechzig Prozent. Vater war
1939 als Zwangsarbeiter eingezogen worden und hatte in
Halle in einem Schafstall gearbeitet und später in Hamburg
und Hannover Gleise repariert, die bei Bombenangriffen
zerstört worden waren. Mutter war ihm 1941 als Zwangs-
arbeiterin gefolgt. Auf dem Rückweg in ihre Heimat müssen
die beiden von der Front überrollt worden sein. Und da sie
nicht wussten, wohin sie zurückkehren sollten, haben sie
einen verlassenen deutschen Bauernhof im Dorf Jemiołów
(Petersdorf) im Kreis Sulęcin (Zielenzig) in Ostbrandenburg
übernommen.
Kurze Zeit später erkrankten Vater und Mutter an Typhus
und wurden ins Krankenhaus von Sulęcin eingeliefert.
Dort lernten sie Grzegorz kennen. Und da sie nicht mehr
jung waren und nicht wissen konnten, dass sie Jahre später
noch ein Kind bekommen würden, nahmen sie ihn an Kindes
statt an. Dass er ein Deutscher war? Das spielte für sie
keine Rolle, obwohl sie jahrelang unter Deutschen gelitten
hatten.
Am 16. Mai 1948 ließen sie ihren Pflegesohn in der Kirche
von Łagów auf die Namen Ignacy Kazimierz taufen. Das
geht aus den Kirchenbüchern hervor, die noch heute in der
Gemeinde lagern.

»Ojejej! Wie ich mich bei der Taufe geschämt habe!«, lacht
Grzegorz. »Ich war doch schon ein richtiger Junge!«

Er musste ein weißes Kleid tragen, das ihm bis zu den Knö-
cheln reichte, und die Blicke der vielen, vielen Neugierigen in

der überfüllten Kirche ertragen. Aber er war auch stolz. Er war etwas Besonderes. Er hatte eine »Tante« und einen »Onkel«, die sich um ihn kümmerten, sich mit ihm präsentierten und zu ihm standen. Wie er sie geliebt hat, die Chmuras! »Ojojoj!«

In der Klasse war Grzegorz der einzige Deutsche. Die Lehrer ließen ihn in Ruhe, aber die Schüler hänselten ihn. »Szkeber«, riefen sie hinter ihm her. »Szkeber!« Damals kannten alle dieses Schimpfwort für die Deutschen, heute hört Grzegorz es nur noch selten in alten Filmen. Die Hänseleien haben ihn geärgert, aber einschüchtern konnten sie ihn nicht. Als er sich nämlich bei »Tante« Chmura einmal darüber beschwerte, gab sie ihm unmissverständlich zu verstehen, dass er sich gefälligst zu verteidigen habe. »Du willst ein starker Junge sein? Wozu lege ich dir die Wurst aufs Brot?« Also schlug er zurück, wenn sie ihn rempelten und boxten, und wiegte sich in der Gewissheit, die »Tante« billige seine Fausthiebe. Es kümmerte ihn nicht, dass er nachsitzen musste, weil er einen Mitschüler verprügelt hatte, der ihn verpetzt hatte. Sein Selbstbewusstsein stieg sogar, als jener Denunziant, um Abbitte zu leisten, ihm heimlich Essen durch das Fenster ins Schulzimmer reichte. So weit also reichte Grzegorz' Macht. Die Mitschüler zollten ihm Respekt! Sie fürchteten seine Rache! Er konnte sich behaupten!

Ja, es hat ihm gefallen bei den Chmuras in Jemiołów und später in Łagów. Er lernte reiten, konnte die Pferde an der Deichsel lenken, half in der Landwirtschaft und kochte sogar für Tante Chmura, als sie im Krankenhaus lag. »Ich war ein fixes Kerlchen. Deswegen hat sie mich gemocht. Sie hat die ganze Welt in mir gesehen.«

Da kam Günter. Das muss etwa 1950 gewesen sein. Grzegorz hatte ihn völlig aus den Augen verloren, denn Günter hatte die Großmutter im Frühjahr 1945 nach kurzem Aufenthalt verlassen, um Geld zu verdienen. Der Kontakt zu ihm war völlig abgebrochen. Angeblich hatte Günter Briefe nach Költschen, das nun Kołczyn hieß, geschrieben – doch da sie nie angekommen waren, hatten sie ihm auch nie geantwortet. Günter wusste nicht, dass die Großmutter gestorben, dass Helmut und Siegfried im Kinderheim und Grzegorz bei Pflegeeltern waren. Allein hatte sich der Sechzehnjährige, der zunächst kein Wort Polnisch sprach, in einer feindlichen Umwelt durchgeschlagen. Der erste polnische Bauer, für den er zwei Jahre lang arbeitete, hatte ihm als Entgelt gerade einmal eine Schlafstelle und Essen geboten. Beim zweiten Polen hatte er obendrein Beschimpfungen und Schläge eingesteckt, da jener nach Kriegsausbruch aus seiner Posener Heimat in das Generalgouvernement vertrieben worden war – seitdem hasste er die Deutschen. Erst beim dritten Bauern hatte Günter 500 Złoty Lohn im Monat erhalten. Zwei Söhne dieses Polen waren 1940 als Offiziere von den Sowjets in Katyń umgebracht worden – seitdem hasste er die Russen. Obwohl es Günter gut ging auf diesem Hof, hat er noch einmal gewechselt, da das staatliche Gut in Szreniawa ihm fast doppelt so viel Lohn bot. In Szreniawa fand er endlich auch genügend Zeit und Geld, um sich über das Polnische Rote Kreuz auf die Suche nach seiner Familie machen zu können.

Helmut und Siegfried fand Günter erst nach mühseligen Nachforschungen, denn im Kinderheim trugen sie den Nachnamen Urbański nach der Großmutter. Am schwierigsten aber war Grzegorz zu entdecken, weil er sich in Łagów als Chmura ausgab.

Jan Chmura aus Łagów erzählt: Ich bin im Juni 1949 geboren, und Grzegorz hat mich noch neun Monate lang betreut. Danach hat ihn sein Bruder Günter nach Szreniawa geholt. Er hatte ihn über das Polnische Rote Kreuz suchen lassen.

Acht, neun Jahre haben wir Grzegorz nicht gesehen. Meine
Eltern haben sich sehr nach ihm gesehnt. Wenn Vater von
ihm redete, stiegen ihm die Tränen in die Augen. Grzegorz
war sein verlorener Sohn. Als er uns dann Ende der fünfziger
Jahre das erste Mal besuchte, hat ihn meine Mutter im ers-
ten Augenblick nicht wieder erkannt. Denn aus dem puber-
tierenden Jungen war ein gut aussehender, junger Mann von
über zwanzig Jahren geworden.

»Wer sind Sie?«, hat mich Tante Chmura gefragt, als ich sie
bei meinem Besuch Ende der fünfziger Jahre beim Holzhacken
überraschte. »Und ich: Sehen Sie doch mal genauer hin! Ojej,
wie sie mir um den Hals gefallen ist und geweint hat!«

Grzegorz hat es Günter nie verziehen, dass er ihn aus Łagów
weggeholt hat. Es ging ihm doch gut bei den Chmuras! Und
was hatte Günter zu bieten? Zumal er gerade in Oppeln seinen Militärdienst ableistete und Günter in der Landwirtschaftlichen Produktionsgenossenschaft von Szreniawa nur seine
Schwägerin und ihr erstes Kind vorfand, was ihm nicht son-
derlich behagte, da sie zunächst in einem Zimmer unterkommen mussten. Als er später in das Haus für die Saisonarbeiter
der LPG umziehen konnte, hatte er zwar ein eigenes Zimmer –
aber die Arbeit war schwerer als in Łagów und das Kantinen-
essen weit schlechter als bei Onkel und Tante.

Einmal hat Grzegorz sogar versucht zurückzukehren. Aber
ohne Landkarte, ohne Geld – wie sollte ein Vierzehnjähriger
da den richtigen Weg in das 130 km entfernte Łagów finden?
So gab er auf und sehnte sich fortan. Nach dem schönen Łagów
an den zwei großen Waldseen und nach seinen liebevollen Er-
satzeltern. Tante und Onkel hätten ihn nie im Stich gelassen
wie Günter, der die LPG in Szreniawa bald auf der Suche nach
einer besser bezahlten Arbeit verließ, mal hier und mal dort

lebte und 1958 mit Frau und drei Kindern einfach zum Vater in die DDR abhaute! Zwar hat ihn Günter kurz vor der Ausreise gefragt, ob er mitkommen wolle. Doch da ist Grzegorz dem Bruder nicht ein zweites Mal gefolgt.

Wer weiß, was ihn in der Fremde erwartet hätte? Das Deutsch aus den ersten Kinderjahren hatte er völlig verlernt. Mit Deutschland assoziierte er nichts. Der Vater war ihm fremd, er hatte ihn vielleicht ein Dutzend Mal im Leben als Kleinkind gesehen. Da blieb er lieber bei dem, was er kannte. Polnisch war nun seine Muttersprache und Polen seine Heimat. Hier hatte Grzegorz Kollegen und Bekannte gewonnen – und kam nicht schlecht an bei den Frauen.

Er konnte sich sehen lassen. Seine Haare waren schwarz wie die des Vaters, sein Gesicht lang und schmal wie das der Mutter. Trotz der Widrigkeiten des Schicksals war er gesellig und humorvoll. An den Wochenenden zog er die Sonntagshose hervor, der er unter der Matratze eine Bügelfalte einzupressen pflegte, und schmierte sich Brillantine ins Haar, damit es keck in die Höhe stand. »Wenn ich auf Hochzeiten und Festen auf dem Akkordeon spielte, dann hatte ich am Abend die Taschen voller Adressen von Frauen, die sich mit mir treffen wollten. Ohoho! Das war ein schönes Leben!«

Ja, er gehörte dazu, auch wenn er mit seinem Namen immer als Deutscher galt. Seine fröhliche Art zerstreute jedoch Vorbehalte und verschaffte ihm Anerkennung. Vom Mann für alles auf der LPG stieg er auf zum Traktoristen, später wurde er Kraftfahrer in einer Landwirtschaftsschule und 1976 selbstständiger Taxifahrer. Das gefiel ihm. Da konnte er seiner Leidenschaft frönen. »Denn wie alle Klawitter-Söhne«, sagt seine Frau, »hat er einen Tick mit den Autos.« Und fuhr nicht nur den in Polen üblichen Fiat, sondern einmal sogar einen alten Mercedes.

Eigentlich könnte es ihm gut gehen. Als ehemaliger Taxifahrer ist er stadtbekannt und gern gesehen. Mit seiner zweiten Frau pflegt er einen liebevollen Umgang und nimmt teil an allen Familienfeiern ihrer Kinder aus erster Ehe. Aber je älter er wird, desto mehr kehren die Bilder aus der Kindheit zurück. Manchmal schreckt Grzegorz nachts aus dem Schlaf hoch, weil er wieder im Scheunentor steht und die Nachbarn entdeckt, die sich erhängt hatten. »Zu zweit an einem Strick! Verstehen Sie das?«

Manchmal weint er auch, wenn er an die Mutter denkt und sich vorstellt, wie es wäre, falls sie noch lebte. Wenn die Schwiegermutter fast hundert Jahre alt geworden ist, warum hatte dann seine Mutter nicht mindestens die Neunzig erreichen können? »Sie war eine sehr gute Mutter. Sie hat niemandem ein Leid angetan. Sie hat für uns gesorgt. Zwei Mal wollte sie sich wegen ihrer Krankheit aufhängen, hat sich aber überlegt: Ich kann euch nicht allein lassen. Mich soll sie am meisten geliebt haben. Nach dem Vater habe ich mich nie gesehnt. Aber nach der Mutter sehne ich mich bis heute.«

Als sich vor zwei Jahren herausstellte, dass seine zweite Frau an Krebs erkrankt war, geriet Grzegorz in Panik bei der Vorstellung, noch einmal könnte er den liebsten Menschen durch Krebs verlieren. Er war völlig deprimiert, sein Herz spielte verrückt. So musste seine Frau einen kühlen Kopf bewahren, obwohl sie es war, die zur Operation ins Krankenhaus fuhr. »Allein schon deswegen muss ich gesund werden«, sagt sie, »damit sich seine Herzkrankheit nicht verschlimmert.«

Auch Helmut hat mit dem Herzen Probleme. Er werde an einem Infarkt sterben, ist er überzeugt. Er braust schnell auf, sagt oft ein unbedachtes Wort, legt sich schnell mit Kollegen an und ist jedermann gegenüber misstrauisch. Den Telefonhörer nimmt er grundsätzlich nur auf, wenn ihm derjenige, der eine

Nachricht auf dem Anrufbeantworter hinterlässt, bekannt und vertraut ist. Überall wittert er eine Demütigung, eine Bedrohung, eine Gefahr. Als sei er von einer ausschließlich bösen und Angst einflößenden Umwelt umgeben. »Das kommt bestimmt vom Kinderheim«, sagt Helmut. Denn das Kinderheim in Rydzyna hat sich als Albtraum in sein Gedächtnis gebrannt. »Da wurde ich malträtiert, weil ich Deutscher war.«

Zwar wurden die meisten Zeugnisse auf den Namen Urbański ausgestellt. Doch manchmal tauchte in einem Doppelnamen auch der »Klawitter« auf, so dass selbst hinter dem polnisch sprechenden Jan viele Mitschüler »Faschist« und »Hitlerist« und »Schwabe« herriefen. Sicherheitshalber ließ die Schuldirektion Helmut-Jan und andere Deutsche noch einmal nach polnisch-katholischem Ritus taufen, um ihre deutsch-protestantische Tradition zu überdecken. Das schmerzte und kränkte ihn. Er hatte das Gefühl, zu einer Demutsgeste gezwungen worden zu sein, die keine Anerkennung fand.

Helmut gehörte nicht dazu. Überall wurde er ausgegrenzt und zurückgestoßen. Einmal kam eine Frau aus Posen, um ein elternloses Kind zu adoptieren. Da Helmut und Siegfried als Vollwaisen galten, empfahl ihr der Direktor einen der beiden Brüder. Ein Kind mit deutscher Abstammung? Die Frau empfand den Vorschlag als Zumutung und verließ das Heim auf der Stelle. »Tut mir Leid«, hat der Direktor zu Helmut gesagt. »Keiner will euch haben, weil ihr Deutsche seid!«

Helmut lief mit einem Stigma herum, das ihm völlig unerklärlich blieb. Wenn seine Großmutter, ausgewiesen durch Sprache und Namen, eine Polin gewesen war, dann musste doch auch seine Mutter eine Polin gewesen sein. Warum sollte er, der ebenfalls fließend Polnisch und kein Deutsch sprach, ein Deutscher sein? Und wofür sollte er als Deutscher büßen, wo er doch bei Kriegsende gerade viereinhalb Jahre alt war?

Die stalinistischen Jahre waren die schlimmsten. Fast immer wurde Helmut für das bestraft, was andere verbrochen hatten. Wer hatte auf dem Flur getobt? Wer dem Mitschüler ein Bein gestellt? Immer zeigten die Finger auf ihn: Der Deutsche war's. So schien es Helmut zumindest. Die Angst kroch schon in ihm hoch, wenn der Tag begann. Die Mitschüler aus seiner Klasse ließen ihn zwar in Ruhe. Aber die Schüler aus anderen Klassen und die Erzieher straften ihn aus Willkür, Bösartigkeit oder auch, um sein zunehmend aufbrausendes Wesen zu züchtigen. »Aber je mehr sie mich schlugen«, sagt Helmut, »desto mehr brach die Wut aus mir heraus.« Zumindest verbal.

Einmal hat sich der Direktor persönlich an ihm vergangen. Ein Schüler hatte die frisch gestrichenen Wände im Flur mit schwarzer Schuhcreme beschmiert. Als wieder der »Niemiec« beschuldigt wurde, hat ihn Direktor Dobrowolski, der bei der Taufe als sein Pate fungiert hatte, am Kragen gepackt, ins Krankenzimmer geschleppt, ihn mit dem Knie in eine Ecke gedrückt und mit den Fäusten ins Gesicht geschlagen. Rechts und links und rechts und links. Bis die Krankenschwester dazwischen ging, weil die blinde Wut des Mannes sie erschreckte und das Wimmern des Kindes ihr Mitleid weckte. »Damals habe ich mir geschworen«, sagt Helmut, »dass ich Schluss mache mit meinem Leben, wenn ich noch einmal so behandelt werde.«

Gewehrt hat er sich nie. Nicht nur, weil er klein und zart war. Instinktiv zog er sich zurück, um weder im Guten noch im Bösen die Aufmerksamkeit auf sich zu lenken. Er wollte nicht in den Wettbewerb treten, weder die Wut noch den Neid anderer provozieren. Er wollte so unauffällig wie möglich sein. Wenn ihn jemand ansprach, stieg ihm sofort das Blut in den Kopf. Er wagte auch nie, seinem Gesprächspartner in die Augen zu sehen, und vertraute sich niemandem an. Er war scheu, sensibel, zurückhaltend – bis ihm vor lauter innerer Spannung die Nerven durchgingen. Dann brauste er unkontrolliert auf und wurde laut. So schwankte er zwischen Zurückgezogenheit und verbalen Ausfällen.

Nach Stalins Tod verbesserte sich glücklicherweise das Klima im Kinderheim. Da hat ihn ein Lehrer am Heiligabend sogar einmal mit nach Hause mitgenommen. Außerdem entdeckte Helmut in dieser Zeit den lieben Gott und ging, solange die Kommunisten es erlaubten, jeden Sonntag in die Kirche. Zumindest IHM konnte er vertrauen, für Schönes danken und wegen Sünden beichten. Und weil ER ihm Trost spendet, denkt er bis heute jeden Abend an IHN, auch wenn andere sagen, dass es IHN gar nicht gibt.

Dann kam das Jahr 1956. Die Zeit des »Tauwetters«, als der stalinistische Parteichef Bolesław Bierut durch den liberaleren Władysław Gomułka abgelöst und die Grenzen offener wurden. Da stellte sich dank der Ermittlungen des Polnischen Roten Kreuzes heraus, dass Vater Erich Klawitter nach dem Krieg aus jugoslawischer Gefangenschaft entlassen worden war und sich in Elmenhorst bei Stralsund niedergelassen hatte. Zwar gingen die Nachforschungen auf eine Initiative von Günter zurück. Doch als der Vater erfuhr, wo seine beiden jüngsten Söhne lebten, hat er ihre Übersiedlung in die DDR beantragt. Hoffnung keimte im siebzehnjährigen Helmut auf. Die Hoffnung auf Schutz, auf Zuneigung, auf ein Zuhause, auch wenn die Verständigung anfänglich schwer werden würde, da er kein Deutsch sprach und der Vater kein Polnisch.

Die Ausreiseprozedur verlief reibungslos – Polen wollte sie loswerden. Noch in den Schulferien 1957 wurden Helmut und sein Bruder Siegfried über Leszno nach Stettin in ein Sammellager und einen Tag später über die Grenze gebracht. Helmut war aufgeregt. Wie würde er seinen Vater erkennen? Was für ein Mensch war er? Wie würde er mit ihm zurechtkommen?

Als dann ein kleiner, schmächtiger, schwarzhaariger Mann vor dem Lager in Fürstenwalde jemanden laut ansprach und dabei den Namen Klawitter fallen ließ, stieß Helmut seinen Bruder an: »Das muss unser Vater sein!« Gleich die erste Begegnung brachte jedoch die Ernüchterung. Der Vater nahm sie zwar mit in die Bahnhofsgaststätte, aber Essen und Trinken bestellte er nur für sich – und ließ die Söhne zuschauen. Einfühlung und Fürsorge konnten sie sicher nicht von ihm erwarten. Siegfried fühlte sich bestätigt. »Das ist nicht mein Vater«, hatte er schon in Polen gesagt. »Hat der sich je um mich gekümmert? Warum soll ich zu ihm ziehen?«

Helmut nahm die Herausforderung jedoch an und versuchte, sich mit dem Vater zu verständigen und in der DDR eine neue Heimat zu finden. Er arbeitete in der LPG auf und war zufrieden, dass er die Kuh- und Schafställe ausmisten konnte, denn dazu brauchte er keine Sprachkenntnisse. Er gab sich auch zufrieden mit den zunächst beengten Wohnverhältnissen, da sich die Brüder mit dem Vater und seiner neuen Freundin ein einziges Zimmer zu teilen hatten. Siegfried hingegen hat die Arbeit verweigert, sich an allem gestoßen und gestänkert: »Warum bleibt das zweite Zimmer immer abgeschlossen? Sind wir nicht gut genug, um die Möbel der Stiefmutter zu benutzen?« Er wurde unhöflich, unwirsch, aggressiv. Als er die »außereheliche« Frau des Vaters einmal sogar schlug und sie sich darüber beim Vater beschwerte, kam es – ausgerechnet auf Helmuts Geburtstag – zur handgreiflichen Auseinandersetzung. Der Vater warf den Tisch mit der Geburtstagstorte um, griff nach dem Brotmesser und jagte dem Sohn auf der Straße hinterher. »Die Leute dort wussten schon«, sagt Helmut, »dass wir es nicht lange beim Vater aushalten würden.« Er war als jähzornig bekannt.

In der Nacht schliefen die beiden Brüder beim Dorfpolizisten, danach durften sie ein Zimmer in der LPG beziehen. In jener Zeit muss Siegfried hinter Helmuts Rücken begonnen haben, im polnischen Konsulat von Berlin ihre Rückreise nach Polen zu betreiben. Siegfried wollte auf keinen Fall beim Vater bleiben und ein Deutscher werden. Und er hatte Erfolg. Kurz vor Weihnachten 1958 kamen die Papiere. Helmut war sprachlos, verärgert, er legte Protest ein. Und setzte sich schließlich doch neben Siegfried in den Zug nach Berlin und von dort in den Zug nach Polen und kehrte nach nur anderthalb Jahren zurück – ins Kinderheim von Rydzyna. Welch eine Niederlage! Welch eine traumatische Situation! »Warum«, fragt er sich heute ungläubig, »habe ich das mit mir machen lassen?«

Warum ist er seinem Bruder gefolgt, obwohl er oft im Widerspruch zu ihm stand? Wollte er den Kontakt nicht verlieren, weil er trotz allem noch immer die ihm nächste Person war? Oder war es ihm letztlich gar nicht wichtig, wo er lebte, weil er nirgends und überall zu Hause sein konnte?

Erstaunlicherweise arrangierte er sich nämlich auch in Polen wieder. Einige jener Jahre zählt er heute sogar zu den schönsten seines Lebens. Der neuerliche Aufenthalt in Rydzyna blieb eine kurze Episode. Verbotenerweise hatte er mit zehn anderen Jungen ein Kino besucht, und als er sich weigerte, die Namen seiner Kumpanen zu verraten, wurde ihm nicht nur eine Glatze geschnitten, sondern auch das Bleiberecht im Heim entzogen. Er flog raus – für ihn ein glücklicher, wenn auch anfänglich schwieriger Umstand. Ohne Geld und ohne Fahrkarte begab er sich zu früheren Mitschülern nach Posen, beschaffte sich mit ihrer Hilfe verschiedene Übernachtungsmöglichkeiten bei verschiedenen Tanten – mal im Ehebett eines verstorbenen Ehemannes, mal auf einer Liege in der Küche – und schlug sich mit Gelegenheitsarbeiten durch. Sein Status war äußerst fragil. Er besaß einen DDR-Pass und musste sich regelmäßig bei der Ausländerstelle der Bezirkspolizei melden. Aber irgendwie fand er immer Arbeit.

Er wurde Telefonist in einer Schuhhandelsfirma, arbeitete beim Bau, als Straßenbahnschaffner und am längsten als Hausmeister im Armeekindergarten in der Grundwaldzka-Straße 34. »Ich heiße Helmut Klawitter-Urbański«, hat er sich dort vorgestellt. »Aber ihr könnt Heniu zu mir sagen.« Er hatte zwölf Zimmer zu heizen, kleine Reparaturen auszuführen, auf Ordnung zu achten. Er bekam zwar keine Betriebswohnung, so dass er keinerlei private Rückzugsmöglichkeit besaß und auf der Liege des Krankenzimmers übernachten musste. Aber er verdiente gutes Geld und fühlte sich unter den Kindern wohl. Sieben volle Jahre lang. Dann hat er sich wegen Lohnforderungen mit der Direktorin verkracht. Bis heute kann er nicht verhandeln, weil er immer noch ungeduldig wird, rechthaberisch und auch beleidigend. Denn er spürt nicht, wann er über das Ziel hinausschießt und andere verletzt, weil er sich selbst so bedroht fühlt.

»Guten Morgen«, hat er so wenig später unbedacht auf Deutsch eine Frau im Büro des Polnischen Roten Kreuzes gegrüßt, wo er eine neue Anstellung als Kraftfahrer gefunden hatte. Er wollte nichts anderes als seine Fortschritte im Deutschkurs demonstrieren. »Aber die Frau«, sagt Helmut, »hat sich schrecklich beleidigt gefühlt und Krach beim Direktor geschlagen.« In einem Land, in dem Ende der sechziger Jahre jedes deutsche Wort noch als Sprache des nationalsozialistischen Okkupanten empfunden wurde, musste seine Äußerung als Provokation erscheinen. Ein Pole wäre wohl mit einer Rüge weggekommen, bei ihm als Deutschen lieferte der Ausrutscher den willkommenen Anlass für eine harte Strafe. Innerhalb von 48 Stunden hatte Helmut das Land zu verlassen. Und obwohl er all die Jahre nicht mit seinem Bruder Siegfried zusammen-

Frankfurt/Main, von dort in ein Lager im Kreis Kehl gebracht, danach in ein Lager in Karlsruhe, von dort in ein Lager nach Mannheim – wo sie endlich eine eigene Wohnung innerhalb jenes sozialen Wohnungsprogramms erhielten, das Vertriebenen und DDR-Flüchtlingen Heimat bieten sollte. Das Haus war noch nicht verputzt, die Wege verwandelten sich bei Regen in Schlamm, aber immerhin waren sie raus aus den Lagern, und niemand konnte ihnen mehr hineinreden.

Ein Vierteljahr haben sie auf dem Fußboden geschlafen. Was Günter verdiente, reichte nur für wenig mehr als das Essen. Und zu essen gab es Brot mit Sanella und ein Glas Milch. Auf jede fünf Mark, die Günters Frau zusätzlich mit Nähen verdiente, war sie stolz, denn in Gedanken übersetzte sie sie sofort in Brot und Aufstrich für die Kinder. »Aber wie der Klawitter so ist: ein Auto, ein Auto, ein Auto! Da war noch nicht viel in der Wohnung, da kaufte er schon eine Isetta. Oh, habe ich gedacht, geht das schon wieder los mit den Autos.«

Manche Ehe wäre in die Brüche gegangen. »Aber wenn ich mich hätt' scheiden lassen, hätt' ich aufkommen müssen für Miete und alles. Da hab ich gedacht: Wurschteln wir weiter.« Langsam stieg Günter bei der Post auf vom Kraftfahrer bis zum Posthauptschaffner. Bei fünf Kindern blieb trotzdem nichts übrig. Da wurden selbst die Reisen zum Bruder nach Polen gestrichen.

Zwei Mal hatten sie sich auf den Weg zum Bruder in Polen gemacht. Das ist schon lange her. Erfreulich war es nicht. Aus dem lustigen Grzegorz war ein übellauniger, schnell aufbrausender Ehemann geworden, der ständig Streit mit seiner ersten Ehefrau suchte und sie kurze Zeit später tatsächlich verließ. »Das muss ich mir nicht antun«, entschied Günters Frau nach dem zweiten Besuch und fuhr nie wieder hin. Im Übrigen brauchte sie das Geld, um die Konfirmationen und die Hochzeiten ihrer fünf Kinder auszurichten, die Enkel zu beschenken und sich nach dreißig Jahren in einer Wohnung mit Öfen endlich eine renovierte Neubauwohnung mit Zentralheizung einzurichten. Haben sie nicht schon genug eigene Sorgen? Wozu sich da noch mit den Problemen der jüngeren Geschwister belasten, zumal sie von Günters Angeboten zur Übersiedlung in die Bundesrepublik keinen Gebrauch machen wollten.

»Soll der eine den anderen nicht mit seinen Dingen belasten«, meint auch Grzegorz. »Wir sind zu früh auseinander gegangen. Wir haben keine Beziehung untereinander. Denn wo die Mutter stirbt, zerfällt die Familie.«

Insgeheim aber hegt jeder den anderen gegenüber einen Groll, weil sie seine Erwartungen nicht erfüllt haben. Grzegorz nimmt Günter übel, dass er ihn aus Łagów weggeholt, in Polen sitzen gelassen und vom Westen her nicht unterstützt hat. »Jetzt kann ich auch auf ihn verzichten«, sagt Grzegorz.

Günter nimmt Grzegorz übel, dass er sich nicht dankbar gezeigt hat für seine Bemühungen, die Geschwister zusammenzuführen, ihm noch Schuldgefühle macht, wenn er ihn mangelnder Fürsorge zeiht, und sogar offen als Deutschen beschimpft. »Er ist anders als die anderen Geschwister«, sagt Günter.

Helmut nimmt Siegfried übel, dass er sich nicht loyal verhalten und hinter seinem Rücken agiert hat. Außerdem hat er ihn wie kein anderer beleidigt hat, als er ihm eines Tages, schon nach der Wende, hasserfüllt bei einem Besuch entgegenschleuderte: »Dir steht doch die Frau im Gesicht geschrieben!« – »Könnte ich dank einer Satellitenschüssel nicht die polnischsprachige, katholische Radiostation Maryja empfangen«, sagt Helmut, »wäre ich manchmal verzweifelt. Ich habe mir nie Männer geholt, obwohl ich doch allein wohne und eine sturmfreie Bude habe. Dass ich nicht geheiratet habe, hat seinen Grund allein darin, dass ich ganz auf mich gestellt war, keine eigene Wohnung hatte, kein eigenes Geld, keine Bekannten, keine Kollegen, keine Freunde und mein ganzes Leben im Kinderheim nur mit Männern verbracht habe. Die Angst zu versagen führte wahrscheinlich dazu, dass ich nie daran gedacht habe, mir eine Freundin anzulachen und zu heiraten.«

Und Siegfried? Siegfried, dessen Telefonrechnungen in den letzten Monaten vor seinem Tod fast nur Nummern aus Polen aufweisen und in dessen kargem Nachlass sich Briefe von ehemaligen Klassenkameraden aus dem Kinderheim fanden, die er mit viel Mühe ausfindig gemacht hatte, setzte am 20.3.2003 ein Testament auf:

Ich Zygfryd Klawitter, geb. 25. Juni 1939 in Maszków (Polen)
Verfige nachstehend als meinen letztem Willen. Meine
Brüder und seine Nachkommen erben nichts.
Als Alleinerben setzte ich Herrn A. A. ein, da er mir während
meiner schweren Krankheit sehr geholfen hat. Sollten meine
zwei Katzen noch leben, solt er für diese angemessen sorgen.

Als der Nachbar A. A. Siegfrieds Wohnung auflöste, fand er an verborgenen Stellen Zeitungsausschnitte, die die Vermutung nahe legten, dass Siegfried eben jenen Neigungen nachging, deretwegen er Helmut beschimpft hatte.

»Du gehörst nicht hier rein!«
Karpatendeutsche in Bayern

In der alten slowakischen Heimat lebten sie einen Steinwurf voneinander entfernt, in der neuen süddeutschen Heimat trennen sie gerade einmal vier Kilometer. Für Alfred ist seine Tante Hilde wie eine Schwester, denn sie ist nur vier Jahre älter als er. Beide gingen sie im selben Dorf zur Schule, beide wurden sie bei Kriegsende evakuiert und nach dem Krieg in der Tschechoslowakei als Deutsche interniert. Dennoch gehen beide ganz unterschiedlich mit den Erinnerungen um, und ganz unterschiedlich waren ihre Reaktionen angesichts der Ablehnung, auf die sie in der neuen Heimat stießen.

Noch einmal anders setzt sich Armin, Alfreds Sohn, mit der Vergangenheit auseinander. Er wuchs nicht nur auf mit den Traditionen und Gefühlen aus der Familie seines Vaters und seiner Tante. Er sah sich auch konfrontiert mit den Traditionen und Gefühlen aus den Familien von Einheimischen. Denn seine Mutter und Hildes Mann sind eingeheiratet.

Alfred P., Jahrgang 1936
Als wir 1946 unsere Heimat verlassen mussten, war ich zehn Jahre alt. Wie weit die eigene Familiengeschichte in der Slowakei zurückreicht, kann ich nicht sagen. Aber der Ort wurde bereits im 14. Jahrhundert von Deutschen gegründet. Bis 1919 gehörten wir zur k. u. k. Monarchie und galten als Oberungarn, danach wurden wir Teil der neu entstehenden Tschechoslowakei. Meine Tante Vroni sagte immer, sie könne nicht richtig Deutsch und nicht richtig Slowakisch und nicht richtig Ungarisch. Ich bin als tschechoslowakischer Staatsbürger gebo-

Hilde ist Alfreds (o.)
Tante, obwohl sie
nur vier Jahre älter
ist als er. Gemein-
sam haben sie viele
Situationen durch-
litten: die Evakuie-
rung nach Kriegs-
ende und die
anschließende Inter-
nierung. Gemein-
sam gingen sie auch
nach Deutschland,
wo sich das Erlebte
ganz unterschiedlich
auf ihr Leben aus-
wirkte. Armin,
Alfreds Sohn, wuchs
nicht nur mit den
Traditionen von
Hilde und Alfred
auf, sondern auch
mit denen der Ehe-
partner – diese
sind Einheimische.

ren, habe aber nie Slowakisch gesprochen. Denn in unserem Dorf lebten fast ausschließlich Deutsche, und 1942, als ich zur Schule kam, war die Unterrichtssprache Deutsch.

Unser Dorf zieht sich wie viele andere Dörfer in der gebirgigen Mittelslowakei auf beiden Seiten eines Baches entlang. Seit den dreißiger Jahren nannten wir die Gegend »Hauerland«, weil viele umliegende Orte – Glaserhau, Neuhau, Krickerhau – auf die Silbe -hau endeten, da sie aus dem Wald »gehauen«, das heißt gerodet worden waren.

Meine Großeltern bauten Getreide an, lebten aber vor allem von der Aufzucht von Schafen und Kühen. Aus der Milch machten wir Käse, aus dem Fell der Schafe gewannen wir Wolle. Schon als kleiner Junge trug ich eine große Verantwortung beim Kühehüten. Wenn ein Tier sich selbstständig machte, war ich ganz verzweifelt.

Meinen Vater habe ich damals kaum gekannt. Unser Dorf war schön, aber arm. Schon mit vierzehn Jahren gingen junge Mädchen auf die großen Güter nach Schlesien. Jede Reichsmark, die sie erübrigten, tauschten sie gegen Kronen, um schnell eine Aussteuer zusammenzusparen. Männer wie mein Vater suchten ihr Glück ebenfalls im Ausland – als Maurer in Köln oder in Budapest. Im Frühjahr zogen sie los und kehrten meist nur zu den Feiertagen und im strengen Winter zurück. Bei einigen war ein Teil des Geldes dann bereits versoffen. Nicht wenige Familien litten deshalb Not, denn mit vier bis acht Kinder gab es viele hungrige Münder zu stopfen.

Mein Vater war sehr deutschnational, ein Nazi. Er freute sich über die Ausrufung der unabhängigen Slowakischen Republik am 14. März 1939. Und er begrüßte auch den »Schutzvertrag« mit dem Deutschen Reich, in dem Hitler den Slowaken den »Schutz des Führers« vor ungarischen Ambitionen angeboten hatte. Tatsächlich ging es der deutschen Volksgruppe in der

»Selbständigen Slowakei« unter dem Staatspräsidenten Monsignore Dr. Jozef Tiso besser als zuvor in der Tschechoslowakei. In Drexlerhau entstand beispielsweise eine Bürgerschule, eine Art Mittelschule, und während woanders Krieg geführt wurde, erlebten wir Anfang der vierziger Jahre einen wirtschaftlichen Aufschwung.

Ich sage immer: Wenn man die Menschen lange genug einer Propaganda aussetzt und sie mit einseitigen Informationen füttert, dann lassen sie sich auch heute noch verführen. Wir kannten damals ja nur die Nazi-Propaganda. Und nur wenige Familien in Drexlerhau hielten wie der Binder-Clan zu den Kommunisten, die sich gegen eine Lostrennung der Slowakei von Prag ausgesprochen hatten und im Tiso-Staat verboten wurden. »Wenn du etwas Verbotenes sagst, kommst du nach Dachau«, hieß es bei uns in der Familie immer zur Abschreckung. Frau Binder war nämlich in Dachau. Als sie gegen Ende des Krieges zurückkehrte, hatte sie schlohweißes Haar. Dabei war sie noch eine junge Frau.

Dass Krieg geführt wurde, merkten wir anfänglich nur daran, dass hin und wieder die Nachrichten vom Tod eines Vaters, eines Ehemannes oder eines Sohnes eintrafen. Die deutschen Männer kämpften als slowakische Staatsbürger entweder in slowakischen Einheiten oder aber – wenn sie sich freiwillig gemeldet hatten – in der SS. Richtig gespürt haben wir den Krieg aber erst, als am 29. August 1944 der Aufstand begann. Da hatten sich Kommunisten, bürgerliche Oppositionelle, tschechoslowakisch orientierte Armeekräfte und Partisanen gegen das Tiso-Regime zusammengeschlossen. Zeitweilig beherrschten sie die Hälfte der Slowakei, darunter auch das Hauerland.

»Viele Männer waren von ihren Arbeitsplätzen heimgekehrt, denn es kriselte in der ganzen Slowakei, und auf die Deutschen war man nicht gut zu sprechen«, hat Tante Vroni, eine

Schwester meiner Mutter, in einem Bericht über diese Zeit festgehalten. »Am Nachmittag eilte der Gemeindediener mit seiner Trommel durch das Dorf und verkündete, dass die Partisanen noch heute unser Dorf besetzen würden. Die Männer flüchteten in die Wälder oder zu den Stübeln, man befürchtete, dass man sie verschleppen würde.«

Damals ist in unserem Dorf eine Frau erschossen worden, als sie sich neugierig aus einem Fenster lehnte. Sonst ist nichts geschehen. Kurze Zeit später mussten sich Männer zwischen sechzehn und sechzig allerdings mit Schaufel und Pickel zu Schanzarbeiten sammeln. Aber auch sie hatten Glück und kehrten nach fünf Wochen zurück. In dem benachbarten Glaserhau hingegen wurden 187 Männer gefangen genommen, in einem Güterzug aus dem Ort gebracht, in einem Wald erschossen und in Massengräbern verscharrt. Pfarrer Josef Pöss, der diese Aktion der Partisanen als Einziger überlebte, hat der Nachwelt später detailliert darüber berichtet.

In Drexlerhau marschierten die Partisanen erst gegen Ende des Aufstands noch einmal ein. Meine Geschwister, meine Mutter und ich liefen die Hänge hinauf und versteckten uns mit anderen Frauen und Kindern oben in unserer Almhütte – dort, wo wir üblicherweise unsere Sommer verbrachten. Tante Vroni berichtete: »Bei uns hatten ungefähr 25–30 Personen Zuflucht gefunden. Man fühlte sich einigermaßen sicher, denn dichter Nebel umhüllte schützend unser Stübel. Wir saßen wie die Heringe in einer Dose. Da ging die Türe auf, ein Gewehrlauf kam zum Vorschein, und eine raue Männerstimme rief: ›Raus, alles raus!‹ Wir waren wie erstarrt. ›Raus, alles raus!‹, rief der Mann noch einmal, und langsam fanden die Ersten den Mut hinauszugehen. Der Partisan hatte sein Gewehr auf uns gerichtet, bis alle draußen waren. ›Wo sollen wir denn hin?‹, fragten wir den Mann, zitternd und weinend vor Angst. Aber er verstand uns nicht, und wir versuchten es auf Slowakisch. Doch da verstand er uns noch weniger – er war ein Franzose und hatte als Kriegsgefangener in den Rüstungsbetrieben von Dubnitz an der Waag gearbeitet, bevor er sich dem Aufstand anschloss. Unser trauriger Zug ging den Berg hinunter auf das Dorf zu. Wir flehten den Mann an, uns laufen zu lassen, aber er zuckte nur die Achseln und sagte in gebrochenem Deutsch: Krieg schlecht, aber ich nicht schießen.«

Mein Vater hatte sich ohne unser Wissen auf dem Dachboden der Almhütte versteckt und mit angesehen, wie wir abgeführt wurden. Er wollte aber keinen Schusswechsel riskieren, ist anschließend nur auf Schleichwegen hinüber nach Krickerhau gelaufen und hat die deutschen Einheiten informiert. Schon am Abend rückten die ersten deutschen Spähtrupps ein, und die Partisanen zogen sich kampflos zurück. Da am nächsten Tag jedoch wieder Gefechtsdonner zu hören war, sind wir über den Bergrücken nach Krickerhau geflüchtet. Damals habe ich am Rande unseres Pfades den ersten toten Soldaten gesehen. Eine Kugel hatte ihm die Schädeldecke aufgerissen. Ich war so verstört, dass ich geschrien habe. Und nicht mehr sagen kann, ob es sich um einen Deutschen oder Franzosen oder Slowaken gehandelt hat.

»Als nach ein paar Tagen wieder Ruhe eingetreten war, kehrten wir heim. Einige Scheunen waren abgebrannt, einige Häuser durch die Einschläge beschädigt, zwei Personen durch Granatsplitter getötet. Die Stimmung war gedrückt, aber wir waren wieder daheim. Man holte das Obst und die letzten Kartoffeln vom Feld. Es wurde geackert und gesät – dass wir aber nicht mehr ernten würden, das dachte niemand. Die Ruhe im Dorfe war nur eine Ruhe vor dem Sturm, die russische Front rückte von Polen immer näher. Gerüchte verbreiteten sich, dass die Deutschen ausgerottet werden sollten.«

Wegen der unsicheren Lage wurden alle Schulkinder ins Sudetenland evakuiert. Mir fiel der Abschied nicht schwer, glaubte ich doch, bald wieder zurückkehren zu können. Außerdem begleitete mich neben meiner älteren Schwester auch Tante Vroni, die uns als Aufsichtsperson zugeteilt worden war. Auf einem LKW gelangten wir am 16. November 1944 zur Bahnstation nach Krickerhau, von dort ging es weiter ins Sudetenland. Für mich war die Reise vor allem ein Abenteuer – meine erste Fahrt mit dem Zug. Die Front ängstigte mich nicht, zumal im Sudentenland noch alles ruhig blieb. Wir nächtigten bei Gablonz in verschiedenen Bauden, erhielten morgens Unterricht und wurden nachmittags von sechzehn-, siebzehnjährigen HJ-Mitgliedern ausgebildet, »Russen zu bekämpfen«. Nach kurzer Zeit brachen Unterricht und Spiele allerdings zusammen, wir zogen von der Baude in Privatquartiere um, und immer mehr Eltern holten ihre Kinder zurück, obwohl es verboten war. Zum Schluss waren wir auf ein kleines Häuflein zusammengeschrumpft.

Da kam die Nachricht, dass ganz Drexlerhau nach den Weihnachtsfeiertagen evakuiert werden würde und meine Mutter uns mit meinen beiden kleineren Geschwistern trotz einer fortgeschrittenen Schwangerschaft nach Gablonz folgen sollte. Nur kurze Zeit fanden wir alle zusammen Unterkunft in einer Kellerwohnung, da hieß es, die Flüchtlinge müssten wieder weg – trotz klirrender Kälte auf einem offenen Lastwagen weiter nach Westen. Als wir in Falkenau ankamen, merkten wir, dass einem kleinen Kind ein Ärmchen bis zum Ellbogen erfroren war. Nur einzelne solcher herausragenden Ereignisse haben sich aus jener Zeit in meinem Gedächtnis festgesetzt. Etwa jene Aktion in einer Bilderrahmenfabrik im Sudetenland, bei der wir als vorübergehende Mitbewohner dem Besitzer halfen, die gerahmten Hitler-Bilder und -Büsten zu verbrennen. Oder jener Brand, bei dem kurz vor Kriegsende ein Haus in unserer Nähe aus ungeklärten Gründen in Flammen aufging und die Bewohnerin tot im Garten lag.

Dann kam der 8. Mai, die Glocken läuteten, der Krieg war zu Ende. Schon nach wenigen Tagen hörten wir von dem geplanten Rücktransport. Wir packten unsere wenigen Habseligkeiten in Kisten und fuhren mit einem LKW nach Langenau bei Haida. »Es herrschte Hochstimmung, als sich der Zug in Bewegung setzte«, schrieb Tante Vroni. »Es war der 16. Mai 1945, ein herrlicher Frühlingstag, unsere Gedanken kreisten nur noch um Drexlerhau. Was hatte sich dort während unserer Abwesenheit wohl zugetragen?«

Die Reise erschien endlos. Einmal wurde unser Zug einfach auf ein Nebengleis geschoben und mehrere Tage stehen gelassen. Wir besaßen kaum noch Nahrung. Als bei Pardubitz erstmals Kaffee für die Kinder angeboten wurde, machte sich meine Mutter mit einer Milchkanne auf den Weg. Da fuhr der Zug plötzlich ab. Mutter blieb zurück, hochschwanger, ohne Geld, ohne slowakische Sprachkenntnisse. Wir aber rollten weiter mit Tante Vroni und hofften auf ein Wiedersehen. Tatsächlich waren es vielleicht noch dreißig Kilometer Luftlinie bis Drexlerhau, als wir aus dem Zug aussteigen mussten. Doch statt nach Drexlerhau kamen wir in das fünf bis sechs Kilometer entfernte Arbeitslager Nováky, in dem bis zum Slowakischen Aufstand etwa 1600 Juden eingesessen hatten. »Uhren, Schmuck, Sparbücher, Pässe und sonstige Papiere, kurz, das meiste, was uns wert war, wurde uns abgenommen«, hat Tante Vroni aufgeführt. »Dann wurden wir in einen großen leeren Raum geführt, hier sollten wir die Nacht verbringen. Die Kinder weinten vor Hunger, aber es gab nichts zu essen. Die meisten Menschen schliefen schließlich vor Erschöpfung ein.« Das muss etwa am 12. Juni 1945 gewesen sein.

Wir kamen in die Baracke vier, die meisten Insassen mussten auf dem blanken Boden schlafen. Vier Mal am Tag erhielten wir eine kleine Scheibe Brot, morgens und abends schwarzen Malzkaffee, gelegentlich eine dünne Wassersuppe mit Erbsen oder Bohnen. Wir hungerten. Mein kleiner Bruder weinte oft: »Ich will eine Schnitte.« Nachts erbarmte sich manchmal jemand und schenkte ihm eine Brotkruste, damit er still wurde und die anderen schlafen konnten. Auch ich hatte immer Hunger. Aber ich habe nicht ein einziges Mal gebettelt. Ich habe nur sehnsüchtig gewartet, wenn Hilde, die jüngste Schwester meiner Mutter, von ihrer Arbeit als Kindermädchen bei einer slowakischen Bäuerin in Skácany zurückkehrte. Denn diese Slowakin schickte uns jede zweite Woche Brot, Butter, Salz und etwas Seife. »Leider konnten wir uns nie richtig satt essen, da wir alles auf vierzehn Tage einteilen mussten«, steht in den Aufzeichnungen von Tante Vroni. »Jeden Sonntag standen Scharen von Kindern am Zaun, um auf Menschen zu warten, die von draußen kamen. Die erste Frage war immer: ›Hast du Brot mitgebracht?‹ Längst war uns bewusst, dass Brot zu haben keine Selbstverständlichkeit ist, und es wurde uns zum Heiligtum.«

Viele sind damals verhungert. Mein jüngster Bruder Ernst bekam Durchfall und magerte immer mehr ab. Wir fürchteten das Schlimmste. Da meine Mutter inzwischen in Drexlerhau angekommen war, hat Tante Vroni ihr in einem Brief von der schweren Erkrankung ihres Sohnes berichtet. Meiner Mutter wurde jedoch nicht gestattet, das Kind aus dem Lager zu holen. So zog sie freiwillig zu uns – in die verlauste, zugige Baracke – konnte aber auch nichts mehr ausrichten. Einen Tag nach ihrer Ankunft ist mein Bruder gestorben.

Kurze Zeit darauf fuhr Mutter zur Entbindung ins Krankenhaus von Priwitza. Die Wehen setzten jedoch nicht ein, also kehrte sie nach zwei Tagen zurück. Schon in der Nacht darauf wurde das Kind geboren – im Lager. Meine Mutter stillte das Mädchen zwar, es blieb aber schwach und bekam eine Lungenentzündung und Typhus. Da im Lager keine Medikamente zur Verfügung standen, setzte Tante Vroni bei der Lagerleitung die Einlieferung von Mutter und Tochter in das Krankenhaus von Topolčany durch. Sie durfte die beiden sogar begleiten und bei ihnen bleiben. Das war Ende September. Nachdem Anfang Oktober mein Vater seine schwerkranke Frau für einen Tag von seinem Lager bei Pressburg hatte besuchen dürfen, verschlechterte sich Mutters Zustand deutlich. »In der Nacht zum 6. Oktober 1945«, schrieb Tante Vroni, »gab sie ihre Seele dem Schöpfer zurück. Zwei Männer kamen und trugen sie auf einer Bahre hinaus – eine Mutter von vier kleinen Kindern. Das kleinste mit sieben Wochen lag in seinem Bettchen und lächelte im Traum; es wusste nichts von den schrecklichen Geschehnissen. Am Sonntag fand die Beerdigung statt. Außerhalb von Topolčany lag der Armenfriedhof. Dort wurden diejenigen begraben, die im Krankenhaus starben und keine Angehörigen hatten. Meine Schwester lag in einer Kiste, abgemagert bis auf die Knochen, erlöst von ihrem Leiden.«

Als ich vom Tod meiner Mutter erfuhr, saß ich gerade auf dem Donnerbalken. Irgendein Kind überbrachte mir die Nachricht: »Deine Mutter ist gestorben.« Ich fühlte nichts. Keine Trauer, keinen Schock. Auch nicht bei der Beerdigung. Ich war völlig gefühllos. Vielleicht war ich schon an das Sterben gewöhnt. Denn jeden Morgen wurden Tote aus den Baracken hinausgetragen und vor den Toren des Lagers verscharrt. Vielleicht wollte ich den Tod der Mutter auch nicht an mich herankommen lassen und die Tragödie unserer Familie einfach verdrängen. Denn kurz nach der Mutter starb auch noch das Baby. Tante Vroni bettelte zwar in den umliegenden Dörfern um Milch, doch die Milch, die sie bekam, war oft sauer. So ist auch meine kleinste Schwester elf Wochen nach ihrer Geburt verhungert.

Manches in meinen Erinnerungen ist mir rätselhaft. 1945, beim Tod der Mutter, spürte ich zwar keinerlei Trauer, sehe aber die Beerdigung klar vor mir: wie Mutter auf dem Totenbett lag, wie ein Pferd ihren Sarg auf einem alten Wagen zur Leichenhalle zog und wie sie dort auf dem Friedhof von Topolčany beigesetzt wurde. Als ich 1966 das erste Mal wieder in die Slowakei fuhr, haben wir das Grab allerdings nicht mehr gefunden. Der Friedhof war eingeebnet worden, obwohl er ein slowakischer Friedhof war, und eine Frau kehrte Heu auf dem Gelände.

1947, beim Tod meiner älteren Schwester, war ich zwar sehr traurig, kann mich aber an die Umstände überhaupt nicht mehr erinnern. Weder weiß ich, wie sie in unserer kleinen Anderthalbzimmerwohnung aufgebahrt lag, noch, wie sie auf dem Friedhof von Unterelchingen beerdigt wurde. Da klafft eine Lücke, als wäre ein Teil eines Films gelöscht. Dabei war ich schon zwei Jahre älter. Meine Schwester hatte von Geburt an einen Herzfehler. Da sie im Lager keine Medikamente bekommen hatte, war sie immer umgekippt und bei ihrer Ankunft im Westen so geschwächt, dass sie sich von den Strapazen von Nováky nicht mehr erholte.

Das meiste, was ich aus unserer Familienbiografie weiß, habe ich aus den Erzählungen meiner Tante Vroni und von Hilde übernommen. Über die historischen Ereignisse habe ich mich in den letzten Jahren vor allem im Mitteilungsblatt der Karpatendeutschen und dem Karpaten-Jahrbuch informiert. In meinem eigenen Gedächtnis ist nicht viel haften geblieben. Vielleicht habe ich mich instinktiv geschützt. Vielleicht ist der Tod von vier sehr nahen Familienmitgliedern innerhalb von anderthalb Jahren für ein Kind nicht zu bewältigen. Mag sein, dass sich in jenen Tagen jene Lebenshaltung in mir herausgebildet hat, die bis heute zu meinen Grundüberzeugungen gehört. Mit Dingen, die ich nicht verändern kann, muss und will ich mich abfinden. Das Schlimme erscheint dann nicht mehr so schlimm, manchmal verschwindet es sogar aus dem Gedächtnis.

Und noch etwas haben die vielen Verluste bewirkt: Seit jenen Erfahrungen ist die Familie das Wichtigste in meinem Leben. Tante Vroni habe ich bis zu ihrem Tod 1989 jede Woche mindestens ein Mal besucht. Mit Hilde pflege ich bis heute einen ebenso intensiven Kontakt. Auch zu meinen drei inzwischen erwachsenen Kindern habe ich enge Beziehungen. Und dass ich mich von morgens bis abends um meine Frau kümmere, nachdem sie einen schweren Schlaganfall hatte und zeitweilig an den Rollstuhl gefesselt war, ist für mich selbstverständlich. Meine Frau, meine Kinder und Enkelkinder sind mein Lebensinhalt. Ohne Gemeinschaft kann der Mensch nicht leben.

Ohne Gemeinschaft und ohne Tante Vroni hätte ich selbst wohl kaum überlebt. Auch wenn sich die Bedingungen im Lager im Laufe der Zeit etwas verbesserten. Im November 1945 kam nämlich eine Kommission des Internationalen Roten Kreuzes, prüfte jede Baracke und sprach mit den Insassen. Danach erhielten wir besseres und regelmäßigeres Essen, und die Unterkünfte wurden ausgebessert. Zu Weihnachten gab es sogar klein geschnittene Semmeln mit Marmelade, auf die wir Kinder uns wie kleine Wölfe stürzten. Und im Frühling wurde immer öfter von Ausweisung gesprochen. Der erste Transport, so hieß es, solle am 12. Mai 1946 gehen. Wer mitfahren wolle, solle sich melden. »Nur zögernd gingen die Meldungen ein«, schrieb Tante Vroni. »Man war misstrauisch. Gerüchte gingen um, dass wir nach Russland geschickt werden sollten. Es herrschte eine zermürbende Ungewissheit. Aber so mancher dachte, dass es nirgends schlimmer sein könnte als hier, und so war der erste Transport mit 1000 Menschen bald zusammengestellt. Wir wurden entlaust und die Krätze mit Salbe behandelt. Anschließend bekam jeder noch 1000 Reichsmark, und damit war die letzte Hoffnung, doch noch nach Hause zu kommen, erloschen.«

Für Tante Vroni war der Verlust der Heimat ein Drama, das sie bis zu ihrem Tod nicht überwunden hat. Sie hat sehr geweint, als wir an jenem 12. Mai 1946 bei strahlendem Frühlingswetter in Dreierreihen zum Bahnhof von Nováky marschierten. Ich hingegen habe unsere Ausreise nicht als schlimm empfunden. Ich wollte aus dem Lager raus. Ich wollte nicht mehr hungern. Ich wollte in die Zukunft schauen. Ich habe auch keinen Abschied genommen. Erst durch Tante Vroni, die nach Mutters Tod meine Ersatzmutti wurde, ist mir wieder ins Gedächtnis gerufen worden, wie unterschiedlich die Slowaken auf unsere Ausreise reagierten. »Manche lachten schadenfroh, manche winkten, manche wischten sich auch Tränen aus den Augen.« Damals hatte ich dafür kein Auge. Ich konnte nicht ermessen, was Heimatverlust für Menschen bedeutet, deren Vorfahren 600 Jahre lang im Hauerland gelebt hatten. Ich konnte mir auch nicht vorstellen, wie tief sich dieses schöne, gebirgige Hauerland bereits in meiner Kinderseele eingenistet hatte.

Und so reisten wir mit ganz unterschiedlichen Gefühlen aus: meine ältere Schwester, die damals noch lebte, mein jüngerer Bruder, der Vater, der aus einem Lager bei Pressburg zu uns gestoßen war, Tante Vroni, Hilde, noch eine Schwester meiner Mutter und ich.

Hilde S., Jahrgang 1932

Der Tod von Alfreds Mutter hat mich sehr getroffen. Agnes war zwar meine Schwester, aber da sie 22 Jahre älter war, hat sie mir nach dem frühen Tod unserer Eltern die Mutter ersetzt, und Alfred empfinde ich seitdem als meinen Bruder.

Ich erinnere mich ganz genau, wie ich mich eines Sonntags von Agnes in der Krankenbaracke verabschiedete, da ich aus dem Lager zurück musste zur Arbeit bei meiner slowakischen Bäuerin. Da sagte sie: »Wenn du am nächsten Sonntag kommst, bin ich entweder gesund, oder ich lebe nicht mehr.« Ich war nicht sehr religiös. Aber damals habe ich gebetet: »Gott, lass diese Frau leben.« Am Donnerstag kam jedoch das Telegramm – »Agnes gestorben.« Dabei war sie erst 35 Jahre alt.

Bis heute kann ich es nicht aushalten, wenn im Fernsehen über Sterbende und Tote berichtet wird. Solche Bilder verfolgen mich im Traum. Vor Agnes war doch schon Ernst gestorben, der anderthalbjährige Bruder von Alfred. Ein blonder, hübscher Bub, den ich im Huckepack ins Lager getragen hatte. Ich musste mit ansehen, wie er verhungerte, und konnte nicht helfen. Danach musste ich ebenso hilflos zusehen, wie das Baby verhungerte, das meine Schwester noch im Lager entbunden hatte. Und kurze Zeit später, nach der Ankunft in Unterelchingen, sah ich Alfreds ältere Schwester aufgrund der Strapazen im Lager zugrunde gehen. Lange habe ich gesagt: »So oft wird im Fernsehen über den Holocaust berichtet. Aber was mit uns gemacht wurde, will niemand wissen.« Dann hat mein Mann immer geantwortet: »Wir haben den Krieg verloren, da musst du zufrieden sein mit dem, wie es uns geht.« Aber ich spüre, wie gut es mir tut, wenn meine Kinder bitten: »Schreib alles auf, was du erlebt hast, Mutter! Damit auch deine Enkel wissen, was in unserer Familie geschehen ist.«

Ich selbst habe es damals am besten getroffen. Meine slowakische Bäuerin hat mich gut verpflegt und mir außerdem noch regelmäßig Lebensmittel für die Familie im Lager mitgegeben. Als wir 1966 das erste Mal wieder daheim waren, haben wir sie besucht. Sie war 83 Jahre alt und erkannte mich nicht mehr. Bei Kriegsende war ich klein und dürr, jetzt stand eine erwachsene Frau mit grauen Haaren vor ihr. Als ich ihr zeigte, wie sie mich von den vielen Läusen und der Krätze befreit hat, blitzten ihre Augen plötzlich auf: »To je moja Hilduška!« (Das ist meine Hilde!)

Ich war vierzehn Jahre alt, als wir nach einigen Zwischenstationen am 26. Mai 1946 in Unterelchingen ankamen. Vor dem Krieg zählte dieses bayerische Dorf, das unmittelbar zur Grenze nach Baden-Württemberg liegt, 800 Einwohner, nach dem Krieg waren es mit den Flüchtlingen 1200. Das war auch für die Einheimischen schwierig, doch sie haben sehr unterschiedlich reagiert. Wir sollten zu einer Frau ohne Kinder ziehen. Als wir jedoch mit sieben Personen anrückten, hat sie uns nicht hereingelassen. Da saßen wir den ganzen Tag ratlos und verzagt auf der Kirchentreppe, und mein späterer Mann, der uns nach Arbeitsschluss dort sitzen sah, dachte verächtlich: »Was muss das für eine Bagasch sein, die man nirgends 'reinlässt!«

Um fünf Uhr kam der Bürgermeister und schickte uns zu einer armen Familie, die bereits zehn Kinder hatte. Sie musste noch enger zusammenrücken und uns ein Zimmer und einen kleinen Schlauch als Küche abtreten. Doch diese Familie war freundlich und hätte ihr letztes Brot mit uns geteilt.

Pro Woche und Person standen uns 1000 Gramm Brot zu. Da Alfreds Vater sofort als Maurer Arbeit fand, hieß es: »Das Brot müssen wir ihm lassen. Er muss kräftig sein.« Der Rest der Familie lebte von Kartoffeln mit Buttermilch. Doch selbst die Milch war schwer zu beschaffen. Ich sprach mich immer mit Alfred ab, wer bei welchen Bauern betteln geht. Einmal ging ich schräg gegenüber zu Frau Meier, einer sehr frommen Frau, deren Sohn Ministrant war. Ich stieß im Flur auf den Jungen und fragte: »Habt ihr Milch zu verkaufen?« Wir hatten ja Geld und wollten bezahlen! »Noi, hat er gesagt, wir haben koine.« Bei diesen frommen Katholiken habe ich nichts bekommen. Zwei Häuser weiter wohnte eine evangelische Familie namens Holl. Immer, wenn ich zu Frau Holl kam, sagte sie: »Ja, Mädel, du kriegst einen Liter Milch!«

Selbst in der Kirche haben mir die Katholiken gezeigt, dass ich nicht dazugehöre. Alle Familien hatten »Hausbänke«, die nur für sie reserviert waren. Als ich mich nichts ahnend irgendwo hingesetzt hatte, kam jemand und stieß mich weg: »Das ist unsere Bank. Du gehörst hier nicht rein!« Obwohl ich katholisch war wie sie, behandelten sie mich wie einen Menschen zweiter Klasse.

Viele Bauern aus Unterelchingen haben nur den Leuten aus Ulm gegeben, die mit Bettwäsche und Porzellan bezahlen konnten. So mancher Bauer hat die Aussteuer seiner Tochter mit den Sachen der Ulmer zusammengeschachert, und die Ulmer waren froh über das Brot. Wir Flüchtlinge hingegen gingen meistens leer aus. Heute denke ich: Wenn ich noch einmal in eine solche Situation käme, würde ich klauen gehen. Ich würde nicht mehr wegen Milch betteln.

Kartoffeln bekamen wir, weil Alfreds Vater nach Arbeitsschluss noch den Bauern in der Landwirtschaft half und Heu ablud oder Rüben einfuhr. Statt Geld bat er um Naturalien – Kartoffeln, Mehl oder Milch. So ging es langsam aufwärts.

Zunächst sollte ich in Unterelchingen weiter zur Schule gehen. In Drexlerhau hatte ich nur fünf Klassen absolviert und danach während der Kinderlandverschickung im Sudetenland kaum etwas gelernt. Aber ich habe die Schule verweigert und gesagt: »Die Leute hier können nicht einmal Deutsch sprechen!«

Ich sprach zwar unseren Hauerländer Dialekt, habe mich aber gleichzeitig immer um ein korrektes Hochdeutsch bemüht. Die Einheimischen aber wollten sich gar nicht verständlich machen, denn sie vertraten die Meinung: »Wenn ihr schon zu uns kommt, müsst ihr euch unserem Dialekt anpassen.«

Ich suchte also Arbeit. Das Arbeitsamt schickte mich in eine Käserei, aber die lehnten mich ab, weil ich so dürr war. »Die ka net schaffa«, hieß es – die kann nicht schaffen. Da habe ich es in der Nudelfabrik von Ulm versucht. Dort gab es vierzig Pfennig Stundenlohn, dazu für Betriebsangehörige vier Pfund Nudeln die Woche und täglich Mittagessen: Nudeln mit Erbsensuppe drüber. Das war schon wieder ein Schritt vorwärts.

Von der Nudelfabrik in Ulm bin ich zur Schuhfabrik nach Langenau gewechselt. So sparte ich das Geld für die Fahrkarte, denn in den nur vier Kilometer entfernten Nachbarort konnte ich mit dem Fahrrad fahren. Außerdem zahlte die Schuhfabrik sechzig statt vierzig Pfennig Stundenlohn. Das war schon wieder ein Aufschwung. Doch dann begann die Kurzarbeit, weil die Italiener billigere Schuhe als die Deutschen produzierten. Vier Mark erhielt ich Kurzarbeitergeld, zehn Mark musste ich Kostgeld bei der Frau zahlen, wo ich zur Untermiete wohnte. Gott sei Dank konnte ich auf etwas Gespartes zurückgreifen. Das war eine schwere Zeit. Ich mag gar nicht daran denken. Als im Herbst die Winterstiefelproduktion begann, konnten wir jedoch wieder voll arbeiten.

Meinen Mann habe ich mit achtzehn Jahren kennen gelernt. Er wohnte in Unterelchingen im ersten Haus auf der rechten Seite und sah mich immer, wenn ich von Langenau mit dem Fahrrad von der Arbeit kam. Bei einem Tagesausflug auf die Insel Mainau haben wir uns angefreundet. Danach wartete er immer hinter einem Apfelbaum und pfiff, sobald er mich heranradeln sah. Wir haben uns heimlich getroffen, bis meinem künftigen Schwiegervater eines Tages zugetragen wurde: »Der Hans hat einen Flüchtling. Und einen komischen Namen hat sie auch noch« – ich hieß doch Orawetz.

Da war der Teufel los. Die Eltern haben ihrem Sohn gesagt: »Die isch nix, die hat nix, die kann nix. Die Flüchtlinge taugen nix! Wenn das anständige Leute gewesen wären, hätte man sie nicht vertrieben!« Sie haben ihm verboten, mich zu heiraten, und ihn so unter Druck gesetzt, dass ich schon vorgeschlagen habe: »Lass uns Schluss machen. Wenn deine Eltern sich jetzt schon so anstellen, wie soll das werden, wenn wir verheiratet sind?« Auch meine Schwester Vroni hat gesagt: »So viele von unseren tätest kriegen. Warum musst du einen Einheimischen nehmen?«

Doch eines Tages bekam mein Mann als Erbe einen Bauplatz. Da sagte er: »Ich baue uns ein Häusle, und du sparst für die Möbel.« Vier Jahre hat er gebaut, und ich habe in der Zeit so viel gespart, dass wir alles kaufen konnten: die Möbel für das Wohnzimmer, das Schlafzimmer, die Küche. Bis sechs arbeitete ich in der Schuhfabrik und von sechs bis zehn abends als Mädchen für alles bei der Chefin. Wenn andere sich ausruhten oder in Urlaub fuhren, habe ich geputzt, gewaschen, gebohnert. Das musste sein, denn ohne Aussteuer hätte ich bei den Schwaben nicht heiraten dürfen. Und ich wollte ihnen beweisen, dass ich das schaffe!

Wir haben keine Hochzeit gefeiert, sondern nur den Polterabend. Da saßen wir in Langenau in dem Gasthaus, das der Familie meiner Schwiegereltern gehörte, und während wir unten aßen und tranken, sind einige Verwandte hoch in unser neues Haus gegangen, um zu kontrollieren, ob die Frau vom Schorn Hans auch »a Sach hat« – das heißt eine Aussteuer. Sie hoben das Leintuch vom Bett hoch und prüften, ob darunter ein Unterbett liegt. Sie machten die Schränke auf und zählten, wie viele Bettbezüge da lagen. Meine Schneiderin hatte mich gelehrt: »Wenn du jedes Handtuch doppel faltest, dann zählen die Leute zwei, wo nur eines liegt.« Also hatte ich die Handtücher doppelt gefaltet, und meine sechs sahen aus wie zwölf. Die »Sachseher« waren zufrieden. Sie zogen auch die Schubladen auf und begutachteten das Besteck. Statt Silber fanden sie allerdings nur Cromargan, denn für Silber hatte mein Geld nicht gereicht. Trotzdem waren die Verwandten überrascht, und meine Schwägerin fragte: »Mädel, wie hast du das gemacht?« Hab ich gesagt: »Ich hab geschafft!«

Nach der Hochzeit hörte die Kontrolle jedoch nicht auf. Sie fing erst richtig an. Ich war dauernder Kritik ausgesetzt. Die Flüchtlinge kochen ja nicht gescheit, hieß es. Die essen nur Mohnnudeln und so ein Zeug. Dabei habe ich schwäbische Gerichte gekocht, deren Rezepte ich gelernt hatte, als ich in Untermiete wohnte. Aber ich konnte nichts richtig machen. Da meine beiden Kinder begabt waren, habe ich sie auf das Gymnasium geschickt und Abitur machen lassen. Aber was sagte meine Schwägerin? »Die sind bloß zu faul zum Schaffe! Deswegen geh'n sie in die Schul'!« Das gab es vorher nicht, dass ein Arbeiter sein Kind auf das Gymnasium schickt. Ein rechter Mensch, der tut schaffe! Deswegen habe ich mich auch nie auf den großen Balkon gesetzt, den mein Mann an einer Seite unseres Hauses gebaut hat. Die Bauern sollten nicht denken, dass der Schorn Hans eine faule Frau hat.

Mein Mann saß zwischen zwei Stühlen. Er kannte die Erwartungen seiner Verwandtschaft, und weil er ihnen und dem Dorf demonstrieren wollte, dass er keinen schlechten Flüchtling, sondern eine fleißige Frau hat, ließ er es zu, wenn ich das Tor strich, den Keller weißelte, die Zimmer tapezierte. »Bei dir macht ja alles dein Weib«, hat sein Bruder einmal gesagt. Und mein Mann hat stolz gelächelt.

Er fühlte sich seinen Eltern und Geschwistern stark verbunden und hat immer erst ihnen geholfen. Die eigene Familie kam zum Schluss. Als unsere Kinder in den Kindergarten gingen, sagte er zu mir: »Du hast doch Zeit, du kannst meinem Bruder in der Gaststätte und in der Landwirtschaft helfen!« Da bin ich gegangen, weil ich keinen Konflikt wollte, und habe Rüben gehackt, obwohl ich nie auf dem Feld gearbeitet hatte, und hab mich vom Schwager sogar auf dem Traktor einweisen lassen: »Erster Gang, zweiter Gang, das kannst du schon!«

Doch nach der Kommunion unseres Sohnes war Schluss. Die hatten wir in der Gaststätte des Schwagers gefeiert. Als wir die Rechnung bekamen, sollten wir pro Person drei Mark mehr bezahlen als eine Familie in einem anderen Gasthaus. Mein Mann beschwerte sich zwar bei seinem Bruder, aber der wies ihn ab: »Ihr werdet doch nicht glauben, dass ich für euch umsonst schaffe!« Da ist mir der Kragen geplatzt. Am nächsten Tag bin ich zu ihm hinuntergegangen und hab gesagt: »Wenn du nicht für uns umsonst schaffst, schaffen wir für dich auch nicht mehr umsonst. Von jetzt an zahlst du deinem Bruder für jede Stunde fünf Mark und mir zwei Mark fünfzig.« Von da an haben sie mich, wenn sie mich überhaupt noch holten, für die Arbeit entlohnt, und ich habe ihnen mein Bier bezahlt.

Hinter meinem Rücken aber haben sie wieder über mich geredet: »Was die sich als Flüchtling herausnimmt! Was die sich traut!« Ich war immer das böse Weib.

Mein Mann hat nicht immer zu mir gehalten. Das habe ich ihm manchmal vorgeworfen. Bis heute läuft er weg vor Konflikten, und ich muss alles allein ausfechten. Als unser Sohn zur Welt kam, hat er beispielsweise zwei Tage Sonderurlaub bekommen. Doch während ich im Krankenhaus lag, hat er für seinen Bruder Mist auf das Feld gefahren, und als ich nach Hause kam, war der Sonderurlaub weg. Als ich das später meiner Tochter erzählte, meinte sie: »Mein Gott, Papa, da wäre heute eine Scheidung fällig!«

Ich habe erst ganz langsam gelernt, mich zu wehren. Als Kind war ich schüchtern und fürchtete mich vor anderen Kindern. Aber in der Schuhfabrik habe ich Selbstbewusstsein entwickelt und mir nicht mehr alles gefallen lassen. Beispielsweise haben sich die älteren Arbeiterinnen bei der Endprüfung immer nur die Lackschuhe genommen, und wir Jungen mussten die Flecken von den Wildlederschuhen mit Puder entfernen, so dass wir abends wie die Schornsteinfeger aussahen. Nach vier Wochen habe ich einen ganzen Stapel Wildlederschuhe genommen und zu den Älteren hinübergeworfen: »Jetzt nehmt ihr die auch mal!« Da ist der Chef gekommen. Habe ich gesagt: »Herr Deutschmann, das ist ungerecht. Die Alten suchen sich immer die bessere Arbeit heraus.« Er hat mir Recht gegeben, und seitdem haben wir jeweils nach acht Tagen gewechselt.

Ich denke, am Anfang war unsere Ehe nicht schön. Ich musste immer und immer wieder nachgeben. Aber eines Tages habe ich beschlossen: Ich schlucke nichts mehr, sonst bekomme ich einen Kropf! Mit 56 Jahren wurde mein Mann in Frührente geschickt. Jetzt ist er achtzehn Jahre Rentner und sterbenskrank – er hat Krebs –, aber die letzten achtzehn Jahre waren schön!

Inzwischen bin ich im Ort integriert. Mein Haushalt ist in Ordnung, die Kinder haben es zu etwas gebracht, alle haben gesehen, dass der Schorn Hans scho a rechtes Weib hat.

Nur meine Tochter kritisiert mich manchmal. »Die Flüchtlinge waren alle Streber«, sagt sie, »die wollten alle nur Häuser bauen, die Kinder haben sie dabei vernachlässigt.« – »Hast du nicht auch Vorteile davon«, frage ich dann, »dass du keine Miete zahlen musst?« In meiner Seele aber sitzt ein kleiner Stachel. Denn ich weiß, dass ich meinem Sohn gefehlt habe, als ich in seinem zehnten Lebensjahr wieder schaffen ging. »Mama, die Welt sieht ganz anders aus«, hat er damals zu mir gesagt, »seitdem du wieder arbeiten gehst!« Dabei war ich nur halbtags fort, wenn die Kinder in die Schule gingen.

Ich will meinen Kindern nicht zur Last fallen, auch durch unser Haus ihren Lebensweg nicht beeinflussen. Wenn es nicht für unser Altersheim draufgeht, können sie damit machen, was sie wollen. Sie sollen sich durch mich nicht gebunden fühlen. Deswegen will ich mich auch verbrennen lassen. Nur eine Tafel soll an mich erinnern: wann geboren, wann gestorben, vielleicht ein Efeustöckl in der Mitte, damit das Grab zuwächst. Feierabend.

Armin P., geboren 1967

Als ich geboren wurde, lebte mein Vater schon gut zwanzig Jahre in Unterelchingen beziehungsweise im vier Kilometer entfernten Langenau und war acht Jahre mit einer Einheimischen verheiratet. Die unterschiedlichen Traditionen in meinem Elternhaus sind mir immer bewusst gewesen.

Dass mein Vater ein Flüchtling war, hat bei meinen schwäbischen Großeltern zwar nicht so viel Widerstand hervorgerufen wie bei den Schwiegereltern von Tante Hilde. Aber einige ablehnende Äußerungen werden doch in der Familie kolportiert. Als meine Großeltern beispielsweise gleich nach dem Krieg Wohnraum an die Vertriebenen abtreten sollten, hat Oma den entsprechenden Aufkleber an einem Zimmer einfach verschwinden lassen: »Des hau i wegg'risse!« Tatsächlich ist niemand bei ihr eingewiesen worden. Oma war auch alles andere als begeistert, als sich der »Hure-Flüchtling« mit dem seltsamen Nachnamen Pogadl 1957 mit ihrer Tochter befreundete. Ihrer Vorstellung nach sollte ihr künftiger Schwiegersohn Haus und Hof besitzen und Landwirtschaft betreiben.

Aber mein Vater besaß nichts als seine Arbeitskraft und ging als Automateneinsteller in die Fabrik.

Zweifellos trug mein Vater den Makel des Neuankömmlings, auch wenn er sich große Mühe gab, sich bei der Dorfjugend zu integrieren. Er wollte dazugehören, trat in den Ringerclub KSV Unterelchingen und den Sportverein ein und war fleißig in der Schule. Da zu Hause bis 1949 noch immer Schmalhans Küchenmeister war, verfiel er auf die Idee, einheimischen Kindern, die Probleme mit dem Lernen hatten oder einfach zu faul waren, die Aufgaben gegen ein Butterbrot zu verkaufen. Als Treffpunkt galt morgens vor der Schule die Scheune des Bürgermeisters. So machte er sich beliebt, hatte aber gleichzeitig Nutzen von seiner Hilfsbereitschaft.

Zum Teil wurde er von den Mitschülern gehänselt. Nicht deswegen, weil sie ihn, Alfred Pogadl, nicht mochten, sondern weil er zum ungeliebten Kollektiv der Flüchtlinge gehörte. »Wegen der Huren-Flüchtlinge müssen wir zu Hause zusammenrücken!«, hieß es beispielsweise unter den Schülern, oder beim Fußball: »Der Huren-Flüchtling gibt mir den Ball wieder nicht!« Dieses Gerede hat ihn deprimiert. Nicht selten hatten die Flüchtlinge in der Heimat mehr besessen als die Bauern, bei denen sie nun eingewiesen waren, und ihre Kinder waren mindestens so intelligent und ganz sicher fleißiger als die der Einheimischen. Aber selbst der schwäbische Bauernknecht fühlte sich dem »Huren-Flüchtling« noch überlegen.

Einem offenen Konflikt ist mein Vater immer aus dem Weg gegangen. Einmal – so erzählte er – hätte er mit Kollegen in der Vereinsgaststätte gesessen, als die Kirchenglocke läutete. Da hätte jemand gefragt: »Warum läuten die denn jetzt?«, und ein anderer hätte abfällig geantwortet: »Wahrscheinlich wird so ein Flüchtlingskind getauft!« Mein Vater brachte keine Silbe über die Lippen. Dabei war es seine eigene Stiefschwester, die zur Taufe getragen wurde. Er wollte eben um fast jeden Preis dazugehören. »Ich habe mich nie isoliert«, hat er uns erzählt, »ich habe mich nicht in die Ecke drängen lassen, ich wollte ein Teil der Gemeinschaft werden.« Allerdings ohne aufzufallen. »Ich wollte immer beim großen Haufen sein, auf keinen Fall im letzten Drittel, aber auch nicht in der Spitzengruppe. Ich wollte einfach mit dem Strom ziehen und weder im Positiven noch im Negativen hervorstechen.« Denn wer sich abhebt, das hatte er zur Genüge gespürt, zieht Aggressionen auf sich.

Die unterschiedlichen Traditionslinien in meiner Familie stehen nicht in Konkurrenz zueinander. Das lag auch daran, dass die Großeltern mütterlicherseits, als sie den Bauernhof an ihren Sohn übergaben, eine Wohnung im ersten Stock des Hauses bezogen, das mein Vater für unsere Familie gebaut und 1966 fertig gestellt hatte. Wenn meine Mutter nicht da war, konnte ich immer auf die Oma zählen. Sie stammte aus dem Gasthaus »Zum Engel«, und ich hörte ihre Geschichten über den Honoratiorenstammtisch von Langenau in den dreißiger Jahre mit denselben glänzenden Augen und glühenden Ohren wie Tante Vronis Geschichten aus Drexlerhau. Als ich zehn oder elf Jahre alt war, zog mein Großvater mit mir ins Stadtarchiv, und wir suchten Bilder und Artikel heraus, um den Stammbaum meiner Mutter zu erstellen. Auch das fand ich sehr spannend und aufregend.

Beide Traditionslinien gehören deswegen gleichberechtigt zu mir wie der rechte und der linke Lungenflügel. Ich bin zwar katholisch getauft – nach meinem Vater –, aber an Heiligabend gehen wir bis heute – entsprechend der Tradition der Mutter – in die evangelische Kirche, nachdem wir Strüzel gegessen haben, ein einfaches Mehlgebäck mit Käse aus der Heimat meines Vaters. Für mich war das ohne große Reibung vereinbar: dass der streng religiöse Großvater jeden Sonntag in die Stunde der Altpietisten ging und an seiner schwäbischen Scholle hing, während Tante Vroni sehr katholisch war und immer ins Schwärmen geriet, wenn sie von den schönen Gebirgszügen ihrer slowakischen Heimat erzählte.

Ich habe beides respektiert und schätze beides bis heute. Meine Mutter hingegen geriet manchmal in einen Loyalitätskonflikt zwischen ihren Eltern und ihrem Mann. Das zeigte sich an ganz alltäglichen Ereignissen. So kam ihr Bruder, nachdem er die Landwirtschaft des Vaters übernommen hatte, manchmal mit seinem Traktor zu unserem Haus, weil es dicht an einem seiner Felder lag, schloss den Tankanhänger an unsere Wasserleitung an und ließ Tausende von Litern zur Verdünnung eines Spritzmittels einlaufen. Wenn mein Vater abends heimkam, regte er sich auf: »Warum hat er nicht einmal gefragt?« Doch mein Onkel fragte nicht, sondern stellte seinen Traktor einfach in unserer Garage ab oder schüttete sie mit Kartoffeln voll, als wäre unser Grundstück eine Außenstelle seines Bauernhofes. Meine Mutter versuchte dann zwar zu schlichten, aber sie hockte zwischen allen Stühlen.

Ich denke, mein Vater erwartete die unbedingte Loyalität seiner Frau, denn die Familie war ihm das Wichtigste. Er entwickelte einige Rituale, die uns Kinder umso mehr störten, je älter wir wurden. So gab es jeden Nachmittag um halb fünf Uhr warmes Abendessen – dann, wenn er von der Arbeit nach Hause kam. Und er erwartete, dass alle drei Kinder und seine Frau mit ihm am Tisch saßen. Wie aber sollte man einem Spielkameraden verständlich machen, dass man mitten an einem Sommernachmittag unbedingt zum Essen nach Hause musste? In dieser Frage ließ Vater aber nicht mit sich handeln.

Er möchte alle zusammenhalten, er fühlt sich für alle verantwortlich. Es gab Situationen, wo wir diese Fürsorge als Kinder sehr genossen haben. Es gab aber auch Momente, in denen wir uns bevormundet fühlten. Vor allem meine Schwester hat sich zeitweilig aufgelehnt und ihren eigenen Weg gesucht. Sie wollte als Au-pair-Mädchen nach Paris, und er wollte, dass sie in der Region bleibt. Er wollte, dass sie immer erreichbar blieb, und sie fühlte sich eingeengt. Das hat ihn sehr mitgenommen, wie die Nachzüglerin, die kleine Prinzessin, ihn wegstieß und auch nicht bei der Berufswahl befragte. Wie stark ich selbst auf die Familie und letztlich meinen Vater fixiert war, habe ich erst gemerkt, als mich eine Freundin während des Studiums einmal fragte: »Merkst du eigentlich nicht, wie hörig du deinen Eltern gegenüber bist? Wie du fast alles tust, was dein Vater dir sagt? Wie du jede freie Minute, statt nach eigenen Vorstellungen zu leben, nach Langenau zu den Eltern fährst?« Da war sicherlich was Wahres dran. Gleichzeitig weiß ich aber, dass mein Vater es gut meint, dass er nur manchmal übertreibt und klammert. Das habe ich ihm auch schon gesagt, in ruhigem Ton, denn eine Streitkultur hat es zwischen uns beiden nie gegeben.

Inzwischen habe ich aber gelernt, etwas Distanz zu halten. Ich bin das einzige Kind, das nicht mehr in Langenau lebt – auch wenn ich nur 100 Kilometer weit weg nach Stuttgart gezogen bin. Ich bin auch nicht Vaters Berufsvorstellungen gefolgt – dann hätte ich nämlich nicht studiert, sondern einen Beruf ergriffen, der Sicherheit verspricht, wie Beamter oder Handwerker. Ich kümmere mich auch nicht jedes Wochenende um meine Mutter, obwohl sie nach einem Schlaganfall vor vier Jahren sehr viel Betreuung braucht. Die hat allein mein Vater übernommen. Er kocht und wäscht und macht sauber und bügelt und geht einkaufen. Selbstverständlich erfährt er dabei Unterstützung von meiner Schwester, meinem Bruder, meiner Schwägerin und meinem Schwager, so gut das eben geht im eigenen Berufs- und Familienalltag. Auch kocht und bäckt Tante Hilde des Öfteren. Aber mein Vater nimmt Hilfe nur begrenzt an. »Ich kann meine Frau niemandem anderen überlassen«, sagt er immer. »Zwei Mal schon habe ich sie bewusstlos aufgefunden. Das kann wieder passieren.«

Ich kann verstehen, dass in ihm die Angst sitzt. Aber ich ermuntere ihn, die Pflege zeitweilig an uns Kinder abzutreten, damit er sich selbst erholen kann. Und sei es einige Stunden nur. Wir haben ihm beispielsweise vorgeschlagen, mal zu seinem Bruder in Hamburg zu fahren. Doch bisher ist er auf solche Angebote nicht eingegangen. Zumeist entgegnet er dann: »Ihr könnt noch lange genug die Mutter pflegen, wenn ich nicht mehr kann oder wenn ich nicht mehr da bin.«

Manchmal denke ich, dass mein Vater ganz tief in sich den Wunsch hegt, wir Kinder würden uns, falls notwendig, einmal genauso vorbehaltlos um unsere Eltern kümmern, wie er sich jetzt um seine Frau kümmert. Dass er hofft, eines seiner Kinder würde in sein Haus einziehen und ihn und seine Frau so zu Tode pflegen, wie seine Frau seine Schwiegereltern bis ins hohe Alter gepflegt hat. Das wäre für ihn persönlich sicher die ideale Lösung.

Seitdem ich 1997 von der Diözese Rottenburg-Stuttgart die Stelle als Geschäftsführer bei der Ackermann-Gemeinde erhielt und kurz darauf auch noch zuständig wurde für den Hilfsbund Karpatendeutscher Katholiken, spreche ich mit meinem Vater häufiger als früher über seine Heimat. 1976 habe ich den großen Familienclan auf seiner Reise ins Hauerland das erste Mal begleitet. Da waren wir bestimmt zwanzig Personen: Tante Vroni mit Mann, Tante Hilde mit Mann und Kindern, wir mit Eltern und Kindern und noch einige andere. Diese Reise werde ich niemals vergessen. Allein schon wegen des Grenzübergangs vor Pressburg/Bratislava: bitterböse, grimmige Gesichter, barsche Stimmen. Wir mussten alle aussteigen, das Auto wurde innen von einem Beamten und unten mit Hilfe eines Spiegels nach verbotenen Materialien durchsucht. Als damals Neunjähriger dachte ich, wir fahren in die Hölle. Nach mühseligen 200 Kilometern über unebene Straßen mit vielen Schlaglöchern gelangten wir endlich ins Dorf. Aber was für ein Dorf! In den Erzählungen von Tante Vroni war Drexlerhau eine zwar kleine, doch urbane Stadt gewesen mit 4000 Einwohnern, einer Kirche, zwei Schulen, einem aufregenden Leben. Im Vergleich dazu war ihr unser schwäbisches Langenau wie ein rückständiges Dorf erschienen. Doch als ich das slowakische Janova Lehota dann tatsächlich sah, war alles anders. Viele Häuser standen leer, andere waren zusammengestürzt oder machten mit eingeschlagenen Fensterscheiben einen trostlosen Eindruck. Nur noch 1000 Menschen lebten im Ort, die leeren Anwesen holte sich der Wald langsam zurück. Und doch war ich nicht enttäuscht. Denn die alten Kirschbäume standen noch, unsere Almhütte war zumindest noch zu erkennen, und die Nachkommen der Binder-Familie waren wieder im Ort ansässig. Die Erzählungen meines Vaters und von Tante Vroni erhielten plötzlich reale Kulissen und einen Bezug zur Gegenwart.

Von Ida Karaseková, geb. Binder, der Nichte der in Dachau Inhaftierten, erfuhren wir das Schicksal unserer früheren Nachbarsfamilie. Wegen ihrer kommunistischen Gesinnung war sie bei Kriegsende zwar nicht nach Deutschland ausgewiesen worden, doch sie hatte den gesamten Besitz verloren und den Wohnort wechseln müssen. Ida war Lehrerin geworden, hatte also einen sozialen Aufstieg gemacht und einen Slowaken geheiratet, der bei Kriegsende aus Rumänien umgesiedelt war. Inzwischen lebte sie wieder in Drexlerhau, es ging ihr, gemessen an slowakischen Verhältnissen, nicht schlecht, und dennoch betonte sie immer wieder: »Ihr hattet das bessere

Los. Ihr habt zwar die Heimat verloren, aber bei euch ging es immer aufwärts, während bei uns alles über Jahrzehnte stagnierte.« Es hat ihr wehgetan, dass sie sich in der kommunistischen Tschechoslowakei nicht zu ihrer deutschen Herkunft bekennen durfte. Denn es war verboten, Deutsch zu sprechen und karpatendeutsche Bräuche mit anderen Verbliebenen zu praktizieren. Wer es dennoch tat, lebte in Angst. Zu der heute 62-jährigen Ida und ihren Kindern habe ich eine freundschaftliche Beziehung aufgebaut und besuche sie jedes Mal, wenn ich im Ort bin. Inzwischen haben sich auch Kontakte zur Bürgermeisterin des Ortes und zu anderen Bewohnern entwickelt.

Wahrscheinlich bin ich eine Ausnahme. Aber die Erzählungen meiner Verwandten aus Drexlerhau haben mich nie gelangweilt. Im Gegenteil. Ich habe auch regelmäßig die großen Treffen in der Langenauer Stadthalle besucht, wenn Drexlerhauer aus Kanada, Australien und später auch aus der DDR anreisten. Ich habe mir die Menschen angesehen und eine eigenartige Rührung empfunden, wenn sich alte Männer oder Frauen nach vierzig, fünfzig Jahren um den Hals fielen und weinten und sich testeten, ob sie die Adresse des anderen noch im Gedächtnis behalten hatten: »Welche Hausnummer hatte euer Haus noch gleich?«

Anfang der siebziger Jahre versammelten sich noch bis zu 800 Menschen aus Drexlerhau, und nach dem Fall der Mauer war die Stadthalle noch einmal voll. Aber immer mehr Alte sterben, die Jungen sind an solchen Treffen nicht interessiert. Weil die Halle beim vorletzten Mal halb leer blieb, wurde das Treffen in einen kleineren Saal nach Odelzhausen zwischen Augsburg und München verlegt.

Meine Arbeit in der Ackermann-Gemeinde und im Hilfsbund Karpatendeutscher Katholiken macht mir eine unglaubliche Freude. Die so genannte »Erlebnisgeneration« bildet zwar häufig eine abgekapselte Gemeinschaft. Dort Anschluss zu suchen, erscheint Außenstehenden selten attraktiv. Aber ich kann auch jene Sudeten- und Karpatendeutschen verstehen, die jetzt siebzig, achtzig Jahre und noch älter sind und an ihrem Lebensabend gern wieder ihren Dialekt hören, ihre Lieder singen, von ihren Landschaften schwärmen, die das Hauerland, die Zips oder das Sudetenland meinen, wenn sie von »daheim« oder »zu Hause« sprechen, und nicht selten verbittert reagieren, wenn sie hören, dass das tschechische Parlament Edvard Beneš wegen seiner »Verdienste« in einem eigenen Gesetz geehrt und auch jene dreizehn Beneš-Dekrete bekräftigt hat, die für viele aus ihrem Verwandten- und Bekanntenkreis Tod, Enteignung und Vertreibung bedeuteten.

Ich scheue mich aber auch nicht vor den Außenstehenden, die als Erstes an Autoklau, Lohndumping und Armut denken und ablehnend sind, wenn sie von Tschechien und der Slowakei hören. Ich suche mit ihnen jene Städte und Landschaften auf, die sie allein nie ansteuern würden; ich informiere sie über einen Teil europäischer Geschichte, den sie bisher ignorierten, und bringe sie mit Menschen zusammen, denen sie bisher aus dem Weg gegangen sind. Denn einerseits wollen der Hilfsbund Karpatendeutscher Katholiken und die Ackermann-Gemeinde den Vertriebenen eine kulturelle und geistige Heimat sein, andererseits den mittel- und osteuropäischen Kulturraum aber auch anderen Bundesbürgern innerhalb wie außerhalb der Kirche nahe bringen.

Ich versuche, zwischen beiden Gruppen zu vermitteln und gleichzeitig Brücken zu den Tschechen und Slowaken zu schlagen. Natürlich sind unter Slowaken und Tschechen noch immer jene Pauschalurteile über die Deutschen als Täter verbreitet, die ihnen von der kommunistischen Propaganda jahrzehntelang eingetrichtert wurden. Aber oft wird vergessen, dass es in der Tschechischen und der Slowakischen Republik auch Menschen gibt, die kritisch mit ihrer eigenen Geschichte umgehen und es riskieren, in ihrem Freundes- und Verwandtenkreis auf Unverständnis zu stoßen, wenn sie Kontakt zu Deutschen suchen. Überall gibt es Schnittmengen. Manchmal stellen sich Erfolge zwar frustrierend langsam ein, vieles braucht eben Zeit. Aber weil mir verschiedene Traditionslinien aus der eigenen Familie vertraut sind, bin ich an unterschiedliche Sichtweisen und damit verbundene Spannungen gewöhnt. Die halte ich aus. Und werbe jeweils um Verständnis für die andere Seite.

So finden sich auch unter den Vertriebenen noch Menschen, die am liebsten wegsehen würden, wenn aus Tschechien und der Slowakei versöhnliche Gesten kommen, wenn über die Vertreibung der Deutschen geforscht wird, wenn Mahnmale zum Gedenken an ihre Opfer aufgestellt werden. Aber andererseits engagieren sich viele Vertriebene für ihre alte Heimat und haben ein dichtes Netz von Kontakten aufgebaut. Sie besuchen die Stände von Tschechen und Slowaken auf Tourismus-Messen, machen Werbung für das Erzgebirge, die Hohe Tatra, für Reichenberg/Liberec, Karlsbad/Karlovy Vary, Kaschau/Košice oder Pressburg/Bratislava, sie organisieren einen Schüleraustausch oder spenden Geld für die Restaurierung von Kirchenglocken und anderen Kulturdenkmälern. Diese Menschen wollen in der Regel keine Rückgabe ihrer Häuser, keine Entschädigung, aber sie wünschen sich eine Anerkennung, eine symbolische Geste. Ich kann dieses Bedürfnis nachvollziehen und hoffte, die Umwelt in Deutschland, Tschechien und der Slowakei könnte es auch. Denn ich kann und will nicht glauben, dass zwei Diktaturen in fünfzig, sechzig Jahren an Vertrauen und Bindung zerstören können, was über viele Jahrhunderte gewachsen ist.

Flucht und Vertreibung als Lebensthema

Das Erbe tragen wir in uns
Über den langen Weg der Integration

Einige Protagonisten dieses Buches haben die Flucht als Kinder erlebt – mit fünfzehn Jahren der Älteste, mit zwei Monaten die Jüngste; andere kennen sie als Nachgeborene nur aus den Geschichten von Müttern, Vätern und Geschwistern. Einige haben diese Erinnerungen gierig aufgesogen, andere haben sie wie einen lästigen Ballast abgeworfen; manche spürten das Drama des gewaltsamen Heimatverlustes nur in dem Schweigen, das bestimmte Ereignisse umgab und nicht durchbrochen werden durfte. Doch unabhängig davon, ob die Fluchterfahrungen in den Familien artikuliert oder verdrängt wurden – sie haben das Leben dieser und anderer Kinder bis in die Gegenwart geprägt. Äußerlich mögen sich die Vertriebenen integriert haben. In den Seelen aber sind Wunden und Narben geblieben.

Überraschend deutlich lässt sich dies an den Arbeiten im Rahmen der Geschichtswettbewerbe des Bundespräsidenten ablesen, die von der Körber-Stiftung ausgerichtet wurden. Schon 1984/1985 hatten Vertriebene beim Thema »Alltag im Nachkriegsdeutschland« die meiste Aufmerksamkeit auf sich gezogen. Das wiederholte sich bei der Ausschreibung 1988/1989 »Unser Ort: Heimat für Fremde?«, als weit mehr über die Flüchtlinge und Vertriebenen von 1945 als über die Zuwanderer seit den sechziger Jahren berichtet wurde. Und beim Wettbewerb 2002/2003 inspirierte das Thema »Weggehen – Ankommen« wieder mehr Schüler zur Beschäftigung mit den eigenen Vertriebenen als mit den neuen Migranten. Das Schicksal jetzt schon der Großväter-Generation übt noch immer einen eigenartigen Sog aus, und Schüler spüren seine untergründige Virulenz. »Die Fassade des idyllischen Bildes von Neuschönningstedt bröckelt«, stellten etwa zwei Schülerinnen aus Schleswig-Holstein während der Recherchen fest, »als würde man auf alten Familienbildern nach längerem Hinsehen das aufgesetzte Lächeln erkennen.«

Die Fassade also trügt. Erst haben die Betroffenen ihre Verletzungen hinter den Aufbauleistungen versteckt, später wollte die Gesellschaft von Schmerz und Trauer nichts mehr hören. Einige Betroffene und Außenstehende scheuen sich bis jetzt, die Risse und Brüche in der Fassade wahrzunehmen. Warum?

Die politisch motivierte Furcht, der Hinweis auch auf deutsches Leid könne als ein Versuch zur Relativierung deutscher Schuld interpretiert werden, vermag allein keine ausreichende Antwort auf die Ausblendung des Themas in den siebziger und achtziger Jahren zu geben. Es gibt in Deutschland keine ernst zu nehmende politische Kraft mehr, die die Schuld und die Verantwortung unseres Landes für die Verbrechen der NS-Diktatur in Frage stellen würde. Vor allem aber kann die Angst vor einem Geschichtsrevisionismus nicht die emotionale Wucht erklären, mit der einige Intellektuelle die Vertreibung weiter ausschließlich als »Ergebnis der deutschen Selbstzerstörung«[1] interpretieren, also als Strafe akzeptieren, die wir möglichst stillschweigend zu akzeptieren hätten. Warum also wird so beharrlich an dem eindimensionalen Weltbild von den Deutschen als der »Täter-Nation« festgehalten? Warum setzt eine mögliche Auflösung dieses Bildes so viel Abwehr frei?

Untersuchungen unter Angehörigen der Kinder- und Enkel-Generation ergaben, dass offizielle Gedenkkultur und privates Erinnern in Deutschland weit auseinander fallen.[2] Während der verbrecherische Charakter des Nationalsozialismus und die Tatsache des Holocaust umstandslos anerkannt sind, werden die eigenen Eltern oder Großeltern als unbelastet wahrgenommen oder sogar zu heimlichen Widerstandskämpfern stilisiert. Das Gefühl der Loyalität gegenüber der eigenen Familie und die Liebe zu den Vätern und Großvätern lassen nicht zu, in der eigenen Familie Täter zu entdecken, selbst wenn die Deutschen pauschal als »Täter-Nation« erachtet und missbilligt werden.

Es macht offensichtlich Angst, wenn gegenüber derselben Person widersprüchliche, sich unter Umständen sogar ausschließende Gefühle auftauchen könnten. Es macht Angst, wenn eindeutige Zuordnungen verloren gehen und die Grenzen zwischen Gut und Böse, Tätern und Opfern, verachtenswerter Vergangenheit und geläuterter Gegenwart zu verschwimmen drohen. Deswegen gibt es eine Neigung zu eindimensionalen Urteilen und Weltbildern, wonach zwischen der schuldigen Nation und der unschuldigen Familie genauso scharf getrennt wird wie zwischen den schuldigen (deutschen) Tätern und den unschuldigen (polnischen, jüdischen, russischen) Opfern.

So moralisch legitim und politisch berechtigt in den sechziger Jahren die Kritik an der schweigenden, ihre Verwicklung in das NS-Regime nicht reflektierenden Eltern-Generation auch war, so bequem sind die pauschalen Verurteilungen aber auch gewesen, mit denen sich Töchter und Söhne von dem Erbe des Bösen abgekoppelt und durch die abstrakte Identifikation mit den Opfern auf die Seite der Guten geschlagen haben. Der Realität hat diese strikte Zweiteilung der Welt schon damals nicht entsprochen, und aufrecht erhalten werden konnte sie nur so lange, wie wir uns mit selektiver Wahrnehmung der Geschichte begnügten und Teile unserer Gefühle einfroren.

»Wer – scheinbar ›politisch korrekt‹ – die eigene oder die gemeinsame Vergangenheit als einmalige Verfehlung oder als eine Art übernatürliche Erscheinung aus dem ›Reich des Bösen‹ deklariert und sich unhinterfragt davon distanziert«, schreibt dazu die Psychoanalytikerin Thea Bauriedl, »entwertet frühere Generationen, andere Menschen, andere Völker oder das eigene Volk, ohne deren Erbe in sich selbst verstanden zu haben.«[3]

Er leugnet die verstörende Erkenntnis, dass wir unter bestimmten Bedingungen auch heute noch in der Gefahr stehen, »Opfer oder Täter von Grenzüberschreitungen zu werden« (Bauriedl). Er umgeht die sehr verunsichernde Frage, ob wir moralische Sicherheit nicht durch historische Vereinfachung erkauft haben und ob das pauschale Eingeständnis deutscher – schon nicht mehr individueller – Schuld uns nicht vor bedrückenden Gefühlen der Ohnmacht, Hilflosigkeit und Abhängigkeit bewahren sollte. Schuld kann auch erhöhen: Nicht ohne Grund hat der Philosoph Hermann Lübbe vom »Sündenstolz« der Deutschen gesprochen. Die Scham aufgrund von Demütigung hingegen ist viel schwerer auszuhalten. Darin dürfte sicherlich ebenfalls ein Grund liegen, warum über die Geschichten von Vertreibung so lange öffentlich nicht gesprochen wurde.

Denn wenn die Deutschen nicht ausschließlich Täter und schuldig und Polen oder Tschechen und Juden nicht ausschließlich Opfer und gut sind, stehen wir vor der Herausforderung, uns von einer eindimensionalen Sicht zu verabschieden und Ambivalenzen auszuhalten. Das verunsichert nicht nur uns, es verunsichert auch unsere Nachbarn.

Mit dem Abstand der Zeit und einer größeren Unbefangenheit der Angehörigen der zweiten und dritten Generation wächst allerdings das Bedürfnis nach einer Aneignung unserer Geschichte als untrennbarer Einheit von Verbrechen *und* Leiden. Und solange der gewaltsame Heimatverlust eines Fünftels unserer Bevölkerung ausgeklammert blieb, war die Aufarbeitung der Vergangenheit nicht abgeschlossen. Wer sich – wie die Vertriebenenkinder in diesem Buch – auch mit den Zeiten von Demütigungen und Niederlagen in den Familienbiografien auseinander setzt, drückt sich nicht vor der besonderen Verantwortung, die weiter auf den Deutschen aufgrund ihrer Geschichte lastet. Aber er versteht endlich die Vielschichtigkeit des Erbes, das ihn an die Vergangenheit bindet, er erschließt sich einen Zugang auch zu Gefühlen, die ihn bisher ängstigten, und er vermag Verhaltensmuster in den Familien zu deuten, die ihm bis dahin oft unverständlich blieben, selbst wenn sie ihn trieben. In dieser Bewusstwerdung liegt letztlich die einzige Möglichkeit, unsere Gefährdungen, aber auch unsere Chancen zu erkennen und die Lösung im Dialog zu suchen: mit uns selbst und unseren Nachbarn.

Die psychischen Spätfolgen von Vertreibung

Seitdem Anfang der neunziger Jahre die Bilder vom Krieg in Bosnien auf den Fernsehschirmen flimmerten, hätten sich – erzählt die Ärztin einer Psychosomatischen Klinik in Berlin – die Themen von fünfzig- bis siebzigjährigen Patientinnen in ihrer Praxis deutlich verändert. Wesentlich mehr Frauen als früher hätten über Kriegserlebnisse gesprochen, über Vergewaltigungen, Bombennächte, über Verschüttungen und Fluchterlebnisse. Ausgelöst durch aktuelle Bilder von brennenden Häusern in der Herzegowina, von flüchtenden Familien aus dem Kosovo oder vergewaltigten Mädchen aus Bosnien seien ihre eigenen, teilweise jahrzehntelang beiseite gedrängten Erinnerungen an Dresden, Ostpreußen oder Schlesien wieder wachgerufen worden. Und angesichts der öffentlichen Anteilnahme für die Vertriebenen und Vergewaltigten im ehemaligen Jugoslawien hätten auch sie ihre Scham überwunden und sich nach außen geöffnet. Vielen konnte dadurch erstmals ein

Zusammenhang zwischen ihren Depressionen, Albträumen oder chronischen Schmerzen und ihren traumatischen Erlebnissen bei Kriegsende aufgezeigt werden.

Zuvor hingegen hatten diese Frauen Fragen nach Kindheit und Jugend fast stereotyp abgewehrt. Sie hätten kein besonders schweres Einzelschicksal erlitten, so die gängige Meinung, sondern nur durchgemacht, was zahllose andere Familien ebenfalls getroffen hätte: Bei einigen waren die Väter gefallen, andere hatten eine Schwester oder einen Bruder bei der Flucht verloren, fast alle hatten fern der Heimat vor dem Nichts gestanden und waren zum Neuanfang gezwungen. »Das war nichts Besonderes« – denn es hatte Millionen betroffen. »Andere haben Schlimmeres erlebt« – also gab es keinen Grund zur Klage. Allerdings ließ sich dieser Verweis auf die »Normalität« auch gut zur Abwehr quälender Nachfragen und zur Niederhaltung eigener Erinnerungen einsetzen.[4] Man wollte sich nicht mehr konfrontieren lassen mit Ohnmacht und Hilflosigkeit, mit Todesängsten oder den Gefühlen von Überlebensschuld. So blieb unbearbeitet, was als »normal« galt – und kehrte nach Jahrzehnten zurück, denn es hatte krank gemacht.

Es dürfte schwer fallen, bestimmte körperliche und psychische Symptome kausal auf die Erlebnisse während Flucht und Vertreibung zurückzuführen. Ganz sicher aber sind viele Nachkriegsschicksale in Deutschland-West wie -Ost nachhaltig von der Gewalt, den Todesängsten, den Verlusten während Flucht, Deportationen, Vertreibungen, Aussiedlungen kurz vor Kriegsende und den Integrationsproblemen in den Jahren danach geprägt. Immerhin haben 12 bis 14 Millionen Menschen – das heißt jede fünfte oder sogar vierte Familie – damals ihre Heimat verloren und als ungeliebte Zugereiste eine neue Existenz aufbauen müssen.

Heimat, meint Christian Graf von Krockow, der in Hinterpommern geboren wurde und sich intensiv mit den Fluchterfahrungen in der eigenen Familie auseinander gesetzt hat, Heimat sei »etwas sehr Konkretes und unverwechselbar Persönliches, ein Erlebnisraum der natürlichen und menschlichen Nähe und Vertrautheit, im glücklichen Fall der Geborgenheit. Etwas zumal, das, wie es bei Ernst Bloch heißt, ›allen in die Kindheit scheint‹, in das frühe Lebensalter, in dem man mit frischen Sinnen Eindrücke aufnimmt und speichert wie später niemals mehr. Etwas, was dann noch oder gerade im Abstand und im Verlust als Widerschein des Erinnerns dem Alternden bleibt.«[5]

Heimat, sagt der Jurist und Schriftsteller Bernhard Schlink, sei Nichtort, sei Utopie. »Am intensivsten wird sie erlebt, wenn man weg ist und sie einem fehlt; das eigentliche Heimatgefühl ist Heimweh. Aber auch, wenn man nicht weg ist, nährt sich das Heimatgefühl aus Fehlendem, aus dem, was nicht mehr oder noch nicht ist. Denn die Erinnerungen und Sehnsüchte machen die Orte zur Heimat.«[6]

Heimat, sagt schließlich der Berliner Psychoanalytiker Uwe Langendorf, sei der mütterliche Raum, der »dem Kind Schutz, Geborgenheit und Vertrautheit gibt und zugleich die Möglichkeit zu wachsen«. Heimat seien die Lebensräume mit ihren Klängen, Gerüchen, mit Sprache, Verhalten, die das Kind verinnerliche und in das es einen Teil seiner ursprünglichen Bedürfnisse deponiere. »Diese Heimat tragen wir ständig in uns und um uns wie die Schildkröte ihren Panzer, sie ist Teil von uns und wir sind Teil von ihr, ob wir das wahrnehmen und wahrhaben wollen oder nicht. Wir sind mit unserer Heimat identifiziert.«[7]

Heimat ist so einerseits der reale Raum, in dem wir unsere erste soziale und kulturelle Verwurzelung erleben und – aufgehoben im familiären Schutzraum – unsere ersten Schritte auf dem Weg unserer Persönlichkeitsentwicklung gehen. Heimat ist andererseits die Verinnerlichung dieser Kindheitsphase, die Erinnerung an einen fast paradiesischen Zustand, in dem wir angstfrei unser Aufgehobensein, unser Gleichsein mit den anderen erleben durften. Verlassen wir den realen Ort freiwillig, begleitet uns diese Erinnerung wie ein beruhigendes Versprechen. Werden wir jedoch gewaltsam vom realen Ort getrennt, und sind die Rückzugsmöglichkeiten ausgeschlossen, muss das – wie Langendorf es formuliert – wie »eine Trennung von einem Teil des Selbst« erscheinen und eine Wunde hinterlassen, die bei manchen niemals verheilt.

Lange schien es, als sei die Bewältigung traumatischer Erfahrungen während Flucht und Vertreibung eine Frage des Alters. Noch 1992/93 ergaben Befragungen im Raum Bayern, dass jene, die bei Kriegsende über sechzig Jahre alt gewesen waren, der alten Heimat gedanklich und emotional verhaftet blieben und sich von der neuen Heimat abgrenzten – neunzig Prozent von ihnen erlitten einen sozialen Abstieg. Jene hingegen, die vierzehn bis 21 Jahre alt gewesen waren, hatten sich in Schule, Beruf oder Sportverein weitgehend in das neue Umfeld integriert, die Hälfte von ihnen war beruflich aufgestiegen und hatte auch einen Einheimischen als Ehepartner gewählt.[8]

Lange schien es auch, als sei die Bewältigung der Fluchterfahrungen eine Frage der Zeit. So waren Flüchtlingskinder unmittelbar nach Kriegsende noch stark auffällig gewesen. Die so genannte Langeoog-Studie, in der 1946–1950 insgesamt 12500 Kinder während Erholungskuren beobachtet wurden, stellte für 1946 fest: Das Untergewicht von Vertriebenenkindern betrug bis zu zwanzig Prozent, das Längenwachstum blieb deutlich hinter der Norm zurück, Eiweißmangel führte zu Haltungsschäden, falsche Ernährung zu schlechten Zähnen,

Rachitis und erhöhter Anfälligkeit für infektiöse Krankheiten wie Tuberkulose. Vertriebenenkinder zeigten außerdem einen Mangel an Selbstvertrauen, sie waren misstrauisch, ernst, schweigsam und litten an mangelnder Konzentrationsfähigkeit, an Schlafstörungen, Albträumen, Bettnässen, Sprachstörungen, Schwindel und Kopfschmerzen.[9]

Drei Jahre später hingegen hatte sich das Verhalten der Kinder bereits stark verändert. Ihr Denken kreiste um aktuelle Mangelsituationen statt um die belastende Vergangenheit, und ihre Energien richteten sich auf die Anpassung im neuen Umfeld, um der potentiellen Ausgrenzung zu entgehen: Sie lernten den bayerischen Dialekt, um für ihren schlesischen nicht mehr als »Saupreiß« beschimpft zu werden; sie schämten sich für die Mütter, die weiter die ungarn-deutsche Tracht trugen, so dass sie als »Zigeuner« verachtet wurden. Sie hörten auf, die alte Heimat zu erwähnen, und konzentrierten sich auf Lernen und Arbeiten. Leistung zählte, nicht die Herkunft.

Flüchtlingskinder, so bestätigte die Soziologin Elisabeth Pfeil Anfang der fünfziger Jahre, seien nach der Ankunft in der neuen Heimat zwar oft ungeduldig, kindisch oder rebellisch geworden. Nachdem sie vorher über ihr Alter hinaus reif gewesen seien, wären sie nun in kindliche Albernheiten zurückgefallen und hätten Phasen nachgeholt, denen sie auf der Flucht hätten entsagen müssen. Auch seien sie anfänglich von der neuen Umwelt missachtet, eingeschüchtert, ausgelacht und gemieden worden. Doch »schon nach zwei Jahren war es die Erfahrung der Schulleiter in großen Internaten, dass die Flüchtlingskinder sich in keiner Weise von den übrigen Kindern unterschieden«.[10]

So kam eine psychologische Studie in Westdeutschland 1964 zu dem Ergebnis, der körperliche Entwicklungsstand der Flüchtlingskinder sei durch die Versorgungsengpässe während und nach der Flucht »vermutlich nicht dauerhaft« beeinträchtigt worden, krankhafte Befunde seien seltener als bei einheimischen Altersgenossen, schulische Leistungen sogar besser und mögliche frühkindliche traumatische Erlebnisse hätten zu keiner Beeinträchtigung geführt.[11] Diese Diagnose bekräftigte die damals gängige psychologische Lehrmeinung, dass Menschen in Extremsituationen stark belastbar seien und der Organismus praktisch unbegrenzte Ausgleichsmöglichkeiten besitze. Speziell Kinder verfügten danach über eine außerordentliche Elastizität, konnten schnell vergessen und sogar von traumatischen Erlebnissen wenig erschüttert werden, solange sie bei der Mutter verblieben. Einige vermuteten in der Tatsache, dass Kinder scheinbar so gut zurechtkämen, sogar eine Spätfolge der NS-Erziehung, die das Ideal »harter« Maskulinität gepredigt hatte.[12]

Nur langsam kam es zu einer Korrektur dieser Denkweise. Allerdings nicht aufgrund der Erfahrungen mit Vertriebenen, sondern mit Holocaust-Opfern. Auch hier galt lange die Auffassung, dass, wer durch die KZ-Haft geschädigt worden sei, schon vorgeschädigt gewesen sein müsse – was den nach New York emigrierten Analytiker Kurt R. Eissler zu der zynischen Nachfrage veranlasste, die Ermordung wie vieler seiner Kinder ein Mensch symptomfrei ertragen können müsse, um als Person mit normaler Konstitution zu gelten.

Ausgehend von den Vereinigten Staaten, begann sich für die Spätfolgen von Traumata schließlich die Bezeichnung »erlebnisbedingter Persönlichkeitswandel« durchzusetzen. Seit den achtziger Jahren ist das »Posttraumatische Belastungssyndrom« (PTSD – Post-traumatic Stress Disorder) fest als Krankheitsbild beschrieben: Jemand hat in Lebensgefahr geschwebt oder ist Zeuge einer lebensbedrohlichen Situation gewesen, er leidet unter wiederkehrenden Erinnerungsfetzen, unwillkürlichem

Wiedererleben, befindet sich in dauererregten Zuständen, als habe sich der Körper noch immer gegen die Bedrohung zu wehren (Schlaflosigkeit, Reizbarkeit, Albträume), und er hat eine emotionale Abgestumpftheit entwickelt, die ihn instinktiv Situationen vermeiden lässt, die an das auslösende Ereignis erinnern könnten. Derartige Symptome zeigen sich unter Umständen noch Jahrzehnte nach dem traumatisierenden Vorfall. So wies etwa ein Drittel von norwegischen und niederländischen Veteranen des Zweiten Weltkriegs noch 45 Jahre nach Kriegsende eine partielle PTSD auf. Bei Überlebenden des Holocaust ergab sich in den achtziger Jahren sogar eine PTSD-Beeinträchtigung von 57 Prozent.[13]

Bei Vertriebenen sind Traumafolgen erst 1999 untersucht worden. Von der Umfrage des Psychologischen Instituts an der Universität Hamburg wurden 270 Personen erfasst: 205 Frauen und 64 Männer. Die Frauen waren bei der Flucht zwischen neun und 21 Jahren alt, die Männer zwischen sieben und fünfzehn. 82 Prozent aus der Gruppe hatten gehungert, 70 Prozent waren durch Beschuss und Bombardierung in Todesnähe geraten, mehr als die Hälfte der Frauen war vergewaltigt worden. Am schrecklichsten, so ergaben die Befragungen, waren Vergewaltigungen, Hinrichtungen, der Anblick von verstümmelten Toten und der Tod von Familienangehörigen erlebt worden. Zur Zeit der Befragung litten noch 62 Prozent unter belastenden Erinnerungsbildern und dem Wiedererleben traumatischer Situationen; 4,8 Prozent zeigten ein voll ausgeprägtes Posttraumatisches Syndrom, 25 Prozent eine partielle PTSD.[14]

Neben dem Posttraumatischen Belastungssyndrom lassen sich noch andere Spätfolgen von Flucht und Vertreibung nachweisen. Eine Arbeit aus dem Jahre 1998 stellte zum Beispiel fest, dass von 26 Patienten der Jahrgänge 1931–1943, die wegen Herzinfarkt und anschließender Bypass-Operation in der

Hamburger Universitätsklinik behandelt wurden, nur vier keine kriegsbedingten Trennungen oder Verluste erlitten hatten. Alle anderen waren während des Kriegs und in der ersten Nachkriegszeit längeren und schweren Belastungen ausgesetzt gewesen.[15]

Weit überproportional sind Vertriebene und ihre Kinder nach Aussagen mehrerer Ärzte auch unter den Patienten von Schmerztherapeuten und Psychoanalytikern zu finden. Zwar gibt es noch keine systematischen Untersuchungen über die Zusammenhänge zwischen chronischen Schmerzen bzw. psychischen Problemen und den Erlebnissen während Flucht, Vertreibung und anschließender Suche nach neuer Heimat. Doch entgegen der noch mächtigen Tendenz in der Psychoanalyse, Störungen allein als intrapsychische, d.h. hausgemachte Konflikte zu interpretieren, beziehen immer mehr Therapeuten die Auswirkungen dramatischer äußerer Einschnitte in die Analyse ein.[16] Denn nur solange sich Menschen noch erinnern, kann aufgedeckt werden, welche Ereignisse die Abspaltungen ursprünglich verursacht haben. Schon in der zweiten Generation tritt das auslösende Ereignis zurück, in der dritten Generation bleibt es in der Regel im Dunklen – dann wird der erzwungene Heimatverlust nicht mehr als traumatisierendes Ereignis erkannt.

Von jenen, die bei Flucht und Vertreibung erwachsen waren, hat kaum jemand geklagt. Die Betroffenen waren so sehr mit der Abwehr der Gefühle und der Bewältigung des Alltags beschäftigt, dass sie Schmerz und Trauer nicht zulassen konnten. Außerdem hofften sie noch auf eine Rückkehr. »Es gehört zur Tragik der Vertriebenen«, meint der Berliner Psychoanalytiker Uwe Langendorf, »dass gerade die Hoffnung auf Rückkehr und Wiedergutmachung die Verwurzelung in der neuen Umgebung verhinderte. Es musste ja alles nur vorübergehend sein wie ein böser Traum. Eines schönen Tages werde man sich in der alten Heimat wiederfinden, wenn man nur den Anspruch nicht aufgebe. Irgendwann wurde diese Hoffnung begraben und durch Verzweiflung abgelöst.«[17] So wurde das Unverarbeitete aus dem Leben der Eltern den Angehörigen der zweiten Generation in einem »transgenerationalen Transfer« übertragen.

Kinder hatten häufig eine doppelte Funktion zu erfüllen – die Biografien des Buches bestätigen es mehrfach.

Einerseits sollten sie durch Leistung in der neuen Umgebung beweisen, dass ihre geflohenen Eltern den Einheimischen nicht unterlegen waren. Andererseits sollten sie sich loyal gegenüber den Eltern verhalten und durften sie nicht durch Anpassung an die neue Umwelt verraten. Der Jenaer Psychologieprofessor Günter Jerouschek, als Kind von Sudetendeutschen in Schwaben geboren, weiß aufgrund eigener Erfahrung: »Die für mich einschneidendste und auch prägendste Erfahrung von frühester Kindheit an war das Aufwachsen mit zwei Heimaten. Es gab die reale Heimat, Schwaben, wo ich geboren wurde, daneben aber noch eine zweite, imaginäre, die die Eltern und Verwandten meinten, wenn sie von ›dahoam‹ sprachen. Die zwei Heimaten mobilisierten früh intellektuelle Anstrengungen, diesem Rätsel auf die Spur zu kommen, und noch das spätere Studium der Geschichte verdankt sich dieser frühen Herkunftssuche.« Durch den Bezug auf zwei Heimaten gerieten diese Kinder in einen inneren Spagat. Sie pendelten zwischen zwei Welten, zwei sich ausschließenden Anforderungen, und sie fühlten sich gegenüber den Eltern schuldig, wenn sie sich, um der Stigmatisierung zu entgehen, zunehmend der neuen Umgebung anpassten.

Das erschien ihnen wie Verrat. Denn die Loyalität gegenüber der Herkunftsfamilie spielte eine umso größere Rolle, je reduzierter und je bedürftiger jene war. In vielen Haushalten fehlte der Vater. Entweder war er gefallen, oder er saß in der Kriegsgefangenschaft. So wurden die Mütter zum einzigen Bezugspunkt für die Kinder. Doch diese jungen Frauen waren mit dem Kampf ums Überleben oder mit sich selbst beschäftigt – für die Kinder blieb oft wenig Empathie. Vielmehr fühlten sich die Kinder – wie Dagmar und Christel aus der Geschichte »Meine Mutter hat mich doch geliebt« – verpflichtet, die Mütter zu stabilisieren, da sich jene den Umständen nicht gewachsen zeigten, den Kontakt zur Umwelt scheuten oder ein starkes Schamgefühl aufgrund sozialer Deklassierung und Ohnmachtsgefühle entwickelten. Nicht selten blieben diese Kinder auch als Erwachsene an ihre Mütter gebunden, weil sie nicht den Mut besaßen, sie mit ihren unbewältigten Problemen allein zu lassen.

Andere Kinder flüchteten angesichts schwacher Eltern in deren Idealisierung: Die Wahrnehmung der Schwäche hätte sie in eine Verzweiflung über die reale Schutzlosigkeit stürzen oder Schuldgefühle wachrufen können, falls sie sich die Enttäuschung über die Eltern eingestanden hätten. Ablösung von Opfer-Eltern, sagt Uwe Langendorf, fiele besonders schwer, denn Auflehnung wecke Schuldgefühle. Als wechsele das Kind auf die Seite der einstigen Verfolger über. Dabei wolle es doch wieder gutmachen, was die Verfolger angerichtet hätten.

Eng gebunden an die Eltern blieben auch Vertriebenenkinder, in denen – wie bei Günter in »Mit mir nicht!« – der Groll und die Ressentiments weiterleben, die ihre Eltern aufgrund unverarbeiteter Verlusterlebnisse an sie übertragen haben. Wo nicht getrauert wurde, bleiben Flucht und Heimatverlust auch in der nächsten Generation wie eine offene Wunde, die nach Wiedergutmachung der Demütigungen verlangt.

Angesichts unvollständiger Familien, verlorener Heimaten, instabiler Mütter und unfreundlicher Umwelten suchten viele Flüchtlingskinder ihren Selbstwert über Leistung zu stabilisieren. Schule und Arbeitsplatz gehörten zu den wenigen Feldern, auf denen Vergleich und Rivalität möglich waren: Es zählten Wissen, Können, Erfolg und nicht Herkunft oder Besitz. Außerdem schien das Wissen nach den Erfahrungen der Flucht eine stabilere Grundversicherung zu bieten als Häuser und Geld: »Was du weißt«, so hörten Vertriebenenkinder immer wieder von ihren Eltern, »das kann dir keiner nehmen!« Außerdem ließen sich mit der Flucht in die Arbeit trübe Gedanken vertreiben und die Trauer ersticken. Ein Schüler aus dem Geschichtswettbewerb 1988/1989 gab seiner Arbeit bezeichnenderweise den programmatischen Titel »Durch Fleiß das Heimweh vergessen«.[18]

Der Fleiß und die Strebsamkeit dieser Vertriebenenkinder war allerdings auf eigentümliche Weise gebremst. »Bloß nicht auffallen«, lautete nämlich eine andere Maxime in ihren Familien. Jungen wie Alfred Pogadl aus der Geschichte »Du gehörst nicht hier rein!« wollten erklärtermaßen weder im Positiven noch im Negativen hervorstechen. Denn wer auffällt, so die Erfahrung, zieht Neid oder Aggression auf sich. Vertreter der zweiten Generation, meint der Jenaer Psychologieprofessor Günter Jerouschek daher, stünden oft in der zweiten Reihe. »Sie werden den Kopf nicht allzu weit herausstrecken – denn hier droht dann die Kastration –, sondern sich eher im Hintergrund von Führerpersönlichkeiten bewegen. Wenn der Kompromiss nach dem Prinzip der zweiten Reihe häufig auf recht hohem Karriereniveau gesucht wird, ändert dies nichts an der grundlegend fragilen und leicht irritierbaren Selbstkonstitution.« Auch andere Psychoanalytiker berichten von Patienten, die erfolgreich in ihrem Beruf seien, nicht selten Karriere gemacht hätten, aber gleichzeitig viel unsicherer und ängstlicher als ihre Kollegen aufträten, sich nicht durchsetzen und

235

nicht verkaufen könnten und sich in Gruppen überängstlich beobachteten, um keinen Anlass für Kritik oder gar Streit zu liefern. Selbst wenn all diese psychischen Reaktionen nicht allein bei Vertriebenenkindern anzutreffen sind, glauben Jerouschek und Langendorf aufgrund bisheriger Erfahrungen, auch ganz Spezifisches bei ihnen beobachtet zu haben.

Für Jerouschek ist es die Brüchigkeit der Identität: Weil sich die Eltern in der neuen Heimat nicht zurechtgefunden, weil sie sich nicht verwurzelt hätten, sei die Selbstunsicherheit an die nächste Generation weitergegeben worden und die Frage nach dem »Wer bin ich?« ohne klare Antwort geblieben. Und ein Angehöriger der zweiten Generation, der schon als kleines Kind ständig den kritisch-besorgten Blick des sozialen Umfeldes auf sich gefühlt habe, werde auch als Erwachsener diesen Blick des anderen auf sich spüren und einen Schamkomplex entwickeln. »Er ist viel mehr als andere darauf bedacht, nicht aufzufallen – er weiß aber nicht, warum dieses Anerkanntwerden in der Gruppe für ihn eine viel größere Bedeutung hat als für jemand anderen.«[19]

Für Langendorf liegt das Spezifische von Vertriebenenkindern in dem Gefühl der Wurzellosigkeit. Sie fühlen sich seiner Meinung nach unruhig, getrieben, unfähig, sich irgendwo langfristig niederzulassen. Und wer keine hohe Mobilität zeige, versuche sich umgekehrt mit dem Bau eines Hauses an der Erde festzukrallen, weil er kein Vertrauen besitze, dass die neue Lage stabil bleibe. Auch im Beruf und in den Beziehungen ließen sich Vertriebenenkinder oft nur unter Vorbehalt ein – nach dem Motto: Ich kann jederzeit wieder gehen. Langendorf spricht von einer »gefrorenen Flucht« und von einer »ewigen Suche ohne Ziel«[20]: Der einzige Zustand des Glücks ist dann die Fortbewegung dahin, wo man nie ankommen wird.

Der beschwerliche Weg zur Integration

»Der Flüchtling von 1945 wird hineingestoßen in eine Welt, die ihn nicht rief, die seiner Fähigkeiten, seines Fleißes und seiner kolonialen Zähigkeit nicht bedarf. Sie öffnet sich ihm nur auf höheren Befehl und sehr widerwillig. Alle Plätze sind besetzt. Man muß ihm von oben her ›Platz schaffen‹, d. h., dass eigentlich kein Platz für ihn da ist«, schrieb Elisabeth Pfeil 1948.[21] Die Zugehörigkeit zur selben Nation erwies sich keineswegs als große Klammer, die zur Herausbildung einer Solidargemeinschaft führte. Die Einheimischen waren kaum noch hilfsbereit, als sich die Flüchtlinge nicht als vorübergehende Gäste, sondern als zukünftige Mitbürger herausstellten. Es gab zwar gemeinsame Erfahrungen mit dem Nationalsozialismus, mit Bombenkrieg, Niederlage, mit kollektiver Beschuldigung und Entnazifizierung. »Darunter aber«, urteilt Klaus J. Bade, »gab es vielfach zwei ›Schicksalsgemeinschaften‹, voneinander getrennt durch eine regelrechte Opferkonkurrenz: Den einen, die ›alles verloren‹ hatten, wurde von den anderen prompt vorgerechnet, dass man, evakuiert und ›ausgebombt‹, außer der Heimat doch schließlich auch ›alles verloren‹ habe.«[22]

So bestimmten Interessenpartikularismus und Egoismus die Nachkriegsgemeinden, und keine andere Frage beschäftigte die Einheimischen so sehr wie der Schutz vor der »Überfremdung« durch die Flüchtlinge. Sie fühlten sich eingeschränkt und bedroht. Vor allem durch die Wohnungsbewirtschaftung, die zur Folge hatte, dass in den westlichen Zonen nun pro Quadratkilometer weit über 200 Menschen statt wie vor dem Krieg 160 leben mussten[23] und dass in der SBZ für jede Person über zwölf Jahren 1949 nur noch halb so viel Wohnraum zur Verfügung stand wie 1939.[24]

In Ost und West waren die Einweisungen in Privatwohnungen deswegen mit erheblichen Schwierigkeiten verbunden, und manchmal stießen die Behörden sogar auf offenen Widerstand. »Da ist es einmal vorgekommen«, erklärte der ehemalige Flüchtlingskommissar von Neustadt/Waldnaab im Interview mit einem Schüler aus dem Geschichtswettbewerb von 1988/1989, »dass unser Dienstwagen einfach umgestürzt wurde. Da hätte man ein Buch schreiben können, wie die Leute sich geweigert haben, die Eingewiesenen drinnen zu lassen, und einfach den Kamin verstopft haben, damit der Rauch nicht abziehen kann.«[25]

Die Einheimischen fühlten sich ebenfalls bedrängt durch die plötzliche Konkurrenz, die dazu führte, dass neben dem eingesessenen Apotheker ein zweiter Laden aufmachte, dass schlesische Klempnermeister oder sudetendeutsche Gerber billigere Angebote als die Alteingesessenen unterbreiteten und sich auf dem Arbeitsmarkt Menschen bewarben, die weit mehr Kompromisse einzugehen bereit waren: Zwei Drittel der vor dem Krieg selbstständigen Vertriebenen haben nach 1945 den Erwerbszweig gewechselt, unter den Landwirten waren es sogar 87 Prozent.[26] Auch im Bereich der städtischen Angestellten und Beamten kam es zu Rivalitäten: »Flüchtlingslehrern werden im allgemeinen leitende Stellungen nicht zugeteilt«, meldete der Flüchtlingskommissar von Weiden im März 1947 an die amerikanische Militärregierung. »Man begründet das damit, dass Flüchtlinge mit den örtlichen Verhältnissen nicht vertraut seien. Es kommen Klagen darüber, dass leitende Stellungen für zu entnazifizierende Lehrer freigehalten werden.«[27]

Da Flüchtlinge und Vertriebene als »Fremde« all jene ungeschriebenen Gesetze nicht beachteten, aus denen die gewachsenen Gemeinschaften in Dörfern und Kleinstädten ihr Selbstverständnis zogen, wurden sie als »Polacken« oder

»Kaschubenpack« abgewertet und ausgegrenzt. »Jeder Hof ist völlig zersetzt durch das Ferment der Flüchtlinge«, gab ein Rittergutsbesitzer aus Eversen für eine niedersächsische Nachkriegschronik zu Protokoll. »Sie sind familien- und arbeitsfremd, und diese seelischen und geistigen Imponderabilien sprengen den geschlossenen Charakter von Dorf und Hof dauernd auseinander.«[28]

Der Durchschnittsflüchtling galt als Aufschneider und Drückeberger. »Was wirkliche Bauern sind«, erklärte ein Einheimischer aus dem Dorf Garßen in derselben Nachkriegschronik, »die fassen auch zu. Die anderen reden immer nur davon: Bei uns zu Hause ...! Wenn man es aber richtig besieht, waren sie nur Arbeiter.« Die Angaben von Vertriebenen über ihren verlorenen Besitz wurden durchgehend bezweifelt. Ein Witz machte die Runde. Auf die Frage: »Wer ist der erste Vertriebene?«, lautete die Antwort: »Der Mond. Er stammt aus dem Osten und hat einen Hof.« Damit wurde unterstellt, die Vertriebenen würden sich über den Lastenausgleich weit überhöhte Entschädigungen erschleichen.

In den fünfziger Jahren erhielten die Vorbehalte gegenüber den Vertriebenen im Westen zusätzliche Nahrung. Neben die verächtlichen Urteile über die Habenichtse trat der Neid gegenüber den strebsamen »Häuslebauern«. Die Flüchtlinge würden bei der Wohnungsvergabe privilegiert, hieß es, und verbitterte Einheimische trösteten sich bei der Wohnungssuche mit dem zynischen Ratschlag: »Fahre in die Ostzone und komme als Flüchtling zurück, dann bekommst du sofort eine Wohnung.«[29]

Der wirtschaftlichen und sozialen Eingliederung der Flüchtlinge dienten verschiedene Gesetze, von denen am nachhaltigsten das Soforthilfegesetz vom August 1949 und – als sein Nachfolger – das Lastenausgleichsgesetz (LAG) vom 14. August

1952 waren. Das LAG sollte den »durch den Krieg und seine Folgen besonders betroffenen Bevölkerungsteilen« (also nicht allein den Vertriebenen) eine materielle Hilfe bei der Eingliederung verschaffen und trug einen Doppelcharakter als soziale Hilfe einerseits und Entschädigungsleistung für erlittene Verluste andererseits.»Richtmarke sollte die subjektive Bedürftigkeit zum aktuellen Zeitpunkt, nicht die Höhe des Verlustes in der Heimat sein.« Die Gelder für Vermögensschäden wurden als teilweise *Abgeltung*, nicht aber als vollständige Entschädigungszahlung verstanden.[30]

Dennoch gab der Lastenausgleich den Betroffenen das Gefühl einer gewissen Genugtuung. Um die Wachstumspolitik nicht zu gefährden, erfolgten die meisten Auszahlungen allerdings erst ab 1959. In langwierigen Prozeduren, bei denen die Richtigkeit der Angaben von speziellen Kommissionen verifiziert wurde, sind bis Ende 1986 fast 67 000 Mio. DM ausgezahlt worden.[31]

Die teilweise katastrophalen Unterbringungen in leer stehenden Fabrikhallen, Hotels oder in Baracken ehemaliger Zwangsarbeiter wurden seit 1950 durch groß angelegte Wohnungsprogramme zumindest gemildert. Auch wenn zehn Jahre nach Kriegsende in der Bundesrepublik immer noch kriegsbedingte Lager existierten, so waren anderenorts doch viele neue Eigenheimsiedlungen und Sozialwohnungen entstanden. Wurden 1950 noch zwei Drittel aller Vertriebenen als Untermieter registriert, und hausten elf Prozent noch in Massenquartieren und Notunterkünften, zählte man 1956 bereits 63 Prozent als eigene Wohnungsinhaber.[32]

Langsam glichen sich so die Lebensbedingungen an, und die Dichotomie zwischen »uns Einheimischen« und »euch Flüchtlingen« wurde durch andere Gruppenbildungen ersetzt. Beispielsweise entstand ein »Wir«-Gefühl unter Jugendlichen, die in Schule, Sportvereinen und Jugendgruppen viel mehr Gemeinsames als Trennendes fanden. Oder auch unter den Mitgliedern großer Volksparteien, sobald sie sich für gemeinsame Belange einsetzten.

Gemeinhin galten Flüchtlinge und Vertriebene im Westen als integriert, wenn sie den Standard der Einheimischen erreicht hatten, also ebenfalls eine Mietwohnung oder ein Eigenheim besaßen, ein Auto fuhren und sich einmal im Jahr Urlaub leisten konnten. Insofern kann das Jahr 1970 als Wendepunkt gelten: Die spezifischen Benachteiligungen waren beseitigt, und die Vertriebenen gerieten wie die übrige Gesellschaft in den Sog des allgemeinen gesellschaftlichen und ökonomischen Strukturwandels.[33]

In der SBZ bzw. in der späteren DDR galt das Flüchtlingsproblem weit früher als gelöst – nicht, weil die materiellen Ungleichheiten der Vertriebenen aufgehoben worden wären, sondern weil sie politisch schnell ignoriert wurden. Zunächst konnten die Flüchtlinge sogar auf Verständnis, wenn auch nicht unbedingt auf konkrete Hilfe von Seiten der SED hoffen: Die neu gegründeten Umsiedlerausschüsse sollten – so das erste Rundschreiben der »Zentralverwaltung für deutsche Umsiedler« (ZVU) vom 2. Oktober 1945 – ihnen bei der Suche nach Wohnraum, der Beschaffung von Hausrat, der Eingliederung in den Arbeitsprozess, der sozialen Fürsorge sowie der kulturellen und politischen Betreuung helfen. Gleichzeitig aber ging die Sowjetische Militäradministration gegen Flüchtlinge vor, die in Magdeburg den »Bund Danziger Antifaschisten« als Treffpunkt vertriebener Landsleute gründen wollten, und bestrafte Einzelne, die sich öffentlich zu Rückkehrwünschen bekannten.[34]

Jede eigenständige Organisierung von Flüchtlingen und Vertriebenen war ebenso untersagt wie die öffentliche Erinnerung an Erlebnisse, die Groll, Wut, Hass, Vorbehalte gegen die Sowjetunion und die neuen »Bruderländer« hätte enthalten können. Vertreibung galt als gerechte Strafe für die Verbrechen des Hitler-Regimes, und schon ab 1945 wurde auf Anordnung der Sowjetischen Militäradministration offiziell nur noch von »Umsiedlern« gesprochen.

Der Verzicht auf die deutschen Ostgebiete ist den deutschen Kommunisten allerdings nicht leicht gefallen. Zwar hatte Walter Ulbricht auf einer Funktionärskonferenz der KPD Groß-Berlins am 25. Juni 1945 ausgeführt: »Der Nazismus, der ausgezogen war, ein Weltreich zu erobern, hat es nicht nur fertig gebracht, das Haus anderer Völker zu verwüsten und die eigene Heimat zu zerstören, sondern er hat obendrein die Gebiete östlich der Oder verspielt. Wenn Nazismus und Militarismus vernichtet und demokratische Verhältnisse hergestellt sind, dann wird das deutsche Volk auch in seinen enger gewordenen Grenzen leben können.«[35] Doch SED-Chef Wilhelm Pieck, ein gebürtiger Gubener, warb bei den Gemeindewahlen im Herbst 1946 noch mit einer Revision der Oder-Neiße-Grenze: »Wir werden alles tun, damit bei den Alliierten die Grenzfragen nachgeprüft und eine ernste Korrektur an der jetzt bestehenden Verwaltung der Ostgrenze vorgenommen wird.«[36] Auf einer Umsiedlerkonferenz am 13.Oktober 1946 in Halle sagte er mit großer Emphase: »Wir nehmen daraus die Erkenntnis, dass es sich noch nicht um die endgültige Lösung der Ostfrage handelt und knüpfen daran die unerschütterliche Hoffnung und wünschen aus tiefstem Herzen, dass bei der Regelung der Ostgrenzenfrage im Friedensvertrag dem deutschen Volk Rechnung getragen wird.«

Im Januar 1947 schwenkte die SED-Führungsmannschaft dann auf den sowjetischen Kurs um – zumindest innerhalb der Parteispitze, denn der später als Konterrevolutionär inhaftierte Wolfgang Harich, ein gebürtiger Ostpreuße, gab noch im Juni 1948 im Nordwestdeutschen Rundfunk seiner Hoffnung auf eine Grenzrevision auf einer Friedenskonferenz Ausdruck. Kurz danach wurde das Thema tabuisiert. Und am 6. Juni 1950 unterzeichneten Ostberlin und Warschau die Deklaration über die »Grenzmarkierung an Oder und Neiße«. Wer die Grenze danach in Frage stellte, hatte mit schweren Parteistrafen und auch juristischer Verfolgung zu rechnen.

Einen Lastenausgleich haben die Verantwortlichen der SBZ und später der DDR nie ausgezahlt, denn Demontagen und Reparationen an die Sowjetunion belasteten das Land stark. Da vertriebenen Frauen, Kindern und alten Menschen oft aber das Notwendigste fehlte, mussten viele von der Sozialhilfe unterstützt werden.[37] Bei arbeitsunfähigen und bedürftigen Vertriebenen gestattete die Sowjetische Militäradministration außerdem einmalige Beihilfen in Höhe von 300 Reichsmark für Erwachsene und 100 Reichsmark für deren Kinder – fast jeder zweite Vertriebene hat bis 1949 davon profitiert.[38]

Integrierend hat für Vertriebene in der SBZ die Bodenreform gewirkt. Zwar zögerten anfänglich noch viele, das Land von »Junkern und Großgrundbesitzern« zu übernehmen, da sie hofften, auf die eigenen Höfe zurückkehren zu können. Doch Ende 1945 hatten in der Provinz Brandenburg über die Hälfte der in Frage kommenden »Umsiedler« einen Antrag gestellt, und Anfang 1950 waren über vierzig Prozent aller Neubauernstellen an Vertriebene vergeben. Nach Meinung des Historikers Wolfgang Meinecke bildete die Landwirtschaft daher ein großes Auffangbecken für arbeitslose Vertriebene und erfüllte »die Funktion eines Puffers auf dem Arbeitsmarkt«.[39]

Die öffentliche Tabuisierung ihrer Vergangenheit hat vielen Vertriebenen in der DDR die Trauerarbeit jedoch erschwert. Nicht einmal ihre kulturelle Identität konnten sie in der Aufnahmegesellschaft pflegen. Als 1989 die Mauer fiel, sind daher (kurzfristig) Zehntausende Schlesier, Pommern und Ostpreußen in die Versammlungen der Vertriebenenverbände geströmt: es bestand ein starker Nachholbedarf, über die verlorene Heimat zu reden, Mitbewohner aus den Geburtsorten zu suchen und das Unrecht zu benennen. Viele Vertriebene hatten aber bereits lange vorher die Konsequenzen gezogen: Von den gut vier Millionen, die sich nach Kriegsende in der DDR niedergelassen hatten, hatte sich bis zum Mauerbau 1961 eine Million weiter in den Westen abgesetzt.

Allerdings war den Vertriebenen auch im Westen die Gründung eigener Organisationen zunächst verboten. Die amerikanischen und englischen Besatzungsmächte befürchteten, die Flüchtlinge könnten sich um Forderungen nach Rückkehr in die alte Heimat scharen und nationalistischen und revanchistischen Losungen anhängen. Der Antrag von Dr. Linius Kather, einem ehemaligen Vertreter der Zentrumspartei im Stadtparlament von Königsberg, wurde deswegen im Februar 1946 die Gründung einer »Notgemeinschaft einzelner Landsmannschaften« genauso untersagt wie kurze Zeit später die Gründung der »Arbeitsgemeinschaft deutscher Flüchtlinge«.

Im einsetzenden Kalten Krieg allerdings veränderte sich die Taktik der westlichen Besatzungsmächte. Nun waren die Flüchtlinge als Verbündete gegen die Sowjetunion sogar willkommen. Die »Arbeitsgemeinschaft deutscher Flüchtlinge« durfte sich im März 1948 unter dem neuen Namen »Aufbaugemeinschaft der Kriegsgeschädigten« als Verein eintragen, und im April 1949 schlossen sich die Landesverbände der Heimatvertriebenen zum »Zentralverband vertriebener Deutscher« (ZvD) zusammen. Gemeinsam mit den Landsmannschaften der Sudetendeutschen und der Schlesier bildete er seit November 1951 den »Bund der Vertriebenen – BdV«.

Zunächst schien es tatsächlich so, als verfolgten Flüchtlinge und Vertriebene politische Sonderinteressen. Der vom ehemaligen SS-Sturmbannführer Waldemar Kraft gegründete »Bund der Heimatvertriebenen und Entrechteten« (BHE) erreichte bei seiner ersten Landtagswahl in Schleswig-Holstein im Juli 1950 überraschend 23,4 Prozent. Doch schon bei den Bundestagswahlen 1953 rutschte sein Stimmenanteil auf 5,9 Prozent, bei der Wahl 1957 schrumpfte er sogar auf 4,6 Prozent. Damit war der BHE, von Adenauer vorher noch als Koalitionspartner in die Regierung geholt, nicht einmal mehr im Parlament vertreten. »Als das zentrale politische Motiv des Lastenausgleichs erlangt war«, urteilt die Soziologin Ulrike Haerendel, »entfiel die Hauptmotivation für die Vertriebenen, sich als eigenständiger Faktor im bundesrepublikanischen Parteien- und Parlamentssystem zu organisieren und die Tagespolitik kontinuierlich mitzugestalten.«[40]

Die befürchtete Radikalisierung der Vertriebenen war definitiv nicht eingetreten. Zwar blieb das »Recht auf Heimat« als gemeinsamer Orientierungswert erhalten, und als die Schlesische Landsmannschaft ihren »Deutschlandtag« Anfang der achtziger Jahre unter die Losung stellte: »Schlesien bleibt unser!«, fühlten sich einige Kreise der westdeutschen Öffentlichkeit, vor allem aber die Nachbarn im Osten in ihren Befürchtungen vor einem nach wie vor drohenden Revanchismus bestätigt. Doch im Alltag konzentrierte sich das spezifische Interesse der Landsmannschaften auf die Pflege des Kulturerbes: auf Heimaterinnerungen, landsmannschaftlich-familiäre Nachrichten, Unterhaltung, Lastenausgleich und Soziales. Politisch hatten sich die meisten Vertriebenen der SPD und CDU zugewandt. Selbst unter den Vertriebenen gehörten schon 1965 nur noch knapp ein Prozent einer Landsmannschaft an.

Der Wandel im kollektiven Gedächtnis

Das kollektive Erinnern begründet einen wesentlichen Teil unserer Identität. Was wir wann im öffentlichen Diskurs erinnern, sagt allerdings wenig über die Geschichte aus, aber viel über unsere Suche nach einer spezifischen Sinnstiftung. Denn nicht primär der Wunsch nach Wissen entscheidet darüber, welche geschichtlichen Ereignisse wir zu relevanten Bezugspunkten kollektiven Erinnerns erklären, sondern das Bedürfnis, die Erfahrungen aus der Vergangenheit für eine Deutung der Gegenwart zu nutzen und Erwartungen an die Zukunft zu formulieren.[41]

Die Bedeutungsgehalte kollektiver Bezugspunkte sind fließend und verschieben sich unter neuen äußeren wie inneren Konstellationen. Noch Anfang der neunziger Jahre haben die Deutschen eine Beteiligung am Golfkrieg abgelehnt (»Nie wieder Krieg«), sich jedoch nur wenige Jahre später angesichts der ethnischen Säuberungen im Kosovo zum Eingreifen entschieden (»Nie wieder Völkermord«). War bis dahin mit der militaristischen und Nazivergangenheit die Verweigerung eines militärischen Engagements begründet worden, wurde nun mit der Erinnerung an den Holocaust die militärische Intervention legitimiert.

Das kollektive Gedächtnis erweist sich insofern als Ort der politischen Auseinandersetzung, auf dem – so der amerikanische Historiker Peter Novick – »konkurrierende Narrative über die zentralen Symbole der kollektiven Vergangenheit sowie das Verhältnis des Kollektivs zu dieser Vergangenheit diskutiert und verhandelt werden.«[42] Das zeigt sich auch bei den Themen von Flucht und Vertreibung.

Das Gedenken in Westdeutschland gleich nach dem Zweiten Weltkrieg galt nicht den Opfern der Deutschen, sondern den

Opfern unter den eigenen Bürgern – zwölf Millionen Flüchtlingen und Vertriebenen, Kriegsgefangenen, Ausgebombten, Trümmerfrauen, kriegsversehrten Soldaten, sogar den »Opfern« der Entnazifizierung durch die Alliierten. Verfolgung, schreibt der amerikanische Historiker Charles S. Maier, wurde »nicht nur zu einer politischen Strategie der verschiedenen Gruppen innerhalb Deutschlands, sondern zu einer Strategie des gesamten Landes, das sich um politische Rekonvaleszenz bemühte.« Ganz (West-)Deutschland begriff sich als Opfer.[43]

Im Ausland stießen die Vertriebenen deswegen kaum auf Mitleid. Der britisch-jüdische Verleger Victor Gollancz war eine Ausnahme, als er 1946 erklärte: »Sofern das Gewissen der Menschheit jemals wieder empfindlich werden sollte, wird diese Vertreibung als die unsterbliche Schande aller derer im Gedächtnis bleiben, die sie veranlasst oder die sich damit abgefunden haben.« Ansonsten herrschten Gleichgültigkeit und Distanziertheit. Jeder – bekannte Charles S. Maier – hätte die Geschichte einer Flucht im Winter 1945 aus Pommern oder Ostpreußen zwar gehört. »Uns war dabei aber nicht deshalb etwas unwohl, weil die Geschichten falsch oder übertrieben gewesen wären, sondern weil sie keine Sympathie für diese Opfer, die die deutsche Politik hervorgebracht hatte, zuzulassen schienen.«

Schließlich duldeten die westlichen Alliierten jedoch die Pflege des Opferstatus, denn die Erzählungen über Flucht und Vertreibung ließen sich im beginnenden Kalten Krieg zur Schaffung eines antikommunistischen Konsenses instrumentalisieren: Die Rotarmisten hatten angeblich schlimmer gehaust als die »saubere Wehrmacht«, die Sowjetsoldaten sich verhalten wie Tiere, also galt es, das christliche Europa gegen die »bolschewistische Gefahr« zusammenzuschließen. Die Einbindung Westdeutschlands in den Kalten Krieg erschien damals wichtiger als eine innerdeutsche Auseinandersetzung mit der Vergangenheit.

In den sechziger Jahren schlug das Pendel allerdings in die andere Richtung aus: Hatten sich ihre Väter und Mütter als Opfer der Umstände und der Alliierten gesehen, nahmen die Nachgeborenen die Deutschen nur noch verächtlich als Täter-Nation wahr. Der einen eindimensionalen Wahrheit folgte so die nächste eindimensionale Wahrheit.

Es wurde politisch unkorrekt, über Deutsche als Opfer zu sprechen, während es als politisch korrekt galt, den Verlust der Ostgebiete und die Vertreibung der Deutschen als gerechte Strafe für die Verbrechen des NS-Regimes zu akzeptieren. Zwar stellte das Bundesverfassungsgericht zur Interpretation der Ostverträge von 1970 fest, dass die Gebiete östlich von Oder und Neiße nicht aus der Zugehörigkeit von Deutschland entlassen und endgültig der Sowjetunion und Polen unterstellt worden seien. Faktisch aber ging das sozialdemokratische Lager seitdem von einer Anerkennung der Grenze aus und übernahm die Sicht der Opfer der Deutschen. So stimmten beispielsweise die deutschen Wissenschaftler in der Schulbuchkommission der Benutzung des Begriffs »Bevölkerungstransfer« statt Vertreibung zu und ließen die so genannten wilden Vertreibungen in Polen (vom Juni 1945, also noch vor dem Potsdamer Abkommen) genauso unerwähnt wie die inhumanen Praktiken bei der Durchführung der organisierten Zwangsaussiedlungen. Als politisch korrekt galt nur noch der Gebrauch polnischer Ortsnamen wie »Wrocław« und »Szczecin«, während das deutsche »Breslau« und »Stettin« als Ausdruck revanchistischer Gesinnung erschienen.

Indem das Thema aber moralisch diskreditiert und öffentlich gemieden wurde, wurde es nicht gelöst, sondern nur verdrängt. Wie aber müsse es um die Nachkommen der Vertriebenen bestellt sein, fragte der Schriftsteller Reinhard Jirgl, dessen Mutter und Großmutter aus dem Sudetenland stammten, »denen ihre Herkunft oftmals unerschließbar bleiben musste«?

Und weil so viele ungeklärte Fragen drängten, ist deshalb seit 1989 ein erneuter Wandel im kollektiven Gedächtnis zu verzeichnen. Die neue, gesamtdeutsche Grenze an Oder und Neiße und im Erzgebirge ist durchlässiger geworden, Zehntausende Kinder und Enkel von Vertriebenen haben die Geburtsorte ihrer Eltern und Großeltern in Riga, Königsberg, in Schlesien, im Sudetenland oder in Ungarn besucht, und Zehntausende haben das östliche Europa wieder als Teil deutscher Kulturgeschichte entdeckt: mit der Friedenskirche in Schweidnitz, der Breslauer Jahrhunderthalle und den Bildern von Lyonel Feininger vom pommerschen Ostseestrand. Mit Schriftstellern und Künstlern wie Adalbert Stifter, Gerhart Hauptmann, Uwe Johnson oder Egon Schiele. Plötzlich schien vereinbar, was sich zuvor auszuschließen schien. Wer heute nach Auschwitz fährt, muss auf einen Besuch der Heimat seiner Eltern in Schlesien oder Ostpreußen nicht mehr verzichten. Und wer sich der Verantwortung stellt, die aus der Verwicklung seiner Väter oder Großväter in das NS-Regime resultiert, darf sich auch zur Trauer über den Verlust ihrer Heimat bekennen. »Warum soll ich auf einer Seite sein?«, hatte schon Uwe Johnson in den »Jahrestagen« gefragt. »Was ich weiß, hat mehr als nur zwei.«

Offenkundig erleben wir in Deutschland seit einigen Jahren die Auflösung eindimensionaler Bilder. Eine immer kleiner werdende Zahl will an der Vorstellung von den Deutschen als Täter-Nation festhalten bzw. die Deutschen als Opfer von 1945 sehen. Eine immer größer werdende Zahl hingegen kann deutsches Leiden wieder thematisieren, ohne eine Relativierung von Schuld und Verantwortung vorzunehmen. »Man wird die

Leidensgeschichten in deutschen Familiengedächtnissen nicht mit der Bemerkung aus der Welt schaffen können«, schreibt die Literaturwissenschaftlerin Aleida Assmann, »dass sie politisch nicht korrekt sind. Es gibt so etwas wie ein Menschenrecht auf die eigene Erinnerung, das man mit Zensur und Tabuisierung schwerlich außer Kraft setzen kann. In einer Nation gibt es höchst divergierende Erinnerungen und Gruppenerfahrungen; die Frage ist nicht, wie man alle diese Erinnerungen auf ein Master-Narrativ verpflichtet, sondern wie man sie in einen allgemein verbindlichen Gesamtrahmen integriert.«[44]

Doch was von vielen Deutschen als befreiend, erhellend und gerechter erlebt wird, macht unseren Nachbarn Angst. Solange sich die Deutschen ausschließlich als Täter-Nation begriffen und Polen und Tschechen als Opfervölker, ergänzten sich ihre Selbstbilder. Seitdem vermehrt über Deutsche als Opfer gesprochen wird, kommen aus Polen und Tschechien die irritierten Nachfragen: Soll die Geschichte auf den Kopf gestellt werden? Wollen sich Deutsche etwa nach den Juden als die größten Opfer des Zweiten Weltkriegs stilisieren? Sollen Polen und Tschechen als Täter angeprangert werden? Die Veränderung des deutschen Selbstbildes führt bei ihnen zumindest vorübergehend zum Rückzug auf alte, verhärtete Positionen: So bekannte sich das tschechische Parlament mit dem so genannten »Beneš-Gesetz« trotzig zu seinem ehemaligen Ministerpräsidenten Edvard Beneš, dessen Dekrete 1945 die Basis zur Vertreibung der Sudetendeutschen und Ungarn gebildet hatten. Und in Polen wurde das Bild vom deutschen Erbfeind reaktiviert.

Auf einem Titelblatt der Wochenzeitung »Wprost« erschien Erika Steinbach, die Vorsitzende des Bundes der Vertriebenen und Initiatorin für ein »Zentrum gegen Vertreibungen«, wie sie in SS-Uniform triumphierend auf Kanzler Schröder reitet: als habe Deutschland die Vertriebenen fünfzig Jahre als Trojanisches Pferd aufgepäppelt, um sie jetzt wieder gegen die Nachbarn in Einsatz zu bringen.[45] Deutschland, so die Botschaft, habe nicht abgelassen von seinem »Drang nach Osten«, über den jedes polnische Kind in der Schule gelernt hat, dass er von den Kreuzrittern über Friedrich II., Bismarck, Hitler bis in die Neuzeit reicht. Jeder Pole über dreißig kennt das berühmt-berüchtigte Bild von Kanzler Konrad Adenauer im Mantel der Kreuzritter und die Filmausschnitte mit den »Hupkas und Czajas« unter Plakaten wie »Schlesien bleibt unser«. Deutschland, daran wurden die Polen einmal mehr in den Medien erinnert, sei eine arrogante Macht, die nach wie vor revanchistische Ansprüche hege. Wie sonst ließen sich die Klagen einzelner Vertriebener auf Rückgabe verlorenen Eigentums erklären?

Auch langjährige Freunde der deutsch-polnischen Beziehungen wie Władysław Bartoszewski, ein früherer Auschwitz-Häftling, oder Marek Edelmann, der das Warschauer Ghetto durchleben musste, tun sich schwer mit der neuen Sensibilität. Denn lange Zeit war das Gedenken an deutsche Opfer eine Domäne der Ewiggestrigen, die die Einsicht in die eigene Schuld verweigerten und auch noch auf die Wiedergewinnung deutscher Gebiete hofften, als dies irreal geworden war und neues Unrecht ausgelöst hätte. Die Motive für das neuerliche Erinnern haben sich jedoch verschoben. Der Mehrheit der Vertriebenen und vor allem ihren Kindern und Enkeln geht es nicht mehr um Schuldzuweisungen oder die Formulierung von Ansprüchen, sondern um die Trauer um den Verlust alter Heimaten und das Aufdecken der Wurzeln.

Nur eine verschwindend kleine Minderheit sucht in nicht überwundener Bitterkeit nach wie vor »Gerechtigkeit« durch materielle Entschädigungen. Da sie an alte Wunden rühren, ist es nicht verwunderlich, wenn einige nationalkonservative polnische Publizisten und Politiker Zuflucht zur alten Methode der Aufrechnung nehmen: Wenn Deutsche von Polen Entschädigungen für enteignetes Eigentum verlangen sollten, würden Warschau und andere Städte von Deutschland Wiedergutmachung für die willkürlichen und umfassenden Kriegszerstörungen fordern. Derartige Aufrechnungen werden uns jedoch in eine Sackgasse führen.

Worum es geht, ist ein veränderter Umgang mit der eigenen Geschichte. Sind wir in der Lage, bei Bewahrung all der Einsichten in deutsche Verbrechen ein Selbstbild zu entwickeln, das Leid nicht deshalb negiert, weil es Deutschen zugefügt wurde – zum großen Teil anderen Deutschen als denen, die aktiv an Verbrechen beteiligt waren?

Worum es auch geht, ist die Suche nach einem neuen Umgang mit der Geschichte zwischen den Deutschen und ihren Nachbarn. So wie kritische Historiker z.B. in Frankreich oder den Niederlanden in den vergangenen Jahren das Bild von der deutschen Besatzung angereichert haben um den Anteil ihrer eigenen Nationen an Judenverfolgung, Kollaboration und ideologischer Verführbarkeit, so haben auch insbesondere polnische Forscher mutig Tabus überwunden. Beispielhaft seien nur die Forschungen über den Judenmord durch Polen in Jedwabne genannt. Und gerade in den früheren deutschen Gebieten nehmen immer mehr Menschen das deutsche Erbe an und zeigen Mitgefühl für das Leid der Vertriebenen – nicht zuletzt, weil ihre eigenen Familien Opfer einer Zwangsumsiedlung aus Ostpolen wurden. Das alles nimmt keine Schuld von der deutschen Seite.

Gerade die Lebensgeschichten von Individuen zeigen uns die Begrenztheit eindimensionaler Geschichtsbilder. Wir sollten daher – wie Ralph Giordano auf der Gedenkfeier für den

Warschauer Aufstand in Berlin im Juli 2004 formulierte – »alte Urteile kritisch überdenken, Wahrnehmungssensoren verfeinern und (uns) durch mögliche Korrekturen nicht beschädigt fühlen«.[46] Das ist einerseits eine intellektuelle Anstrengung, denn es erfordert eine ungleich größere Kenntnis über die anderen, als wir sie derzeit besitzen. Das ist vor allem aber eine emotionale Herausforderung, denn es setzt die Bereitschaft voraus, auch Menschen zuzuhören, die wir zu unserer »Gegenseite« zählen oder die wir pauschal für Untaten verantwortlich machen, die im Namen ihrer Nation begangen wurden. Doch nur ein solcher Dialog vermag Stereotype zu durchbrechen. Erst dann kann Empathie entstehen, die uns davor beschützt, die Loyalität gegenüber der – eigenen – Nation höher zu bewerten als die Solidarität gegenüber dem Mitmenschen – auch dem aus der anderen Nation.

Anmerkungen

1 Außenminister Joschka Fischer in der Wochenzeitung »DIE ZEIT« vom 28.8.2003

2 Vgl.: Welzer, Harald: »Opa war kein Nazi«: Nationalsozialismus und Holocaust im Familiengedächtnis. 3. Auflage, Frankfurt/Main: Fischer-Taschenbuch-Verlag, 2002

3 Vgl.: Bauriedl, Thea: Vorwort. In: Schulgeschichtliche Sammlung Bremen (Hrsg.): Am Roland hing ein Hakenkreuz: Bremer Kinder und Jugendliche in der Nazizeit. Katalog zur Ausstellung der Schulgeschichtlichen Sammlung Bremen. Bremen, 2002

4 Vgl.: Eckstaedt, Anita: Vertriebenenschicksale – analytisch gesehen. In: Hoffmann, Dierk; Krauss, Marita; Schwartz, Michael (Hrsg.): Vertriebene in Deutschland: interdisziplinäre Ergebnisse und Forschungsperspektiven. München: Oldenbourg-Verlag, 2000. S. 362

5 Vgl.: Graf von Krockow, Christian: Vom Recht und Unrecht auf Heimat. In: Eisfeld, Rainer; Müller, Ingo (Hrsg.): Gegen Barbarei. Essays Robert M.W. Kempner zu Ehren. Frankfurt/Main, 1989. S. 479–485

6 Vgl.: Schlink, Bernhard: Heimat als Utopie. Frankfurt/Main: Suhrkamp-Verlag, 2000

7 Vgl.: Langendorf, Uwe: Heimatvertreibung – Das stumme Trauma. Spätfolgen von Vertreibung in der zweiten Generation. In: Analytische Psychologie. Heft 136, Frankfurt/Main: Brandes & Aspel Verlag, 2004. S. 207

8 Vgl.: von Engelhardt, Michael: Generation und historisch-biographische Erfahrung. Die Bewältigung von Flucht und Vertreibung im Generationenvergleich. In: Hoffmann, Dierk; Krauss, Marita; Schwartz, Michael (Hrsg.): Vertriebene in Deutschland: interdisziplinäre Ergebnisse und Forschungsperspektiven. München: Oldenbourg-Verlag, 2000. S. 331; vgl. auch: von Engelhardt, Michael: Lebensgeschichte und Gesellschaftsgeschichte. Biographieverläufe von Heimatvertriebenen des Zweiten Weltkriegs. München: indicium-Verlag, 2001

9 Vgl.: Lippelt, E.; Keppel, C.: Deutsche Kinder in den Jahren 1947 bis 1950. In: Schweizerische Zeitschrift für Psychologie und ihre Anwendungen. Heft 9, Bern: Verlag Hans Huber, 1950. S. 212–322

10 Vgl.: Pfeil, Elisabeth: Flüchtlingskinder in neuer Heimat. Stuttgart: Klett-Verlag, 1951. S. 28

11 Vgl.: Brandt, Ursula: Flüchtlingskinder. Eine Untersuchung zu ihrer psychischen Situation. München: Verlag J. A. Barth, 1964. S. 80–83, S. 151–154

12 Vgl.: Stutte, Hermann: Ärztliches Problem des Flüchtlingskindes. In: Unsere Jugend. Heft 2, München: Reinhardt-Verlag, 1950. S. 214

13 Vgl.: Meister, Verena; Teegen, Frauke: Traumatische Erfahrungen deutscher Flüchtlinge am Ende des II. Weltkrieges und heutige Belastungsstörungen. In: Zeitschrift für Gerontopsychologie und -psychiatrie. Heft 13, Bern: Verlag Hans Huber, 2000. S. 112–124

14 Vgl.: a.a.O., S. 116

15 Vgl.: Radebold, Hartmut: Kriegsbeschädigte Kindheit – Folgen und offene Fragen. Unveröffentlichtes Manuskript

16 1) Vgl.: Jerouschek, Günter: Vertreibungsschicksale in Psychoana-
lysen. Vortrag in Leipzig. Manuskript, 2002
2) Vgl.: Radebold, Hartmut: Zur Deutsch-Deutschen (Kriegs-)Kind-
heit. Vortrag in Leipzig. Manuskript, 2002
3) Vgl.: Langendorf, Uwe: Heimatvertreibung – Das stumme
Trauma. Spätfolgen von Vertreibung in der zweiten Generation.
In: Analytische Psychologie. Heft 136, Frankfurt/Main: Brandes &
Aspel Verlag, 2004

17 Vgl.: Langendorf, Uwe: Heimatvertreibung – Das stumme Trauma.
Spätfolgen von Vertreibung in der zweiten Generation. In: Ana-
lytische Psychologie. Heft 136, Frankfurt/Main: Brandes & Aspel
Verlag, 2004. S. 214

18 Körber-Archiv SDG 1989 – 10360 Kirchner, Gerhard: Durch Fleiß
das Heimweh vergessen. Zeitzeugen berichten über ihr Schicksal
als Flüchtlinge und Heimatvertriebene

19 Interview mit Günter Jerouschek von Dezember 2002

20 Vgl.: Langendorf, Uwe: Heimatvertreibung – Das stumme Trauma.
Spätfolgen von Vertreibung in der zweiten Generation. In: Ana-
lytische Psychologie. Heft 136, Frankfurt/Main: Brandes & Aspel
Verlag, 2004. S. 221

21 Vgl.: Pfeil, Elisabeth: Der Flüchtling. Gestalt einer Zeitenwende.
Hamburg: Hans von Hugo Verlag, 1948. S. 52

22 Vgl.: Bade, Klaus J. (Hrsg.): Neue Heimat im Westen. Vertriebene – Flüchtlinge – Aussiedler. Münster: Westfälischer Heimatbund,
1990

23 Vgl.: Spiegel Spezial: Die Flucht der Deutschen. Heft 2, Hamburg:
SPIEGEL-Verlag Rudolf Augstein, 2002. S. 125

24 Vgl.: Meinicke, Wolfgang: Flüchtlinge, Umgesiedelte, Vertriebene
in der Sowjetischen Besatzungszone und in der DDR. In: Meinicke,
Wolfgang; von Plato, Alexander: Alte Heimat – neue Zeit. 1. Auflage, Berlin: Verlagsanstalt Union, 1991. S. 53

25 Vgl.: Körber-Archiv SDG 1989 – 10975 Friedl, Bernhard; Wagner,
Matthias: Die Eingliederung der Flüchtlinge und Heimatvertriebenen am Beispiel der Stadt Weiden, S. 160

26 Vgl.: Spiegel Spezial: Die Flucht der Deutschen. Heft 2, Hamburg:
SPIEGEL-Verlag Rudolf Augstein, 2002. S. 125

27 Vgl.: Bund der Vertriebenen, Kreisverband Weiden und Neustadt/
Waldnaab (Hrsg.): 40 Jahre Vertreibung 1945–1985. Weiden: Bund
der Vertriebenen Eigenverlag, 1985. S. 77

28 Vgl.: Rohde, Reinhard: Der Heidjer ist eben ein anderer Menschen-
schlag als der ostelbische Mensch. In: Schulze, Rainer (Hrsg.):
Zwischen Heimat und Zuhause. Osnabrück: Secolo-Verlag, 2001.
S. 92

29 Rhein-Neckar-Zeitung, 14.4.1953

30 Vgl.: Haerendel, Ulrike: Die Politik der »Eingliederung« in den
Westzonen und der Bundesrepublik Deutschland. In: Hoffmann,
Dierk; Krauss, Marita; Schwartz, Michael (Hrsg.): Vertriebene in
Deutschland: interdisziplinäre Ergebnisse und Forschungsper-
spektiven. München: Oldenbourg-Verlag, 2000. S. 115

31 Vgl.: Reichling, Gerhard: Die deutschen Vertriebenen in Zahlen.
Teil II. Bonn: Kulturstiftung der Deutschen Vertriebenen, 1989.
S. 23

32 Vgl.: Haerendel, Ulrike: Die Politik der »Eingliederung« in den
Westzonen und der Bundesrepublik Deutschland. In: Hoffmann,
Dierk; Krauss, Marita; Schwartz, Michael (Hrsg.): Vertriebene in
Deutschland: interdisziplinäre Ergebnisse und Forschungsper-
spektiven. München: Oldenbourg-Verlag, 2000. S. 123

33 Vgl.: Reichling, Gerhard: Die deutschen Vertriebenen in Zahlen.
Teil II. Bonn: Kulturstiftung der Deutschen Vertriebenen, 1989.
S. 27

34 Vgl.: Mehlhase, Torsten: Die SED und die Vertriebenen. Versuche
der politischen Einflussnahme und der »Umerziehung« in den
ersten Nachkriegsjahren in Sachsen-Anhalt. In: Hoffmann, Johan-
nes; Meinicke, Wolfgang; Wille, Manfred (Hrsg.): Sie hatten alles
verloren. Studien der Forschungsstelle Ostmitteleuropa an der
Universität Dortmund, Band 13. S. 172/173

35 Vgl.: a.a.O., S. 164

36 Vgl.: Spiegel Spezial: Die Flucht der Deutschen. Heft 2, Hamburg:
SPIEGEL-Verlag Rudolf Augstein, 2002. S. 120

37 Vgl.: Zentralarchiv des Ministeriums des Innern – ZadMdI, Nr. 10,
Band 85

38 Vgl.: Meinicke, Wolfgang: Flüchtlinge, Umgesiedelte, Vertriebene

in der Sowjetischen Besatzungszone und in der DDR. In: Meinicke, Wolfgang; von Plato, Alexander: Alte Heimat – neue Zeit. 1. Auflage, Berlin: Verlagsanstalt Union, 1991. S. 75
Anmerkung der Autorin: Die Vergabe erfolgte aufgrund des Befehls der Sowjetischen Militäradministration SMAD am 15.10.1946

39 Vgl.: Meinicke, Wolfgang: Flüchtlinge, Umgesiedelte, Vertriebene in der Sowjetischen Besatzungszone und in der DDR. In: Meinicke, Wolfgang; von Plato, Alexander: Alte Heimat – neue Zeit. 1. Auflage, Berlin: Verlagsanstalt Union, 1991. S. 65

40 Vgl.: Haerendel, Ulrike: Die Politik der »Eingliederung« in den Westzonen und der Bundesrepublik Deutschland. In: Hoffmann, Dierk; Krauss, Marita; Schwartz, Michael (Hrsg.): Vertriebene in Deutschland: interdisziplinäre Ergebnisse und Forschungsperspektiven. München: Oldenbourg-Verlag, 2000. S. 118

41 Vgl. zu diesem Themenkomplex u. a.: Assmann, Jan: Das kulturelle Gedächtnis. München: Beck-Verlag, 1999. Georgi, Viola B.: Entliehene Erinnerung. Hamburg: Hamburger Edition, 2003. Halbwachs, Maurice: Das kollektive Gedächtnis. Frankfurt/Main: Fischer-Verlag, 1991. Volkan, Vamik: Das Versagen der Diplomatie. Zur Psychoanalyse nationaler, ethnischer und religiöser Konflikte. Gießen: Psychosozial-Verlag, 1999

42 Vgl.: Nowick, Peter: USA. In: Frei, Norbert; Knigge, Volkhard (Hrsg.): Verbrechen erinnern. Die Auseinandersetzung mit Holocaust und Völkermord. München: C.H. Beck-Verlag, 2002. S. 288–297

43 Vgl.: Maier, Charles S.: Die »Aura« Buchenwald. In: Frei, Norbert; Knigge, Volkhard (Hrsg.): Verbrechen erinnern. Die Auseinandersetzung mit Holocaust und Völkermord. München: C.H. Beck-Verlag, 2002. S. 327–341

44 Assmann, Aleida: Funke einer gesamtgesellschaftlichen Erregung. In: Frankfurter Rundschau, 3.2.2004.

45 Wprost Nr. 28, 28.9.2003

46 Giordano, Ralph: Codewort Empathie. Rede vom 19.7.2004 in der Französischen Friedrichstadtkirche. In: Frankfurter Allgemeine Zeitung, 30.7.2004. S. 6

Geschichtswettbewerb
des Bundespräsidenten
Jugendliche forschen vor Ort

Kontakt:
Körber-Stiftung
Geschichtswettbewerb
des Bundespräsidenten
Kurt-A.-Körber-Chaussee 10
21033 Hamburg
Telefon +49·40·7250-2439
Telefax +49·40·7250-3798
E-Mail: gesch.wett@stiftung.koerber.de
Internet: www.geschichtswettbewerb.de

Die Körber-Stiftung initiiert historisch-politische Debatten. Mit dem Geschichtswettbewerb weckt sie bei Kindern und Jugendlichen das Interesse für die eigene Geschichte, fördert Selbstständigkeit und Verantwortungsbewusstsein. Der methodische Zugriff wird durch das »forschende Lernen« und den »lebensweltlichen Bezug« bestimmt: Jugendliche setzen sich mit der Geschichte auseinander, die vor der eigenen Haustür stattgefunden hat – und die oft bis in die Gegenwart nachwirkt. Seit 1973 haben über 100 000 Jugendliche mit mehr als 21 000 Beiträgen zu Themen wie »Alltag im Nationalsozialismus«, »Denkmal: Erinnerung – Mahnung – Ärgernis« oder »Protest in der Geschichte« am Geschichtswettbewerb teilgenommen.

Eine neue Heimat finden

Drei Generationen Deutscher aus Russland erzählen von ihren Träumen und Erfahrungen

In Russland waren sie »die Deutschen«, wurden benachteiligt und fühlten sich unerwünscht. Endlich in der Heimat ihrer Vorfahren angekommen, nennt man sie »die Russen«. Der Sprung aus deutschen Dörfern Sibiriens in die Realität zwischen Oder und Rhein wurde für viele Aussiedler aus den Ländern der ehemaligen Sowjetunion zum Schock. Mit welchen unterschiedlichen Träumen drei Generationen Deutscher aus Russland in Deutschland angekommen sind und welche Erfahrungen sie in ihrer neuen Heimat gemacht haben, zeigen die Lebensgeschichten dieses Bandes. Die Erzählungen geben wertvolle Einblicke in die Geschichte einer Gruppe von Zuwanderern, die auf der Suche nach ihrer Identität sind und eine Heimat finden wollen: als Russlanddeutsche, deutsche Russen, russische Deutsche oder schlicht als Deutsche.

»In Deutschland muss ich nicht mehr Mensch zweiter Klasse sein. Hier gibt es Recht und Gesetz. Sie stehen mir zu. Allein dieses Gefühl macht Deutschland jetzt zu meiner Heimat.«
Viktor Petri lebt seit acht Jahren in Hamburg

Dorothee Wierling (Hrsg.)
Heimat finden
Lebenswege von Deutschen, die aus Russland kommen

260 Seiten mit 54 s/w-Abbildungen
Softcover | 13 x 20 cm
ISBN 3-89684-043-6
Euro 14,- (D)

Körber-STIFTUNG
Forum für Impulse

edition Körber-STIFTUNG

BegegnungsCentrum
HAUS im Park

BERGEDORFER
GESPRÄCHSKREIS

Demokratie lebt von gesell-
schaftlichem Dialog und gemeinsamer Suche nach Lösungen. Die Körber-
Stiftung als Forum für Impulse will mit ihren
Projekten Bürgerinnen und Bürger aktiv an gesellschaftlichen Diskursen beteiligen.
Die private und gemeinnützige Stiftung bietet ein Forum zur Mitwirkung in Politik, Bildung, Wissenschaft
und internationaler Verständigung. Wer sich als Bürger
in Wettbewerben und Gesprächskreisen der Stiftung
engagiert, gewinnt auf vielfältige Weise: Er kann Wissen weitergeben, Probleme identifizieren und Akti-
vitäten anregen.
Die Körber-Stiftung leistet mit diesen Impul-
sen einen Beitrag zur Alltagskultur
der Demokratie.

USABLE
TRANSATLANTISCHER
IDEENWETTBEWERB

Boy Gobert Preis

**Deutsch-
Türkischer
Dialog**

KÖRBER
Foto Award

Eustory
History Network for Young Europeans

theater
haus im park

**Geschichtswettbewerb
des Bundespräsidenten**
Jugendliche forschen vor Ort

Deutscher Studienpreis
Der Wettbewerb für junge Forschung

KÖRBER-PREIS
FÜR DIE EUROPÄISCHE
WISSENSCHAFT